アベノミクス下の地方経済と金融の役割

村本 孜・内田 真人 編著

村本　孜
内田　真人
岡田　豊
中野　瑞彦
近廣　昌志
峯岸　信哉

家森　信善
海野　晋悟
森　駿介
今　喜典
水野　創

蒼天社出版

はしがき

　慢性ストレスという人口減少・企業減少という構造的変化の中で、資金需要は減少し、地域銀行の経営は厳しくなっている。市場環境にもよるが、経営統合も持続的なビジネスモデル確立の重要な選択肢になる。地方活性化・地方創生が日本経済の活性化・再生のキーワードと言われるようになって久しい。活力溢れ個性豊かな地域社会を実現するため、人づくり、まちづくり等地域社会の活性化のための諸活動を支援し、地域振興の推進に寄与することを目的とし、地域活性化センターが設立されたのが1985年10月で、30余年前のことであるから、相当以前から課題とされていた。地方創生が、第二次安倍政権で掲げられ東京一極集中の是正、地方の人口減少の歯止めにより、日本全体の活力を上げることを目的に、2014年9月3日の総理会見で発表され、ローカル・アベノミクスとして喧伝されたが、決して新しいものではない。

　ローカル・アベノミクス2014年6月に政府策定の「経済財政運営と改革の基本方針（骨太の方針）」に盛り込まれ、翌年の6月に具体策が閣議決定された。これにインパクトを与えたのが、2014年5月発表の日本創生会議の「成長を続ける21世紀のために「ストップ少子化・地方元気戦略」は、2040年に消滅可能性のある自治体が全体の半分（896）に及ぶことを示し、衝撃を与えた。日本の人口は、2008年をピークに減少に転じ下げ幅も拡大しており、少子化対策とともに出生率改善による地方活性化が不可欠とした。

　2012年末以降アベノミクスの実施は、当初、量的・質的金融緩和、円安誘導を通じて輸出産業の業績拡大と株高をもたらしたが、その効果は都市部や大企業に限定され、地方や中小企業への恩恵が少ないという批判も多く、その成果を全国津々浦々まで拡大させようというのがローカル・アベノミクスの主旨

である。地方における雇用の確保、地方移住の推進、少子化対策、地域拠点の整備が四つの柱である。地方に仕事を作り出すことで、都市部から地方へという人の流れを確保し、これに少子化対策を加えることで、持続的な地方経済の成長を促すというスキームである。その成果を点検することが本書の目的でもある。

本書の構成

本書は4部11章で構成されている。

まず、冒頭の第1部では本書のタイトル「アベノミクス下の地域経済と金融の役割」のイッシューを考える上で共通して必要なテーマを揃えた。まず第1章では全体総括として、ローカル・アベノミクスの直面する課題である人口減少・企業減少という慢性ストレスを明らかにし、それに対する地域銀行の課題を整理し、とくに近年の経営統合に関わる問題を論じ、併せて地域金融の有力な担い手である協同組織金融機関の役割に触れ、地域金融の今後の地平を整理した。次に第2章では地域間格差に関する長期的なデータ検証や地域金融経済を巡る課題の整理を行った。そして第3章では懸念されている人口減少と地方創生問題について人口学的な視点から分析している。

第2部はアベノミクスと地方銀行について取り上げている。地方銀行の経営体力が日本銀行の量的・質的緩和政策でさらに疲弊している。そこで、まず第4章では地方銀行の収益低下の原因について、地域の実体経済との関係、地方銀行が果たす役割を加味しつつ検証し、先行きを展望している。次に、第5章では地方金融機関の現在の経営方針が収益性の改善に沿っているかどうかについて考察している。さらに、第6章では地方創生の動きの中で地域金融機関に期待される役割を整理し、地域金融機関が地域振興策に取り組む際の課題を検討している。

第3部は企業と家計の金融リテラシーに焦点を当てている。まず、第7章ではwebアンケート調査結果を分析した上で、中小企業経営者の経営者としての金融リテラシーの観点から中小企業の経営を強化するための課題について考察している。また、続く二つの章では家計の金融リテラシーをテーマとして

はしがき

おり、第8章ではリスク資産保有の地域差をもたらす要因分析を行い、併せて金融リテラシーの高低がリスク資産保有行動の地域差を説明しうるか検討している。また第9章では金融リテラシー広報の都市圏と地方での取り組みの違いについて現地ヒアリング調査を踏まえて考察している。

最後に、第4部では、地方圏の青森県（第10章）と都市圏の千葉県（第11章）の二つの県を事例にして、アベノミクスによる拡張的マクロ政策の影響と地方創生で焦点となる人口の流出入について、具体的に考察した。その結果、二つの県で景気の回復や有効求人倍率の上昇等という共通にみられる現象と人口流出等についての異なる事情の差等が明らかになっている。

本書は、1957年6月以降、全国地方銀行協会のご尽力によって設置・運営されている金融構造研究会の2015～2017年に実施された研究会における成果物である。その企画・運営は幹事の内田真人成城大学教授によるもので、氏の呼び掛けに応じた各報告者の熱意によって実現したものである。60余年に亘り、研究活動を支援されている全国地方銀行協会のご協力に、執筆者を代表して深甚たる謝意を表したい。無論、各論稿の責任は筆者にあり、全体として特定の方向を意図するものではない。

2019年3月吉日

筆者を代表して

村本 孜

目次

はしがき

第Ⅰ部 アベノミクスと地域の課題　　1

第1章　地域経済・金融とアベノミクス　　3
　第1節　ローカル・アベノミクス　　3
　第2節　人口減少・企業減少－慢性ストレス　　4
　第3節　地域金融の担い手としての協同組織　　23
　第4節　地域金融の地平　　28

第2章　日本における地域間格差と地方経済の課題　　31
　第1節　はじめに　　31
　第2節　戦後における地域間格差の動向　　32
　第3節　経済統計データから見る地域間格差　　34
　第4節　地方経済をめぐるその他の論点　　42
　第5節　地域間格差問題の課題とアベノミクスの地方創生　　47
　第6節　まとめに代えて　　52

第3章　人口減少と地域経済　　57
　第1節　はじめに　　57
　第2節　日本全体の人口減少下で進む地域別人口の二極化　　58
　第3節　地方の人口減少の大きな要因の一つは若い女性の流出　　60
　第4節　今後の人口減少の大きな特徴は生産年齢人口の減少　　63
　第5節　地方では多くの自治体が長年人口減少に苦しんでいる　　64

第6節	都心回帰がもたらす人口の二極化	65
第7節	近年目立つ20歳代後半以降の人口移動	68
第8節	地方都市では県内移動が目立つ	70
第9節	地方の大都市振興の必要性	72
第10節	大都市でも少子化対策を重視すべき	75
第11節	おわりに	76

第Ⅱ部　アベノミクスと銀行　　　　　　81

第4章　地方銀行の収益動向とビジネス・モデルの課題　　83
　第1節　はじめに　　83
　第2節　地方銀行の収益とリスクの現状　　84
　第3節　地域の実体経済と金融の関係　　92
　第4節　地方銀行が果たしている役割　　99
　第5節　当面の課題と今後の展望　　104

第5章　地方銀行の経営環境――預貸率変動の新しい解釈――　　107
　第1節　はじめに　　107
　第2節　地方銀行の経営環境悪化状況　　108
　第3節　預貸率の現状とその新しい解釈　　112
　第4節　地方銀行の経営課題　　117
　第5節　むすび　　122

第6章　地方創生に向かう地域金融機関への期待と課題　　125
　第1節　はじめに　　125
　第2節　地方創生施策の概要　　126
　第3節　地域活性化とは　　128
　第4節　地方創生に地域金融機関が関わることの意味　　131

| 第5節 | まとめ | 140 |
| 補　論 | 地方の住宅街地域が直面する問題の一例 | 142 |

第Ⅲ部　アベノミクスと金融リテラシー　149

第7章　経営者の経営力と中小企業支援の有効性　151
- 第1節　はじめに　151
- 第2節　調査の実施概要と回答者の概要　154
- 第3節　回答者の経営者金融リテラシーの結果　157
- 第4節　経営者金融リテラシーと経営姿勢　163
- 第5節　経営者金融リテラシーと支援の利用状況　169
- 第6節　むすび　174

第8章　家計のリスク資産保有行動の地域差と金融リテラシー　179
- 第1節　はじめに　179
- 第2節　家計のリスク資産保有の地域差を生み出す要因　183
- 第3節　要因分析　191
- 第4節　おわりに　197

第9章　地方における金融リテラシー格差　201
――資産運用面の取り組みからみた考察境――
- 第1節　はじめに　201
- 第2節　地方における金融知識と金融リテラシーの現状　202
- 第3節　金融広報の取り組み　205
- 第4節　金融リテラシー格差の課題と解決策　212

第Ⅳ部　アベノミクスと地方の現状　　221

第10章　アベノミクスと青森県経済　　223
　第1節　はじめに──マクロ経済政策と地方創生──　　223
　第2節　青森県産業の変動チャネル──移出需要と域内需要──　　225
　第3節　主な移出産業の生産拡大　　228
　第4節　主な域内需要産業──サービス産業──　　233
　第5節　産業別の従業者の変化　　236
　第6節　景気回復と人口流出　　239
　第7節　まとめ──県内景気の回復後も続く人口流出──　　244

第11章　アベノミクスと千葉県経済　　249
　第1節　総括──アベノミクス下で起こっていること──　　249
　第2節　千葉県の特徴とアベノミクスまでの状況　　253
　第3節　アベノミクス下の千葉県　　255
　第4節　今後の展望　　269

あとがき　　271

第Ⅰ部　アベノミクスと地域の課題

第 1 章　地域経済・金融とアベノミクス

村本　孜

第 1 節　ローカル・アベノミクス

　日本経済の活性化・再生のキーワードの地方活性化・地方創生が言われて久しい。活力溢れ個性豊かな地域社会を実現するため、人づくり、まちづくり等地域社会の活性化のための諸活動を支援し、地域振興の推進に寄与することを目的とし、地域活性化センターが設立されたのは 1985 年 10 月で、30 余年前のことである。地方創生が、第二次安倍政権で掲げられ、東京一極集中の是正、地方の人口減少の歯止めにより、日本全体の活力を上げることを目的に、2014 年 9 月 3 日の総理会見で発表され、ローカル・アベノミクスとして喧伝されたが、決して新しいものではない。

　ローカル・アベノミクス 2014 年 6 月に政府策定の「経済財政運営と改革の基本方針（骨太の方針）」が盛り込まれ、翌年の 6 月に具体策が閣議決定された。これにインパクトを与えたのが、2014 年 5 月発表の日本創生会議の「成長を続ける 21 世紀のために「ストップ少子化・地方元気戦略」で、2040 年に消滅可能性のある自治体が全体の半分（896）に及ぶことを示し、衝撃を与えた。日本の人口は、2008 年をピークに減少に転じ、下げ幅も拡

大しており、少子化対策とともに出生率改善による地方活性化が不可欠とした。

　2012年末以降、アベノミクスの実施は、当初、量的・質的金融緩和、円安誘導を通じて輸出産業の業績拡大と株高をもたらしたが、その効果は都市部や大企業に限定され、地方や中小企業への恩恵が少ないという批判も多く、その成果を全国津々浦々まで拡大させようというのがローカル・アベノミクスの主旨である。地方における雇用の確保、地方移住の推進、少子化対策、地域拠点の整備が四つの柱である。地方に仕事を作り出すことで、都市部から地方へという人の流れを確保し、これに少子化対策を加えることで、持続的な地方経済の成長を促すというスキームである。

第2節　人口減少・企業減少——慢性ストレス

1. 人口減少・企業減少

　日本全体の人口のピークは2008年で、減少基調に転じたのは2011年であるが、地方圏ではその前から、早い県では1980年代半ばから、減少に転じている。2000年を基準に地域別の人口推移をみると、東京・愛知・大阪など都市圏の都道府県の人口は、現在に至るまでプラス圏内を維持しているが、それ以外の県を集計した地方圏の人口は、2000年代中頃に減少に転じている。先行きの推計をみても、都市圏に比べて、地方圏の人口減少テンポが速く、両者の差は拡大していく（図表1-1）。地方圏の人口減少は、少子高齢化による自然減が都市圏より早く進行したことが大きな理由であるが、都市への人口流出（社会減）や、若年層の流出に伴う更なる少子化・自然減も、この傾向に拍車をかけている。

　地域の人口減少・高齢化は、地域の企業活動の低下と相互に影響を及ぼし合いながら、地域経済の下押し圧力となってきた。人口減少に伴う地域の需要縮小やその見通しは、地元を主たる商圏とする中小・零細企業の経営環境を厳しいものにしている。また、事業主の高齢化は、個人企業等の存続にも影響を及

第1章 地域経済・金融とアベノミクス

図表 1-1 地域別人口推移と見通し

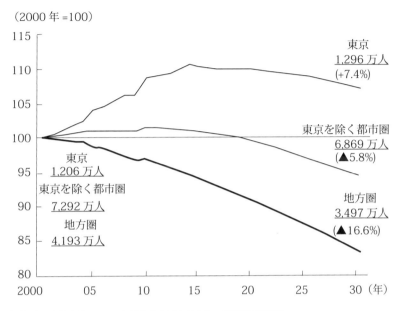

注：（ ）内の変化率は、2000 年対比の 2030 年の人口増減率の見込み。
　　都市圏は、南関東（千葉・埼玉・東京・神奈川）、東海（静岡・岐阜・愛知・三重）、近畿（滋賀・京都・大阪・奈良・和歌山・兵庫）のほか、人口 100 万人以上の市が所在する道県（北海道、宮城、広島、福岡）。
出所：日本銀行（2015）4 頁。

ぼしており、事業所数が減少傾向を辿っている。グローバル化に伴う生産の海外移転など産業構造の変化も、地方の企業活動や雇用創出力の低下に繋がってきた。そして、こうした企業活動の縮小が、より有利な就業機会を求める若年層の都市への流出を招くなど、更なる人口減少に繋がるという負の相互作用が働いている。

　一方、都市圏では人口と企業活動の集積が進んできている。地域別の人口推移が示すとおり、全国の人口が減少する中にあっても、地方からの流入が都市圏の人口を押し上げている（図表 1-1）。また、日本全体の事業所数が減少する中で、地方圏の減少テンポはより速く、都市圏のシェアが緩やかに増してい

第Ⅰ部　アベノミクスと地域の課題

図表 1-2　企業数の変化——地域別事業所数の推移

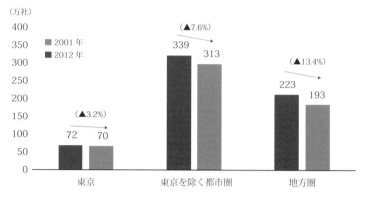

注：（　）内の変化率は、2001年から2012年の事業所数増減率。
出所：日本銀行（2015）4頁（総務省）。

図表 1-3　都道府県別中小企業向け貸出残高推計（2017年 → 2030年）

減少率	都道府県数
0%〜▲10%	1
▲10%超〜▲20%	8
▲20%超〜▲30%	14
▲30%超〜▲40%	14
▲40%超〜▲50%	10

注：（推計手法）都道府県別の中小企業向け貸出残高（推計値）と生産年齢人口の関係を踏まえ、2000年の各都道府県の中小企業向け貸出残高を推計し、2017年からの増減率を算出。
出所：金融庁（2018）3頁。

る（図表1-2）。企業収益は、都市圏に属する上位10都府県が、日本全体の8割強（東京が全体の半分強）を占めるに至っている。

　このように、事業性資金の需要者である企業の数は、全国的に減少を続け、貸出残高と強い相関関係を有する生産年齢人口についても、今後、多くの地域で急速な減少が進む見通しで、将来の貸出残高の大幅な減少が予想され、今後、このような構造的な要因（慢性ストレス）による資金需要の継続的な減少が見込まれる（図表1-3）。

2. 地域経済と金融

（1）ローカル・アベノミクスの効果　〜地域社会・地域経済の縮小

　ローカル・アベノミクスの効果は十分に測定しにくい段階である。地域経済は中小企業によって支えられているが、足元では明るい兆しがみられるものの、慢性的な人手不足・経営者の高齢化・後継者不足（事業承継）など様々な課題に直面しており、企業数の減少傾向に歯止めがかからない状況にある。政策的には、こうした課題の克服に向け、生産性革命など様々な施策が打ち出されているが、人口減少・少子高齢化に伴う諸課題の根本的な解決は容易ではなく、多くの地域・中小企業では、引き続き厳しい状況が続くことはすでに見た。

　2016年2月に日本銀行が導入した「マイナス金利政策」によって、歴史的に類をみない極めて緩和的な金融環境が続いている。これは、金融機関にとって、預金貸出金利ざやの縮小により資金利益が悪化するなど、政策の副作用によって収益性や健全性が大きく損なわれる事態に陥った。日本銀行では、「2019年度中の消費者物価上昇率2％の安定的な達成」を目標としていることを踏まえると、マイナス金利政策の解除はしばらく期待できないと見る向きが多いが、欧米では金融緩和の出口戦略に向かい始めていることから、金利上昇局面におけるリスクも今後予想される。マイナス金利政策が出口戦略に向かったとしても、預貸率が低い中で金利競争が続き、調達コストが上昇する一方、貸出金利はさほど上昇せず、預金貸出金利ざやは改善しないとの好ましくない状況が長期間にわたり継続していく可能性もある。

近年、フィンテックと呼ばれる ICT（情報通信技術）を活用した革新的なサービスに世界的な注目が集まり、日本でもメガバンクを中心として、フィンテックを活用した新たなサービスの開発やブロックチェーン技術を活用した決済システム等の実用化に向けた取組みが急速に進められている。フィンテック技術の活用によるカード決済のコスト削減や消費者利便の向上を図ることなどによって、キャッシュレス化も視野に入っている。今後、こうした動きはさらに加速し、非金融も含めた広範な分野において、これまで想定し得なかったサービス等が次々と生み出され、従来、店舗で提供していた幅広い商品・サービスはオンライン上で提供されていくものとみられる。

『中小企業白書 2018 年版』は「2017 年度の我が国経済は、2012 年末からの緩やかな景気回復傾向が続いており、中小企業の業況は総じて改善傾向にあること、売上高が増加基調にあること、これが功を奏し経常利益が過去最高水準で推移し、倒産件数が 9 年連続で減少し続けているなど、経済の好循環が回り始めている。他方で、中小企業の景況感が業種や地域によってばらつきが見られること、良好な収益環境に比して経済の先行きの不透明さから設備投資に力強さが欠けていること、中小企業が円滑に価格転嫁できるような収益力を十分に獲得できていないこと等、経済の好循環を幅広く浸透させていくに当たっての課題も見られる。今後、中小企業が更に発展していくためにはこれらの課題に向き合い、克服する努力が必須となろう」(28 頁) と書き、中小企業全体としては業況回復にあるものの、業種・地域でばらつきもあり、ローカル・アベノミクスの効果が地域に均霑していないと指摘した。

(2) 地域金融の課題——「金融レポート」の分析

地域経済の疲弊は、地域金融にも深刻な影響を与える。典型的には、地域金融機関の業績悪化として顕在化する（以下では、地方銀行と第二地方銀行を地域銀行と呼び、地域銀行と協同組織金融機関を合わせて地域金融機関と呼ぶ）。この点を、金融庁の文書で確認してみよう。最近の金融行政は、前事務年度の「金融レポート」を踏まえた当該事務年度「金融行政方針」によって構築されると

いう PDCA サイクルにより展開されてきたが、2018 事務年度からは両者が統合された。この数年の「金融レポート」「金融行政方針」では、現下の地域金融に対する危機感が示されている。

「金融レポート」の最初のものは、2014 年 7 月 6 日の「金融モニタリングレポート」であり、これは「平成 25 事務年度監督方針及び金融モニタリング基本方針等について（2013 年 9 月 6 日）」に基づき行なった 1 年間の金融モニタリングの主な検証結果や課題を取り纏めたものである。この中で地域金融について「現在、地域銀行の貸出残高は増加基調であるが、内訳をみると、東京等における大企業向け貸出、地方公共団体向け貸出、個人向け住宅ローンの増加が寄与している。増加している貸出の多くは、借手側の信用力の懸念が相対的に小さいなど、融資審査にコストがかからない反面、利ざやの薄い貸出となっている。こうした銀行の融資姿勢と貸出競争により、貸出金利は市場金利以上に低下している。預貸金利ざやも 2008 年 3 月期以降低下を続け、コア業務純益 ROA も漸減している。特に、地元県以外における貸出金利水準が更に低下する傾向が認められる。このように地域銀行の貸出に関する収益性は、全体として見れば、低下している。各銀行の貸出業務の収益性を、中小企業向け貸出金利から調達コスト率、信用コスト率、経費率を控除した収益率により試算すると、2 割強の銀行において収益率がマイナスとなる結果となった」（32-33 頁）とし、地域銀行の経営が厳しくなることを指摘した。

2014 年度金融行政方針（2014 年 9 月 11 日）で「事業性評価」を明記することで、地域金融機関に「様々なライフステージにある企業の事業の内容や成長可能性などを適切に評価（「事業性評価」）した上で、それを踏まえた解決策を検討・提案し、必要な支援等を行っていくことが重要」（18 頁）とした。2016 年度には、地域金融機関に顧客本位のビジネスモデルの確立により、「共通価値の創造」と「日本的金融的排除」の是正を求めてきた。

先の地域銀行に対する課題は、その後の金融レポートでも取り上げられている。2013 事務年度以降、地域銀行が直面している人口減少や低金利環境の継続といった環境の変化が地域銀行の収益に与える影響試算は、先の 2014 年 7

月のモニタリングレポートで2018年3月期までに地域銀行の経常利益が半分以下になる数は2割になること（34頁）、2016年9月の「2015事務年度金融レポートでは」2015年3月期の顧客向けサービス業務（貸出・手数料ビジネス）利益率が赤字行数は4割で、2025年3月期には赤字行数が6割になること（22頁）、営業経費等で規模の利益が働きにくい中小金融機関を中心に、早期に環境変化を踏まえて自らのビジネスモデルの持続可能性について真剣な検討を行なうことの必要性を問題提起した。

2017年10月のレポートでは、2017年3月期決算で前期に比べ貸出利ざやが縮小し、役務取引等利益も減少するなど、顧客向けサービス業務利益は地域銀行の過半数でマイナスとなり、2015事務年度の推計・試算を上回るペースで減少しているとした（16頁）。現状、地域銀行のバランスシートの健全性に問題があるわけではないが、多くの地域銀行で顧客向けサービス業務の収益低下が続くといった収益性の問題を抱えていると指摘した。

さらに、2018年9月の「金融行政のこれまでの実践と今後の方針（2018事務年度）」（金融レポートと行政方針を合体したもの）では、「こうした中、直近3ヶ年の決算の状況を見ると、2015年度では106行中40行、2016年度では106行中54行でそれぞれ本業利益が赤字となっていたが、昨年度では、地域銀行全体では役務取引等利益の増加によって本業利益率が下げ止まり、本業利益が赤字となっている銀行数は106行中54行と前年度比横ばいで推移している。しかしながら、その内訳を見ると、2期以上の連続赤字となっている銀行数が年々増加しており、昨年度では106行中52行が連続赤字、うち23行は5期以上の連続赤字となっている等、一旦、本業赤字となった銀行の多くで黒字転換できない状況が窺える」（74頁）と指摘した。

このような認識を受け、「2017事務年度金融行政方針」では、「本業の赤字が続くなどビジネスモデルの持続可能性に問題のある金融機関が増加……人口減少による資金ニーズの低下など、地域における経営環境の悪化は今後も続」き、「金利だけに頼る融資の拡大競争を継続するならば、将来的に淘汰される金融機関が出現したり、地域によっては金融サービスを提供する地元の金融機

関がなくなる可能性も考慮する必要がある。……将来にわたり健全で適切な金融仲介機能を発揮できる金融機関が存在することは重要であり、経営統合もそのための一つの選択肢である」(20-21頁) と指摘した。金融機関の健全性について「2016事務年度金融レポート」は「信用力の高い先や担保・保証のある先への融資、国債への投資だけで収益を確保するビジネスモデルを維持することが困難」(16頁) で、「含み益や自己資本に十分な余力がない地域銀行では、市場環境が急変し損失が顕現化すれば、将来的に財務の健全性を更に悪化させるおそれがあることをよく考えて経営を行う必要がある」(18頁) とした。その上で、「顧客本位のビジネスモデルを構築するには時間とコストを要するのも事実であり、金融機関に資本の余力があるうちに取り組むことが重要」(29頁) とし、余力の存在を重視した。

この点は、2018年度行政方針でも「本業利益が連続赤字となっている地域銀行については、経営環境の変化に対する対応の遅れによって本業赤字が継続することで、バランスシートの健全性が損なわれ、本業利益の黒字転換に向けた改善が更に困難となっていくおそれがある。こうした現状を経営陣は正確に認識し、本業赤字が継続する要因となっている収益構造、ひいてはビジネスモデルの抜本的な見直し・転換に早急に取り組んでいく必要がある」(75頁) と指摘している。

さらに、地域銀行の業界団体の意見交換会において (2017年10月)、「金融庁では、これまで、持続可能なビジネスモデルの構築の必要性を繰り返し述べてきた。これに対し、「ビジネスモデルは経営の判断事項であり、そこまで当局が口出しするのか」といった批判を耳にすることがあるが、ビジネスモデルが持続的でないことが、健全性の問題とも密接に関係するところまで来ている銀行が増えてきている。それらの銀行については、当局として、経営判断だからと言って任せておくことはできない」としたように、当局の危機感が滲んでいる。

(3) 地域銀行の対応――連携・統合

　地域金融機関は、1990年代の金融システム不安の中で、かつ不良債権問題の中で整理統合が進んでいる。1990年との対比でみると、2018年3月末で地方銀行（いわゆる第一地銀）では数的に変化はない（合併による減少と新設で相殺）。これに対して相互銀行から普通銀行に転換した第二地方銀行は、68行から40行へ28行の減少となった。協同組織金融機関の統合はさらに著しく、信用金庫では454金庫から261金庫へと193金庫が減少し、90年当時の6割弱程度の金庫数に減少した。信用組合では414組合が148組合と266組合が消滅し、3分の1までの減少となった。このような地域金融機関の減少は、経営破綻によるものもあるが、競争力強化のための規模の経済性の追求という側面も強い（図表1-4）。

　地域銀行でも、2007年5月の山形しあわせ銀行・殖産銀行の合併（きらやか銀行）があり、09年1月には池田銀行と泉州銀行の統合（池田泉州銀行）がなされた。池田銀行は独立系の地方銀行として知られるが、地域での競争の激化が地域銀行の合従連衡を促している可能性を示している。

　地域金融機関では統合のほかに、連携も盛んである。これは規模の利益の追求を合併ではグループ化によって実現したり、業務連携などによるバックヤード部門の統合による規模の経済効果を計るものである。北九州地域では、先の合併などのほか、グループ化が進行し、福岡銀行（地方銀行）を中心とする「ふくおかフィナンシャルグループ」が形成され、熊本ファミリー銀行（第二地方銀行、現熊本銀行）、親和銀行（地方銀行）が加わって、福岡県・熊本県・長崎県を跨ぐ日本型スーパーリージョナル銀行を成立させている。これに対し、西日本銀行（地方銀行）が福岡シティ銀行（第二地方銀行）と合併し西日本シティ銀行となり、長崎銀行（第二地方銀行）を含む「西日本シティグループ」を形成し、豊和銀行（第二地方銀行）とも連携して、福岡県、長崎県、大分県を跨ぐ日本型スーパーリージョナル銀行を成立させている。

　中国地方でも、山口銀行（地方銀行）がもみじ銀行（第二地方銀行）と「山口フィナンシャルグループ」を形成し、山口県と広島県を跨ぐ日本型スーパー

第 1 章　地域経済・金融とアベノミクス

図表 1-4　地域金融機関の数の推移

年月末	地方銀行	第二地方銀行	信用金庫	信用組合
1980.3	63	71	462	483
1990.3	64*	68	454	414
2000.3	64	54	386	291
2007.12	64	45	284	165
2018.3	64	40	261	148
〈90→18〉	〈0〉	〈▲28〉	〈▲193〉	〈▲266〉

注：2010 年 5 月に池田銀行が泉州銀行を吸収合併し、63 行になったが、2011 年 10 月に山口銀行の北九州地区の店舗を分離し発足した北九州銀行が全国地方銀行協会に加盟した。2018 年 5 月に東京都民銀行を吸収した八千代銀行がきらぼし銀行に改称し、都民銀行に代わって全国地方銀行協会に加盟した。1990 年以降地銀協加盟行である地方銀行数は一貫して 64 あるが、入り繰りはあった。地方銀行と第二地銀を地域銀行と総称するが、その他として埼玉りそな銀行が含まれ、地域銀行は 105 行とされる。
　なお、*は、1984 年 12 月に、同年 4 月に普銀転換した西日本銀行が全国地方銀行協会に加盟。
出所：金融庁 HP および全国地方銀行協会資料による。

　リージョナル銀行を成立させているほか、北陸銀行（地方銀行）と北海道銀行（地方銀行）が「ほくほくフィナンシャルグループ」を形成している。この「ほくほく FG」では、横浜銀行も共同でマーケティング研究を行なう連携を行なっているが、これには東京都民銀行（地方銀行）、京都銀行（地方銀行）、中国銀行（地方銀行）、西日本銀行（地方銀行）も参加しているほか、みちのく銀行、函館信金との連携による文書や現金の共同搬送なども実施している。このように地方銀行業界では、地方銀行（第一地方銀行）と第二地方銀行の業態の垣根を越えた統合が進んでいる。

　2014 年以降、地域銀行の連携統合が進み、その多くは持株会社方式による経営統合が多く、株式移転、共同株式移転によっている。2018 年 6 月現在の銀行持株会社は 22 社であるが、このうち 14 社は地域銀行に関わるものである。この 14 社のうち、9 社は 2000 年以降に設立されているほか、11 社は県を跨

ぐもので、広域の経営統合である。また、2社は傘下の地域銀行の本店所在地以外の県に設置されている。

　近年、地域銀行の統合は合併ではなく、持株会社方式が採られ、これを経営統合という。合併は二つ以上の企業が組織上も資本面でも一つの企業になることで、多くの場合、合併に参加する企業の中で1社が存続会社となり、他の会社は消滅し、その株主は自分の持株を存続会社の株式に交換する。この株式の交換比率を合併比率という。

　このように、銀行持株会社方式による経営統合が地域銀行において近年多く行なわれているのが傾向である。合併は一つの組織になるがゆえに、合併行同士の企業文化の相違の克服、システムの共同化そして行員の一体化に時間が掛かり、統合効果の発揮に課題が多い。とくに、合併後の最初の行員が幹部になるまで、真の融合が行なわれないとの指摘もある。持株会社による経営統合も組織を一体化するわけではないので、合併に比べて軋轢は少ないが、人事交流などについては合併と同様の課題は残る。合併と持株会社による統合の相違は資本の統合方式の違いともいえよう。

　経営統合の範疇の一つとして「千葉・武蔵野アライアンス」（2016年3月25日）という千葉銀行と武蔵野銀行の包括的提携が注目される。千葉県・埼玉県を主な営業エリアとし、首都圏の中核をなすこれらの地域は、人口増加が続いているほか、2020年の東京オリンピック・パラリンピックの開催も控え、さらなる発展が期待される有望なマーケットである一方、メガバンクや他県の地域金融機関なども数多く進出し、小売業やIT企業など、他業種の企業が銀行の事業領域に続々と参入するなど、ますます競合が激化している。この状況に対応するために、地域金融機関としての使命を果たすため、それぞれが独立経営を堅持し、地域で築き上げた顧客基盤やブランドを活かしながら、ノウハウを結集して相互に有効に活用することで、さらなる地方創生への貢献や、地域のお客さまへの先進的で利便性の高いサービスの提供、コスト削減を実現するために、経営統合によらない新たな地銀連携モデルを目指すのが、「千葉・武蔵野アライアンス」である。この連携は、両行の経営の独立性及び固有の企

業ブランド・店舗網・顧客基盤を維持したうえで、商品・サービスの高度化によるトップライン収益の拡大や、バックオフィス業務の共同化などによるコスト削減を目指し、互いのノウハウの共有、商品・サービス・ＩＴシステム等の共同開発、人材交流、グループ会社の相互活用などについて、スピード感を持って検討していくもので、そのために両行は相手方の普通株式について、すでに保有する一定数に加え、提携効果を高める観点から、それぞれ追加で取得することとした。このように、株式の持合いの厚みを深めることで、間接部門の合理化等や人材等相互活用等の連携により規模と範囲の経済を実現するものである。統合ではない連携による効果を実現するものである。

(4) マイナス金利政策の一部修正（2018年7月）

日本銀行は、2018年7月の金融政策決定会合で、現状の大規模な金融緩和策の一部修正を決定した。長引く緩和の副作用を和らげ、政策の持続性を強化するため、長期金利の一定の上昇を容認するなどの新たな措置を取ることとした（0.1％で抑え込んできた長期金利の振れの上限を0.2％まで拡大する意向を表明）。この措置は、銀行で広がる低金利の副作用の軽減にあったが、みずほ総合研究所の試算では、地域銀行の収益は今後10年で半減するが、修正により、半減までの「猶予期間」が2年延びるという。2015年度の純益を100とすると、地域銀行の利益は長期金利が0.0％なら23年度に半減する。一方、長期金利が0.2％の場合はこれが25年度とやや延びるが、今からわずか7年後に収益が半減してしまう危機的な状況に変わりはない。

長期金利が上昇すれば保有国債の利回りなどは多少改善するが、収益の右肩下がりが続くのは、過去の高い金利の貸出が返済され、低金利の貸出に置き換わっていくからで、競争環境の厳しさも変わらず、全体として収益の低下傾向が続くという。

大手銀行も2030年度には収益が半減するとの結果が出たが、採算性の低い融資を増やしている地域銀行の方がより状況は厳しい。日本銀行によると、地域銀行の中小企業向け融資全体に占める低採算貸出の割合は25％（2016年

時点）と 2010 年に比べ 8 ポイントも上がった。低い金利でしか貸し出せなくても、当面の収入確保のために実行せざるをえない背景もある。低採算融資は焦げ付きのリスクも大きく、余裕のない企業ほど景気後退期に返済が滞り、倒産のケースも増えるという問題もある。

さらに、地域銀行では有価証券運用への収益依存度が 37％（17 年度時点）と 5 年前に比べ 10 ポイント高まった。海外融資を伸ばしている大手銀行に比べ、営業地盤が限られている地域銀行はこの依存度も大きい。日本銀行は経済に大きなショックが起きた場合、「自己資本比率で安定性の目安となる 8％を下回る地銀が 4 分の 1 に達する」と予測し、単独での存続が危うくなる地域銀行も出てくるという見方もあり、経営統合などの対応も課題となる。

3. 地域銀行の経営統合の課題

（1） 地域銀行の統合

地域銀行の業績悪化の対応策として合併・経営統合が進んできたが、この動きに対して競争政策の観点からの懸念が顕在化している。日本の独占禁止法には企業結合に関して、詳細な規定があり、株式保有の制限・合併の制限・共同株式移転の制限などについて事前届出義務を課している（独禁法第 9 ～ 16 条）。この事前届出制により、経営統合を計画する地域銀行は公正取引委員会（以下公取）の審査を受けなければならず、まず事前届出を行なうが、この段階で公取から懸念を呈される事例が出ている。

最近 10 年間の地域銀行の統合案件は 14 件あり、いずれも第一次審査で店舗等の譲渡を条件とせずに、独占禁止法上、問題なしと判断された。

（2） 最近の統合――事例 1

2017 年 3 月に提出された第四銀行と北越銀行の統合審査は従来にない統合審査が行なわれた。この案件では、統合審査に当たり、まず自主的に提出された意見書・資料に基づき事前の会合を数次持ち、同年 6 月 20 日に共同株式移転に関する計画の届出の受理（第一次審査の開始）の後、7 月 19 日に報告

等の要請（第二次審査の開始）を行ない、12月6日に全ての報告等を受理し、12月15日に排除措置命令を行なわない旨を通知し、統合が認められた。

　この案件は、公取の統合審査の第二次審査まで進んだ事例で、役務範囲・地理的範囲について詳細な検討を行ない、需要者アンケートも実施して、統合によってシェアが大きくなっても競争が制限されるか否か、すなわち選択肢が確保されるか否かを基準に審査した。具体的には、事業性貸出に注目し、大企業・中小企業については新潟県全体を、中小企業については10の経済圏に分けてそれぞれのエリアでのシェア、需要者アンケートによる代替的借入先（競合先、選択肢、牽制力）の有無の確認などを行ない、7経済圏では競争事業者からの圧力が相当程度認められること、3経済圏では競争事業者からの圧力が一定程度認められる、として「一定の取引分野における競争を実質的に制限することにはならない」と結論付けた。注意すべきは、新潟県全体でも10経済圏でもシェアは40〜60％であるが（ハーフィンダール・ハーシュマン指数〔HHI〕が2,700〜4,300で水平型企業統合容認の基準を超える）、競合先があること・その供給余力があることなどが重視され、シェアの大きさのみが判断基準にはなっていないことである。

　また、フィンテックやクラウドファンディングなど従来型の借入以外についても検討したが、その実績は確認できず、当面競争圧力として働くほど増加しないとした点、そして政府系金融機関による競争圧力（隣接市場からの競争圧力）も限定的であるとした点も興味深い。このように2017年の第四・北越銀行の統合案件は、銀行の統合について本格的にSNNIPテストを実施した審査事例であった。

（3）最近の統合——事例2
　第四・北越案件の審査と並び、公取審査が長期化し、難航したのが長崎県の十八・親和銀行の統合案件である。2016年2月に十八銀行は、親和銀行を傘下に置くFFGと経営統合を目指して協議していくことで基本合意し、17年4月を目途にFFGが十八銀行を株式交換方式で完全子会社化し経営統合し、

18年4月を目途に競合関係にあった親和銀行との合併を計画していた。しかし、公取による独占禁止法の企業結合審査が難航し、17年1月には経営統合を同年10月に、親和銀行との合併を18年10月に延期すると発表していたものの、17年7月25日、FFG・十八銀行・親和銀行の首脳は福岡市で記者会見を開き、17年10月に予定していた経営統合の時期を未定として再延期すると正式発表した。統合によって、長崎県内の貸出シェアが7割に達し、健全な競争環境が阻害されるとする公取の企業結合審査が長期化していることを受けての措置であった。この間、公取は長崎県において需要者アンケートを実施するなどを行なったほか、十八銀行も公取の示唆する問題解消措置として貸出債権の他行等への譲渡（約500億円規模）を試みたという。

その後も当事行と公取の協議は続き、2018年に入って公取の二度目のアンケート調査、当事行の問題解消に向けた貸出債権譲渡の積み増しなどが試みられた。18年4月18日の公取事務総長記者会見において、「新潟のケースでは、二つが合併して、貸出金のシェアが55％位で、長崎の場合70％位ということで、その辺の線引きというのがあるの」の問に対し、事務総長は「競争の状況というのはシェアだけで決まるわけではなく、シェアのとり方という問題もある。50％が良くて70％が駄目だという単純な考え方をしているわけではない。……シェアだけが問題ということではなく、二つもしくはそれ以上の企業が統合することにより、将来の競争状況がどのように変わるのかを検討する」（著者注：口語体を変換している）と答えている。

公取の企業審査は「企業結合審査に関する独占禁止法の運用指針」によるが、その「第4 水平型企業結合による競争の実質的制限」では、①企業結合後のHHIが1,500以下である場合、②企業結合後のHHIが1,500超2,500以下であって、かつ、HHIの増分が250以下である場合、③企業結合後のHHIが2,500を超え、かつ、HHIの増分が150以下である場合、において、水平型企業結合が一定の取引分野における競争を実質的に制限することとなるとは通常考えられないとしている。なお、上記の基準に該当しない場合であっても、直ちに競争を実質的に制限することとなるものではなく個々の事案毎に判断される

こととなるが、過去の事例に照らせば、企業結合後のHHIが2,500以下であり、かつ、企業結合後の当事会社グループの市場シェアが35％以下の場合には、競争を実質的に制限することとなるおそれは小さいとしている。

　地域銀行の事例では、2018年4月の三十三FGの場合、17年12月期の貸出シェアは46.5％（競合行の百五のシェアは53.5％）、18年4月の関西みらいFGの場合17年12月期の貸出シェアは69.4％（競合行の池田泉州のシェアは30.6％。信金等を加えると関西みらいFGのシェアは52％）で、新潟案件では55％なので、シェアの閾値は60〜65％程度であろう。

　長崎県の貸出シェアは、2016年3月期に十八銀行35.2％、親和銀行33.6％で、統合後の政府系金融機関を除く民間金融機関に占めるシェアは68.8％、協同組織等を除く銀行だけで見ると75.3％となる（中小企業企業向け）。2018年8月24日に、公取は当事行の債権譲渡（他行への借り換え）約1,000億円などによるシェアの低下（約65％）などを評価し、需要者にとって取引先変更の容易性が認められ、競争事業者からの競争圧力のほか、隣接市場からの競争圧力が一定程度認められるという総合的観点から経営統合を承認した。中小企業向け貸出について、長崎県全体・県南・県北・県央では中小企業者の借入先の選択肢が確保できなくなり、競争が実質的に制限されるとした。また、島嶼部では実質的な競争事業者は存在せず、競争事業者からの競争圧力はないとし、市場規模が十分に大きくなく、複数事業者が存在しても採算が取れず、競争維持ができない場合には、企業結合で1社となっても競争を制限することにはならないとした。このような状況に対し、当事行は債権譲渡・金利等のモニタリング（当事行内部の委員会・第三者委員会・金融当局のモニタリング）・公取への定期報告により、問題解消措置を実施するとし、この措置により長崎県全体・県南等3経済圏で中小企業向け貸出における競争を実質的に制限することにはならないと結論付けたのである。ちなみに、中小企業向け貸出を含めいわゆるフィンテックを用いた従来の金融機関からの借入以外の新たな方法（いわゆるソーシャルレンディングやクラウドファンディング等を含む）による借入の実績は確認できず、当面競争圧力として働くほど増加することも

見込まれないとした(長崎県においては、インターネットや電話などの通信端末を介した取引を中心とするいわゆるネット銀行による事業性貸出の実績は確認できなかった、と記載された)。

4. 地域金融と競争政策
(1) 伝統的銀行競争政策の考え方

銀行競争政策は、効率性とリスクテイク・インセンティブのバランスを求めてきた。その主たるツールは参入・退出のルールと銀行の統合ルールである。現代の銀行業は市場ベースかつコンテスタブルであり、高いリスクテイク・インセンティブを有する。

このような状況では、集中などの市場構造にフォーカスする競争度重視の伝統的競争政策の効果は限定的になる。銀行業の市場構造よりも銀行行動の範囲を検討することが重要になる。金融危機を踏まえると、競争政策は短期的には集中が進むことや政府の規制を許容するように設計されるべきというのが近年の流れである。

非金融セクターでは競争政策は効率性(競争的価格決定)にフォーカスするが、銀行・金融セクターには重要な別の側面すなわちシステミック・リスクという特殊性がある。近年の金融危機で明らかなように、過度のリスクテイキングは経済厚生に深刻な影響があり、銀行危機が実態経済に大きな負の外部性を有することが知られている。銀行競争政策はマクロプルーデンス要因を考慮すべきというのが最近の知見である。

(2) 銀行競争政策の変化

競争が強ければ銀行の企業価値は下がり、リスクテイクのインセンティブが強まる。一方、競争が弱くなれば非効率性は高まり、too-big-to-fail 問題が生じる。その結果、最近の研究では中程度の競争(過剰な規制はせず、無秩序な競争はしない)が最適となるとされる。ただし、銀行競争とリスクテイキング、金融システムの安定性に関する理論的分析・実証的結果について決着

が付いているわけではなく、以下のように二つの相対立する見解がある。競争が銀行経営の安定性を損ねるという見解（competition-fragility view）と競争が銀行経営の安定性を高めるという見解（competition-stability view）である。日本についての研究でも「1990年代前半までは、競争激化は銀行経営の安定化に寄与していたが、90年代後半以降の低金利環境下も続いた競争激化は、むしろ銀行経営の安定性を低下させる方向に寄与してきたとみられる。わが国の地域金融機関については、マークアップの低下として表れている競争圧力の強まりが、1990年代中頃を境に、経営安定度を改善させる方向から悪化させる方向へと転換したことは注目に値する」（尾島〔2017〕3-4頁）というcompetition-fragility viewの妥当性が示されている。競争環境の激化が、地域金融機関の基礎的収益力の低下を通じて、わが国の金融システムの将来にどのような影響をもたらすかは、マクロプルーデンス政策の視点から極めて重要な分析課題なのである。

　銀行の競争政策において、競争とシステミック・リスクの関係を考慮する一つの方法は、競争政策の権限をプルーデンス当局に与えることで、もう一つは、競争政策当局が（効率性に次ぐ目的として）金融安定の視点を導入するよう、プルーデンス当局と十分な調整を行なうことである。

　金融システムは規制緩和・競争促進によって、消費者・生活者により質の良い金融サービスを提供可能になってきた。他方、規制緩和・競争促進は、金融機関の過剰なリスクテイキングにより破綻・退出の事例も多くなり、金融再編も活発化した。銀行業も競争政策の適用除外ではなく、その意味で銀行業は特別な存在ではないという認識が広まり、日本でも銀行統合に当たっては公取の認可を受ける必要がある。銀行業についても基本的には競争政策の下にある。競争促進によって消費者保護に寄与する側面が多いからである。

　しかし、リーマンショックで典型的なようにグローバルな危機における金融システム不安に対応するには、競争政策よりも金融システムの安定性確保（マクロプルーデンス）が重視されるようになった。アメリカのドッド＝フランク法では金融システム安定性に力点が置かれるようになったのはその顕れである。

さらに、競争政策に意味があるのは、経済が競争によって経済厚生が高まると期待される状況であるが、人口減少などによる慢性ストレスの下では競争促進は、銀行などのプレーヤーに過度のリスクテイキングに迫ることも懸念される（competition-fragility view）。

　さらに、ITなどイノベーションは金融分野でも著しい展開を遂げ、フィンテックなど新たな銀行代替業務や代替主体を現出させている。このような状況は、競争政策の基礎となる市場の確定などに困難をもたらすことが予想される。減速経済・慢性ストレス下での競争政策は、金融業の特殊性を新たな視点で検討することも課題となろう。とくに、金融サービスという無形の商品は、地理的区画に馴染み難く、インターネット空間では地理的区画は意味を持たないからである。また、銀行に固有な業務である融資に代替する資金供給手段が多様化し、事業者金融（ノンバンク）、ファンド、NPOバンク、クラウドファンディングなどが普及・活用されていることも競争政策のコンテクストで検討されるべきであろう。

（3）　日本の現状

　日本の現状からすると、銀行の統合は、公取と金融庁が、相互に独立に、平行して審査を行ない、認可するスキームとなっている。このスキームの下では、両機関の判断が異なる場合には調整するルールが不明確である。このルールの明確化など課題が残っている。また、リレーションシップバンキングを壊すような債権譲渡が果たして顧客本位であるかについては慎重な対応が必要である。

　慢性ストレスのある地域経済において、地域銀行の経営統合は顧客本位の持続可能なビジネスモデルを構築する上で、一つの選択肢になりえよう。経営体力に余力のあるうちに真に地域経済を支えるビジネスモデルを確立することが重要である。

　中小企業金融は、リレーションシップバンキングによって支えられている。中小企業に対して付加価値の高い金融サービスを提供していくためには、収益化・人材育成を含め時間を要し、腰を据えた取組みが必要で、十分な自己資本

など一定の経営体力が不可欠となる。経営統合は経営体力向上の有効な選択肢で、人材・店舗・経営資源等の有効活用に資するものである。懸念すべきは、限定された地域で過当競争を行なうことで、真に付加価値の高い金融サービスを供給できる地域金融機関が破綻などにより失われることこそ問題である。金融機関の破綻は、大きな社会コストが発生し、金融システムの安定性が損なわれる可能性があるからである。

第3節　地域金融の担い手としての協同組織

1. 協同組織金融機関の役割
（1）金融審議会中間論点整理報告（2009年）

地域金融における協同組織金融機関として役割が大きいのは信用金庫・信用組合である。無論、農協（JAバンク）や労働金庫の役割も大きいが、信金・信組に比べると中小企業向け金融という観点からはその重要性は低い。

協同組織金融機関について、直近の公式文書は、2009年6月29日の金融審議会金融分科会第二部会「協同組織金融機関のあり方に関するワーキング・グループ中間論点整理報告書」であるので、そこから協同組織金融機関についての金融システムの位置付けを確認しよう。報告では、「協同組織金融機関は、本来、相互扶助を理念とし、非営利という特性を有するものと位置づけられており、その基本的性格は、中小企業及び個人など、一般の金融機関から融資を受けにくい立場にある者が構成員となり、これらの者が必要とする資金の融通を受けられるようにすることを目的として設立されたという点にある。

このような協同組織金融機関の基本的性格や、その背景にある相互扶助という理念は、地域金融及び中小企業金融の専門金融機関としての協同組織金融機関に求められる役割を最大限発揮するために活かされる必要がある。このことは、金融・資本市場の発展が見られる今日においてもなお、また、地域経済の疲弊や格差の問題が指摘される今日であるからこそより一層、あてはまるもの

と考えられる。

　協同組織金融機関の本来的な役割は、相互扶助という理念の下で、中小企業及び個人への金融仲介機能を専ら果たしていくことであり、この役割を十全に果たすべく、協同組織金融機関には、税制上の軽減措置が講じられている。協同組織金融機関は、この本来的な役割を果たし、地域経済・中小企業に対する円滑な資金提供を通じて地域の資本基盤整備や雇用の確保に積極的に貢献していくことが重要である」として慢性ストレスのある日本経済においてその役割・機能発揮が重要であることを示した。

　ただし、その役割・機能発揮についても不十分性・限界があるのではないかという観点から、「一方、協同組織金融機関をめぐる状況の変化等を受け、協同組織金融機関が担うべき役割を十全に果たしていないのではないか、との問題意識が存在する。その根底には、不良債権問題、業務の問題、組織の問題、連合会の問題、目利き能力などの人材に関する問題等多岐にわたる問題が存在すると考えられる。

　その際、留意が必要なのは、**機能論と組織論の関係**である。現在、協同組織金融機関が提供している専門金融機関及び地域金融機関としての機能については、組織形態の観点からみると、協同組織形態以外にも様々な組織形態があり得るところであり、必ずしも協同組織形態が唯一とりうる組織形態ではないと考えられる。一方、ガバナンスの観点からは、協同組織形態と他の組織形態、例えば株式会社形態は、それぞれに制度としては一長一短があり、協同組織形態については、その組織形態としての長所を一層発揮できるようガバナンスを高めていくための制度上・実務上の工夫を図っていくことが重要であると考えられる」と指摘した。

　2009年報告では、協同組織に期待される**機能**として、①中小企業金融機能、②中小企業再生支援機能、③生活基盤支援機能（業績不振の中小企業経営者や多重債務者に対するきめ細かい対応、地域で生活支援活動を行っている団体に対する協力・支援）、④地域金融支援機能（商店街の活性化・ニュービジネスの育成等地域の再生への関与）、⑤コンサルティング機能（上の役割を担って

いくための、情報提供・アドバイス等のコンサルティング機能の一層の強化）を指摘した。具体的には、協同組織性の強みである、きめの細かい金融サービスの提供がなされること、またいずれの機能を果たす上でも、業界団体及び連合会や経済団体その他外部との連携を一層積極的に図る必要がある。中央組織の側でも、協同組織金融機関によるこれらの機能の発揮を促進するための支援の枠組みや環境の整備を積極的に進めることが望まれる、とした。

このように、公的文書で協同組織金融機関の機能は、慢性ストレス下の経済においても十分存在意義のあることが確認された。

（2） 協同組織金融機関への期待

慢性ストレスの下で協同組織金融機関の役割について、全国信用金庫協会の2018年5月公表の「2025年信用金庫ビジョン（追補版）——これからの10年を見据えた業界への新たな提言」では、信金業界の近未来・中長期の課題への対応策を示している。

この報告では、近年の信用金庫業界のコア業務純益をみると、2006年度をピークに10年連続で減少している。収益力の低下の主因は、貸出金利の低下に伴う利息収入の減少と、経費削減・預金利回り低下には限界がある中、預金貸出金利ざやの2004年度以降の縮小がある。慢性ストレスの下では、従来型ビジネスモデルのままでは、収益力の大幅な改善を見込むことは困難であると予想される。今後、信用金庫においては、顧客・地域の課題解決に向けた価値ある提案を通じて非価格競争力を強化し、利ざやの厚い貸出資産を増やすほか、役務収益の増強に向けた取組みも併せて推進すること、さらに共同化等を通じて業務の効率化を図っていくことが重要となろうとし、業界としての共同化の推進・中央組織の強化・店舗の有効化・非金融面の支援（事業承継・個人向け高齢化商品など）・新事業領域の開拓などであるが、特別目新しいものではない。

2. 協同組織の在り方

協同組織金融機関は、その取引対象企業が地域銀行よりも小規模で、かつ営

業地域も限定され、地域密着・地域貢献の深耕にこそその存在意義を持ち、地域銀行では可能な広域の営業活動はできず、たかだか信金相互の業務提携に拠らざるを得ず、地区ないし県毎の協会主導の協業や共同事業に依存することになる。このような協同は協同組織金融機関の得意分野でもあり、非営利というコンセプトに見合うものでもある。しかし、金融システムとして考えるとき協同組織が信用金庫・信用組合・労働金庫・JA バンクなど四系統に分かれているのは、資金量だけで見ても3分の1の協同組織グループの存在意義からしてやや課題である。

　四つの系統の協同組織金融機関は、それぞれ由来があり、固有の設置目的もあるので、理念的に調和しにくい側面もあるが、非営利・相互扶助性に共通項を求めるのであれば、営利目的の地域銀行では対応できない分野への資金供給も可能であろう。地域銀行の資金量は約 330 兆円であるが、協同組織部門の資金量は約 400 兆円であり、地域銀行を上回り、その貸手としての存在感は大きいものがある（図表 1-5）。

　協同組織金融機関は、主務大臣の認可を受ける必要があり、事業免許の取得が必要となる。その結果として、銀行法等に拠る種々の規制を受けることになる一方、預金保険制度等のセーフティネットを受けることもできる。しかし、銀行免許による種々の規制は、モニタリング等についての事務負担等も生じ、場合によっては業務改善命令なども受ける可能性もある。預金保険料の負担も小さいものではない。このように規制に伴い諸コストのことを規制上の負担（regulatory tax）というが、協同組織の場合には、機関数も多く、個々の機関にとっては負担感が大きい。従って、中央機関（信金中金など）が銀行免許を取っているので、個別の機関は銀行免許を取らない選択肢もありうる。具体的には、例えば、個別の信用金庫は信金中金の信金代理店になるという選択肢である。受け入れた預金は全て信金中金の預金とし、個々の信金は預金保険料等の負担をしない。

　このような協同組織の事例は、オランダのラボバンク（Rabobank）などに見られる（フランスの Credit Agricole グループは中央機関・地区毎の地域金

第 1 章　地域経済・金融とアベノミクス

図表 1-5　金融機関の比較（2018 年 4 月末）

	預金（兆円）	同シェア	貸出（兆円）	同シェア	預貸率
都市銀行（5）	365	30.2%	195.1	32.1%	53.4%
信託銀行（4）	41	3.4%	33.4	5.5%	81.9%
その他銀行（2）	9	0.7%	7.2	1.2%	83.7%
地方銀行（64）	262	21.7%	199.7	32.8%	76.3%
第二地方銀行（41）	67	5.6%	52.0	8.5%	77.3%
信用金庫（261）	142	11.8%	70.5	11.6%	49.5%
信用組合（148）	21	1.7%	11.0	1.8%	53.7%
労働金庫（13）	20	1.7%	12.8	2.1%	64.0%
農協（646）	102	8.4%	20.4	3.4%	20.0%
ゆうちょ銀行（1）	180	14.9%	6.1	1.0%	3.4%
合計	1,209	100.0%	608.4	100.0%	
（参考）					
信金中央金庫	30.3		26.8		88.4%
全国信用組合連合会	6.8		3.7		54.4%
労働金庫連合会	7.4		1.8		24.3%
農林中央金庫	65.8		11.9		18.1%

出所：『ニッキン』など。

庫（39）・単位組織の地区金庫（2,400）の三段階制で、地区金庫は非銀行（銀行免許は持たない）である。またオランダの Rabobank は二段階制で、中央組織のみ銀行免許を持ち、単位組織のローカルラボバンク（地方農業協同組合銀行、2017 年 9 月に 103 組合）は非銀行である。これらでは、中央組織と単位組織は相互保証で、単位組織間も相互保証であり、セーフティネットを構成

している。中央組織の Credit Agricole と Rabobank Nederland は株式会社化している）。無論、あらゆる信用金庫が銀行免許を取らないことを意味しておらず、従来通りの事業免許制のままの信金も在り得る。このような体制の下では、中央機関の役割は重要になり、より明確な位置付けになる中小企業等に対する貸出は個々の信金が行い、事務処理等バック部門は統合化して、間接経費を削減し、規模の経済を実現できる。資金の統合的・効率的運用が可能で、かつ人事配置も可能な限り有効になる。店舗も各信金間の重複等を排除すれば効率化できる。過疎地の信金の経営は信金中金の経営に吸収され、経営危機は克服可能となる。

　さらに、金融審議会の協同組織金融機関の在り方 WG の中間論点整理報告には、「新たな形態の可能性」という項目で、「例えば、業務内容については必要最低限のものとする一方で、行為規制は軽減する等の枠組みも視野に入れた制度的な検討を行っていくことが考えられる」という指摘があり、未実現であるが、このような形態も検討されるべきであり、信金中金との間で代理店契約をする場合には有効な手法の一つであろう。「中間論点整理報告」では「貧困や格差が大きな社会問題となる中、小規模の事業者や消費者のうち、比較的リスクが高い層に対する使い勝手のよい金融サービスが手薄であるとの指摘がある。小規模の事業者・消費者の相互扶助を使命とする協同組織金融機関の原点に立ち返り、例えば、小規模の事業者や消費者の生活支援に特化し、協同組織性を発揮しうる新たな金融機関の設立・活用について検討することが望ましい」と指摘している。

第 4 節　地域金融の地平

　地域金融機関は、地域経済発展の有力な原動力であり、その担い手としての役割は大きい。その意味で、地域金融機関の経営の健全性は担保されるべきであり、必要な対応は不可欠である。地域金融機関の経営統合もその観点から行

なわれるべきものである。

　地域銀行は徒に経営統合に向かうのではなく、バックヤードやシステムの共同化などの各種連携を図る一方で、合併転換法による協同組織への転換も方向性の一つである。金融機関の合併及び転換に関する法律（1968年）は、第四条で「二　普通銀行がその組織を変更して信用金庫となること。三　協同組織金融機関がその組織を変更して普通銀行となること」を規定しているが、地域銀行は信用金庫に転換可能であるので、この業態転換も検討すべきであろう。あるいは、地域銀行の株式上場の意義を再検討し、非上場化も一つの方向である。

　さらに、ゆうちょ銀行との連携を単に地域ファンドの生成・ATMの提携等だけでなく、より広範に郵便局ネットワークの活用にまで踏み込んで行なうべきであろう。慢性ストレスの下で、過疎地や僻地での店舗維持は難しいので、撤退地域では郵便局と銀行代理店契約を行ない、郵便局ネットワークを店舗網に組み入れていくことも重要であろう。また、ATM網の管理などをゆうちょ銀行と協調して行なうことも十分ありうる選択肢である。

参考文献

BIS（2018）"Structural changes in banking after the crisis", Committee on the Global Financial System：CGFS Papers 60, Jan. 2018.

FRB of Kansas City, Understanding Antitrust Considerations in Banking Proposals.

IMF（2013）"Key Aspects of Macroprudential Policy", Policy Paper, June 2013.

Ratnovski, L.（2013）"Competition policy for modern banks", IMF working paper（WP/13/126）, May 2013.

金融庁・金融仲介の向上に向けた検討会議（2018）「地域金融と競争のあり方報告」2018年4月。

日本銀行（2018）『金融システムレポート』2018年4月号、2018年4月19日。

――（2015）『金融システムレポート別冊　人口減少に立ち向かう地域金融―地域金融機関の経営環境と課題』2015年5月29日。

尾島麻由実（2017）「地域金融機関における競争激化と金融の安定性」日本銀行ワー

第 I 部　アベノミクスと地域の課題

キングペーパーシリーズ、No.17-J-9、2017 年 12 月（『金融経済研究』第 41 号、2018 年 12 月、1-18 頁）。

第2章　日本における地域間格差と地方経済の課題

内田　真人

第1節　はじめに[1]

　20世紀に入り日本の人口構造や産業、社会的背景が変化し、グローバル化、IT化が進む中で、地域間の格差が拡大しているといわれる。また、2014年、日本創成会議の人口減少問題検討分科会は20～39歳の女性の人口が5割以下に減少すると推計される「消滅可能性都市」が2040年に全国半数以上の896に達すると発表、過疎地域の存続問題がクローズアップされ、アベノミクスでも地方創生が主要な政策目標の一つに掲げられた。
　地域間格差をめぐる研究は、従来、主に所得、雇用について分析されてきた。また、最近では、幸福度、貧困率、さらには住居、教育、医療費等社会保障などの行政サービスといった社会問題に焦点を当てた分析、東京一極集中是正の考察や地域間の様々な格差を見直すための包括的な提言もみられている。
　本章では地域間格差の実態が現在どうなっているのか、そして地方では何が問題なのかについて、長期的な視点を踏まえて概観する。以下では、まず戦後の地域間格差の動向について先行研究を整理する。次に、具体的に雇用、所得、家計資産といった経済面の統計データを用いて、地域間格差で観察される事実

を整理した後、経済データ以外の地域間格差をめぐる議論を紹介する。その上で、地域経済の課題を整理しつつ、アベノミクスの地方創生策を考察することとしたい。

第2節　戦後における地域間格差の動向

まず、格差を測る代表的な経済指標である一人当たり県民所得の変動係数について、戦後の長期時系列でみたのが図表2-1である。地域間格差は波を伴いながらも、大きく① 1950年代から1960年代初の大きな格差がみられた時期、② 1960年代央から70年代央までの格差が縮小した時期、そして③ 1970年代央以降の格差の緩やかな変動期の3期が読み取れる。また、同時に景気循環の側面からは景気拡大期には格差が拡大し、逆に低迷期に縮小する傾向も確かめられる。本節では戦後を3期に分けて、地域格差の動向について時代背景や構造的な変化、政策対応の視点で先行研究の整理も行ないつつ概観する。[(2)]

1.　1950年代以降1960年代初頭までの大きな地域間格差期

わが国の高度経済成長期前半には第一次産業から第二次・第三次産業への産業構造の転換が進んだ。経済政策面でも1960年池田内閣の下で策定された所得倍増計画に代表される製造業を中心とする産業基盤を整備する成長率の極大化が最優先の課題であった。東京、名古屋、大阪という太平洋ベルト地帯を中心とする大都市周辺地域や大都市間の交通網への公共投資に重点が置かれ、同時に大都市に連なる臨海工業地帯の発展が導かれ、高度成長が実現した。その過程で各県の生産力の差や人口移動が生じ、石井（2006）は地域格差の拡を助長したと指摘している（変動係数は0.20超）。また、篠原（1965）は産業構造論の視点で分析し、人口を固定した変動係数が1950年代以降、比較的先進の県（工業県）と比較的後進の県（非工業県）の間で格差拡大傾向がみられたこと、製造業の純付加価値生産性格差の要因は産業構造差（40％）、規模構

図表 2-1 戦後の県民所得変動係数の推移

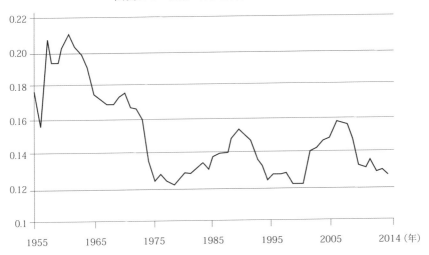

出所:『経済企画庁県民所得統計』『内閣府県民経済計算』より著者計算。

造差（25%）となっていることを示した。

2. 1960年代央以降1970年代央までの地域間格差縮小期

　高度成長期半ばになると、東海道地域へ集中した人・モノ・カネ・情報を地方へ逆流させていく政策が進められ、企業拠点の地方分散と地方での公共投資が増加した。全国新幹線網、高速道路が整備され、大型の工場地帯が建設された。具体的な経済政策を辿ると、1962年、第一次全国総合開発計画（以下「全総」）が具体化し、1972年には田中内閣の日本列島改造論が導入された。また、金融面でも日本開発銀行、北海道東北開発公庫など地域開発金融の取り組みが強化された。そして地域間格差が縮小（変動係数は 0.15 程度）したが，その主な要因としては、低所得県から高所得県への人口移動、地域間の均衡ある発展を目指した経済政策の導入、製造業の余剰労働力を求めた地方への工場進出、地域開発金融の支援が指摘されている。加えて、この期の格差を扱った代表的研究の一つである安東（1981）の分析によれば、地方圏での非世帯主(特に女子)

の就業率の上昇も挙げられている。

3. 1970年代央以降の地域間格差の緩やかな動き

この期間は産業構造の変化が緩やかとなり、経済成長率も毎年1％程度に低迷したことを反映して、地域格差の変動幅はそれ以前の時期に比べると小幅である。すなわち、図表2-1の変動係数の動きでみると、1980年代後半のバブル期には、大都市圏への本社機能及び企業所得の集中、製造業の海外進出に伴う地方での工場閉鎖等から地域間格差が拡大した。しかしその変化は1950年代のような大きなものではなく、変動係数でみれば1980年の0.12から1989年の0.15にやや上昇した程度である（1950年代後半の変動係数は前述のとおり0.2超）。一方、バブル崩壊後は逆資産効果や都市経済の停滞から地域間格差が縮小、変動係数は2000年に再びバブル前の0.12に戻った。そして、2000年代入り後の少子高齢化に伴う社会保障関係費の支出が増加する中、小泉政権は地方での公共事業の大幅削減や三位一体の改革など新自由主義的な経済政策を実施し、地方経済にとって厳しい状況が続いた。こうした政策が格差を拡大させたとする橘木（2006）と、単身世帯の増加と高齢化による見かけ上の所得格差が影響したと主張する大竹（2005）の間で活発な議論が行なわれた。変動係数でみると2006年に0.16まで上昇したが、リーマンショック後に低下、直近の2014年には0.12台と戦後最低の水準まで戻っている。

第3節　経済統計データから見る地域間格差

地域経済分析に役立つ経済統計データは数多いが、主なものは図表2-2のとおりである。まず、政府・日本銀行は景気の動きを把握し適切な経済政策を運営するため、3か月毎に地域経済動向指数（内閣府）、地域経済報告（日本銀行）を公表しており、景気情勢の地域比較ができる。また、同様の景況指標を民間では全国地方銀行協会が地方経済天気図として毎月公表している。

第2章　日本における地域間格差と地方経済の課題

図表2-2　主な地域経済統計

名称	実施主体	開始期	頻度	主なデータ等
地域経済動向指数	内閣府	1978年	3か月	ミクロ調査、11地域
地域経済報告	日本銀行	2005年	3か月	ミクロ調査、9地域
地方経済天気図	全国地方銀行協会	1971年	毎月	ミクロ調査、11地域
県民経済計算	内閣府	1953年	毎年	県内総生産、県民所得
国勢調査	総務省	1920年	5年	人口動態、完全失業率
労働力調査	総務省	1997年	毎月	完全失業率、労働力人口
家計調査	総務省	1953年	毎月	実収入、消費支出、貯蓄額
全国消費実態調査	総務省	1959年	5年	消費、所得、家計資産
国民生活選好度調査	内閣府	1978年	3年	幸福度（2011年度に廃止）
幸福度ランキング	日本総合研究所	2012年	2年	幸福度

出所：著者作成。

　次に、県別時系列地域統計としては、内閣府の県民経済計算（県内総生産、県民所得等）、国民生活選好度調査（幸福度）、総務省の国勢調査、家計調査（実収入、消費支出、貯蓄額）、全国消費実態調査、日本総合研究所の幸福度ランキング等がある。

　本章では地域格差を測る諸指標のうち、所得、失業率、家計資産、物価水準について、長期的なデータに基づいて考察する。

1. 一人当たり県民所得

　一人当たり県民所得は国民経済計算の体系を都道府県レベルに適用したもので、1953年以降都道府県が推計し、内閣府が取りまとめて毎年発表している。県民所得は生産活動によって得られた県内居住者の年間所得となっており、雇用者報酬（構成比約6割強）、財産所得（同5％程度）、企業所得（同3割弱）

図表 2-3 一人当たり県民所得における上下 5 県の格差（倍率）

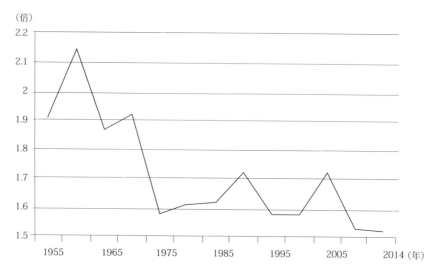

出所：『経済企画庁県民所得統計』『内閣府県民経済計算』より著者作成。

の 3 項目で構成される。なお、近年、地域内における中枢的な都市への機能集中が進んでおり、山村・漁村の過疎化が深刻な問題となっているが、本統計は地域間の格差を測る指標にはなるが、地域内での格差情報は含まれない点に注意が必要である。

直近（2014 年）の一人当たり県民所得をみると、全国平均は 305 万 7,000 円であるが、都道府県別で最も高いのは東京都（451 万 2,000 円）で、次いで愛知県（352 万 7,000 円）、静岡県（322 万円）、逆に低いのは、沖縄県[3]（212 万 9,000 円）、鳥取県（233 万円）、長崎県（235 万 4,000 円）の順となっている。なお、都道府県別に最も高い東京都は最も低い沖縄県の 2.1 倍である。

次に 1955 年以降の長期的な地域間格差を考察するため、簡便的に上位 5 県と下位 5 県の差を倍率でみると（図表 2-3）、高度経済成長期は一時 2 倍を超えるなど格差が大きかった。しかし、1960 年代央より地域間格差は縮小、1975 年には 1.6 倍まで低下した。その後はバブル期や 21 世紀初にやや

上昇する時期もあったが、リーマンショック後は1.5倍程度で小動きとなり、2014年は戦後最低水準にある。上位5県の移り変わりを見ると、戦後は東京都、愛知県、関西3府県（大阪府、兵庫県、京都府）であったが、最近は首都圏、愛知県、富山県となっている。関西圏は重厚長大型の産業構造からの転換の遅れ、大企業本社の東京移転、関西大震災の影響等から低下している。また、下位5県は南・西九州（鹿児島県、宮崎県、長崎県）のほか、東北、山陰の県でほぼ固定化している。

このように所得面では地域間で格差がみられるが、その格差は小さな変化を伴いながら縮小してきている。

2. 完全失業率

失業率統計には5年に一度実施される国勢調査と毎月公表する労働力調査がある。両調査は調査票の設計や調査方法、調査員の訓練度などに違いがある。国勢調査は5年間隔の調査で短期的な変動は把握できないが、1947年以降の長期的なトレンド把握ができる。一方、労働力調査は標本設計を行なっておらずモデル推計による参考値で標本規模も小さいが、1997年以降月次データが整備されている。本節では長期的な推移は国勢調査、1997年以降は労働力調査を用いる。

全国の完全失業率は2017年に2.8％である。県別で完全失業率が最も低いのは島根県（1.1％）、和歌山県（1.6％）、福井県、鳥取県（以上1.7％）と日本海側の県が多く、一方で高いのは沖縄県（3.8％）、大阪府、福岡県、青森県（以上3.4％）、北海道（3.3％）となっている。なお、首都圏はほぼ全国並みの水準にある。また、有効求人倍率は2017年末に1.59倍と高い。県別にみると失業率の高い県ほど高い傾向にあるが、失業率の低い和歌山県では有効求人倍率が1.29倍と全国4番目に低い。

次に、図表2-4は失業率の長期的な地域間格差を考察するために、1980年以降の都道府県別完全失業率の上位5県及び下位5県それぞれの平均値と全国平均の推移を示している。1980年から2002年にかけて全国の完全失業率

図表2-4 完全失業率の上位5県・下位5県の推移

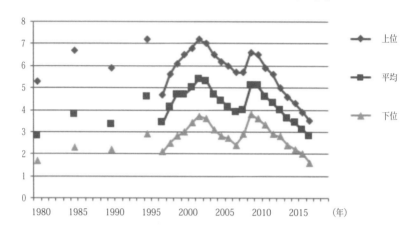

出所:『国勢調査』『労働力調査』より著者作成。

が上昇(2.8%→5.4%)する中で、完全失業率の高い上位5県と低い下位5県の格差は2.6%から3.5%に広がった。特に、完全失業率の高い5県は全国平均を常に2%以上上回り、沖縄県では1990年代に2桁台まで上昇するなど雇用情勢が社会問題になっていた。しかし、2003年以降は全国の完全失業率の低下に伴い、上位5県・下位5県の差も縮小している(2017年では1.9%)。特に、完全失業率の高い地域における低下が目立ち、全国平均との差は直近2017年には0.7%までかなり縮小している。別の言い方をすれば、1980年も2017年も全国失業率は2.8%と同じであるが、上位5県平均は1980年5.4%から3.5%まで縮小している。このように完全失業率の面でみれば、地域間格差は解消してきている。なお、上位5県・下位5県を構成する県は、年により変動はあるが、ほぼ固定化されている。

3. 家計資産[4]

家計資産に関する地域統計としては、総務省が5年毎に実施している全国消費実態調査がある。また、貯蓄額については本調査だけでなく、四半期毎に

第 2 章　日本における地域間格差と地方経済の課題

公表している家計調査、日本銀行、ゆうちょ銀行、信金中央金庫の個人預金、金融広報中央委員会が毎年実施している家計の金融行動に関する世論調査、また、民間では金融ジャーナル社の調査（各年の金融マップ）がある[5]。

直近の全国消費実態調査（2014 年）によれば、家計資産総額（二人以上の 1 世帯当たり）は全国平均で 5,605 万円であり、その内訳は住宅資産 2,160 万円、宅地資産 1,832 万円、金融純資産 1,039 万円（うち貯蓄 1,565 万円、負債 526 万円）、耐久消費財等資産 575 万円である。都道府県別に最も高いのは東京都（7,797 万円）で全国平均を 4 割上回り、次いで福井県、富山県、愛知県、神奈川県と続いている。地価の高さを反映して関東地方が多い。一方、家計資産が最も少ないのは沖縄県の 3,587 万円で、次いで鹿児島県、宮崎県、北海道、長崎県の順となっており、北海道や九州地方が多い。なお、家計資産が最も多い東京都と最も少ない沖縄県の家計資産総額を比較すると 2.33 倍の格差がある。

また、家計資産のうち、貯蓄額についてやや詳しくみると、東京都が 1,969 万円と最も多く、次いで神奈川県、愛知県、福井県、奈良県の順となっている。一方で沖縄県が 573 万円と最も少ない。このうちリスク性資産である有価証券の割合（全国平均 13.8％）は、東京都が 22.0％と最も高く、次いで神奈川県、愛知県、兵庫県、大阪府と続いており、関東及び近畿地方で高くなっている。一方、鹿児島県が 5.4％と最も低く、次いで岩手県、北海道、青森県と続いており、東北及び九州地方などで低くなっている。そして、地方では通貨性預金や保険の保有割合が高くなっている。

次に資産の地域間格差の推移についてみてみたい。全国消費実態調査を用いて、県別に家計資産が最も高い東京都のなかでもさらに富裕層の多い東京都区部と、県別に最も低い沖縄県の 1999 年と 2014 年の家計資産を比較してみる。この 15 年間に全国の家計資産は金融資産が増加しているものの、実物資産の減少（－ 13％）を反映して、約 10％減少している。地域別に見ると、東京都区部では総資産が 14％増加しているのに対し、沖縄県では 5％減少している。ここで家計資産の内訳をみると、東京都区部では金融資産だけでなく実

物資産も 13.6％増加しているのが目立つ。この結果、東京都区部と沖縄県の格差は 1999 年の 1.95 倍から 2014 年の 2.33 倍へと大きく拡大している。なお、1999 年以前については比較可能なデータはないが、全世帯の 1 世帯当たり都道府県間地域格差を標準偏差でみると、1979 年 18.5 から 1989 年 21.6 へ拡大した後、バブル崩壊後は 1999 年に 18.6 と元の水準に戻っている。また、金融ジャーナル社調査の県別銀行預金額をみても、2017 年 3 月末の預貯金残高は、東京都では 10 年間で 43％増加しているが、県別にもっとも伸び率の低い山梨県では 6.8％の増加に止まっている。

　このように、家計資産は 1999 年までは所得と類似した動きにあったが、最近は格差が徐々に拡大していることがわかる(6)。

4. 物価水準

　地域間の所得、資産に格差があっても、購買力がどこまであるかについての考察を行なう必要がある。物価水準の違いをみる統計としては、小売物価統計調査の全国物価地域差指数がある。これは家計の消費構造を一定のもの（全国平均）に固定し、これに要する費用が地域間でどの程度異なるかを全国平均 100 とした指数値で示しており、1950 年から作成されている。

　2017 年の指数を都道府県別にみると、東京都（104.4）が最も高く、最も低いのは群馬県（96.2）であるが、両県の格差は 8.5％と小さい。また、物価水準の高い 3 都県（東京都、神奈川県及び埼玉県）、低い 3 県（群馬県、鹿児島県及び宮崎県）の物価差について 10 大費目別に寄与度で比較すると、格差は主に「住居」や「教養娯楽」で影響していることがわかる。なお、物価の地域間格差は長期をみても大きな変化がみられていない。むしろ、最近では地方の消費に占めるエネルギー（電気代・灯油・ガソリン等）の割合が大きいことや運送コスト負担もあって、都市と比較して物価が大きく上昇している項目も見られている。

　また、地域別賃金の格差の一例として、毎年各都道府県内の事業場で働く全ての労働者とその使用者に対して適用される地域別最低賃金がある。2017

年の最低賃金全国平均は789円であるが、県別で最も高いのは東京都958円、最も低い県は沖縄県等737円で格差は約3割である。過去10年間の最低賃金の変化を見ると、東京都が17.5％上昇と全国平均（15％）を上回っており、格差がやや拡大している。

5. データから読み取る地域間格差の姿

本節では、県民所得、完全失業率、家計資産、物価水準について地域間格差をみてきた。これらのうち県民所得、完全失業率、家計資産の上位5県、下位5県を並べたのが図表2-5である。ここから読み取れる特徴点をまとめると、以下の3点に整理される。

第一に、地域間格差の現状をみると、完全失業率（2017年）については全国平均2.8％、最も高い沖縄県でも3％台と水準自体が大幅に低下しており、

図表2-5 各指標の上位／下位5県

		県民所得（単位：千円）2014年		完全失業率（％）2017年		家計資産（単位：千円）2014年
上位5県	東京都	4,512	島根県	1.1	東京都	77,973
	愛知県	3,527	和歌山県	1.6	福井県	69,402
	静岡県	3,220	福井県	1.7	富山県	68,145
	栃木県	3,204	鳥取県	1.7	愛知県	67,126
	富山県	3,185	石川県等	1.8	神奈川県	63,190
下位5県	鹿児島県	2,389	北海道	3.3	長崎県	38,656
	宮崎県	2,381	青森県	3.4	北海道	38,633
	長崎県	2,354	福岡県	3.4	宮崎県	37,967
	鳥取県	2,330	大阪府	3.4	鹿児島県	36,253
	沖縄県	2,129	沖縄県	3.8	沖縄県	35,872

出所：『国勢調査』『労働力調査』より著者作成。

格差はそれほど社会的に問題視されていない。一方、県民所得や家計資産面では、大都市圏と地方である程度の地域間格差が存在していること、他方で物価の地域間格差は住居費を除けば小さく、物価水準を考慮しても地域間格差の存在が確かめられた。第二に、長期的な変化という視点では、高度経済成長期初期には所得や雇用面で大きな地域間格差がみられたが、その後は徐々に縮小している。ただし、家計資産についてはこのところ地域間格差が再びやや拡大している。第三に、三つの統計を総合的にみると、所得・家計資産は東京など関東圏や東海地方で高く、九州・東北で低い。特に東京の高さが顕著である。また、関西圏のプレゼンスが低下している。一方、県別完全失業率の高低は所得・資産の高低と必ずしも一致しない。所得、資産の多い東京の完全失業率（2.9%＜2017年＞）は全国（2.8%）並であり、労働供給は労働移動による需給バランスの調整機能が働いている。

第4節　地方経済をめぐるその他の論点

　地域間格差が家計資産面を除いてマクロデータ上は総じて落ち着いた動きをみせている状況下、地方経済をめぐる課題としては、社会が多様化する中で貧困の増加や社会生活面での問題がある。また、人口減少や高齢化が進む中で、各自治体がどのように地域社会を維持していくかといった問題も注目されている。本節では幸福度・貧困率、子育て支援・医療を含めた生活環境への行政サービス、東京一極集中問題について地域間格差を考察し、次節では地方創生を目的とした経済政策に焦点を当てる。

1．幸福度・貧困率
　幸福度指数は、主観的なアンケート調査で幸福度を数値で回答させるまたは社会・経済統計データの中から幸福に関連する指標を抽出するなどの手法により、様々な調査機関や大学が推計している。

第2章　日本における地域間格差と地方経済の課題

　代表的な調査としては、内閣府が1978年度以降3年毎に行なっている「国民生活選好度調査」がある。これは15歳から65歳の3,500～6,000人に生活全般での満足度について、満足を5、不満を1と尋ね、点数化している。また、日本総合研究所では、人口増加率や1人当たり県民所得など基本指標5指標、健康、文化、仕事、生活、教育の分野別指標50指標、平均寿命などの追加指標5指標の計60指標をポイント化して幸福度を算出、2012年以降2年毎に公表している[7]。このほか、法政大学、大阪大学、東洋大学も独自の方法で幸福度を計算しているが、サンプル数が少ない、回答者に高齢者が少なく偏りがあるなどの課題がある。

　それぞれの調査をみると、幸福度の高い上位5県については、内閣府では香川県、長崎県など西日本の県、日本総合研究所は福井県など北陸や東京都、長野県、各大学の計算では北陸や西日本と、調査によって結果が異なっている。なお、北陸が上位を占めている理由としては、保育所、生活保護、正社員比率、失業率等社会的弱者や労働者関連の指標が多く採用されているとの指摘がある[8]。

　一方、幸福度ランキング下位の県には東北、四国地域や沖縄が多い。

　以上をまとめると、客観的なマクロ経済データを用いたランキングでは幸福度の高い地域に東京など都市も含まれるが、人々の実感に近づく主観的な調査では九州の県が多く、経済データでみられる格差とは異なる結果になっている。この点に関連して、筒井（2010）では都道府県別にみた地域住民の所得水準と平均的な幸福度には正の相関がみられるが、幸福度の地域間格差は所得の地域間格差より小さい結果が示されている。

　他方で、現在、日本ではシングルマザーや働けど貧困であるワーキングプアの割合が増加し、貧困の増大が問題視され、その地域差を計測する研究も行なわれている。橘木・浦川（2012）は就業構造基本調査の賃金データを使用し、いくつかの仮定を置いた上で、貧困ラインとして東京都を除く労働者の平均所得の半分（2007年、235万円）に設定して都道府県別の貧困率を算出した。その結果、労働者の貧困率は東北、中国、四国、九州、沖縄で高い県が多く、関東、関西、東海地方で低い県が多いなど貧困リスクに相当の格差がある

と主張している。また、戸室（2016）も就業構造基本調査のオーダーメイド集計を用いて、関西以西と東北以北の地域で貧困率、ワーキングプア率、子供の貧困率が恒常的に高い傾向にあること、また、1992年～2012年の間に地域間格差が高位に平準化される方向で縮小していると分析した。その上で、格差解消策として最低賃金の引上げ、無年金者・低年金者の解消策を求めている。

2. 生活環境面

　居住する生活者の立場からは、地域における交通やエネルギー・上下水道の公共施設面でのコミュニティ、教育や福祉といった生活環境の整備が居住を決める上で重要な要素になる。そして生活環境を支える行政サービスの水準にも地域差がみられ、この点は日本経済新聞社と日経産業地域研究所が行なっている「全国市区の行政比較調査」[9]で有益な情報が掲載されている。近年、地方におけるコミュニティの弱体化、医療・福祉面での行政サービスの不足が指摘されている。そこで本節ではこの点について整理する。

　まず、交通機関や公共施設の整備については、三大都市圏以外の地方でも、都市部ではコミュニティバスやLRT等による公共交通機関の充実や交通バリアフリー法による旅客施設等の重点整備など対策が進行している。一方で、過疎化が進行する地方部の集落では急速な少子高齢化が進行しており、商店や事業所の閉鎖といった経済の停滞がみられ、日常生活に必要な公共交通機関の衰退のみならず、水道、通信施設など生活関連サービスが希薄なことから[10]、地域コミュニティの弱体化を招いており、地域の存続さえ危ぶまれている。活力ある高齢社会づくりに向けた整備や評価に向けて、未来投資会議で提言が行なわれ、法整備、各種事業、事業評価に関する研究等が進められている。

　次に、教育については、佐々木（2006）が戦後の教育格差を分析、1975年から1990年までは政府による高等教育分散政策もあって、大学の収容力・進学率ともに格差縮小の傾向がみられたが、1990年以降はいわゆる銘柄大学が一部の地域に偏在しており、再び高等教育機会の地域間格差が増大にあり、その傾向は男子のみならず女子において顕著であると論じている。また、橘木・

浦川（2012）は、私立幼稚園授業料に対する補助などで都市部でのサービスの充実ぶりが目立つほか、家計の教育支出（義務教育の授業料以外）をみても東京は沖縄の3倍に達するなど子供への教育支援に格差がみられ、格差の固定化につながると警告している。

一方、社会福祉面については、子育て支援では猪熊（2016）が保育施設利用の面で都市部が地方より優位な状況にあるが、待機児童は東京を中心とする人口密集地の首都圏や児童福祉法が制定された後も長く米国統治下にあって保育政策が行き届かなかった沖縄であること、地方では待機児童よりも急速に進む少子化による閉園が問題になっている点を指摘している。

次に、高齢者福祉については、橘木・浦川（2012）が介護保険料減免措置等のサービス面で都市圏の自治体の方が優れたサービスを提供する傾向を指摘した。一方、高山（2009）は65歳10万人当たりの介護施設定員数が徳島県や北陸で多く、東京都、千葉県、埼玉県等で少ないため、相対的に需要が大きいと思われる地方圏で充実していること、近い将来の大都市圏での高齢者の激増を考えれば、施設需要は一気に高まり、その不足は大きな社会問題になる可能性があると警告している。

3. 東京一極集中問題[11]

わが国では人口の減少と同時に人口分布が三大都市圏と地方中枢都市に集中しており、その他の多くの地域で人口減少の深刻化と高齢化問題で衰退・消滅に繋がる恐れがクローズアップされている。総務省の住民基本台帳人口移動報告によれば、2017年、2018年と2年連続して人口が流入超となった都道府県は東京都など6県で、うち東京圏（東京都、神奈川県、埼玉県、千葉県）が4県を占めている。また、東京圏は総面積が全国の僅か3.6%に過ぎないが、人口が総人口に占める割合は28.3%となり、過去最高を更新している。東京圏は1990年代央を除いて戦後一貫して大幅な転入超が続いており、年齢別には進学や就職を機にした15歳から24歳までの若年層の割合が大きい（図表2-6）。

図表 2-6　三大都市圏の転入超過数の推移（日本人移動者）（1954～2017 年）

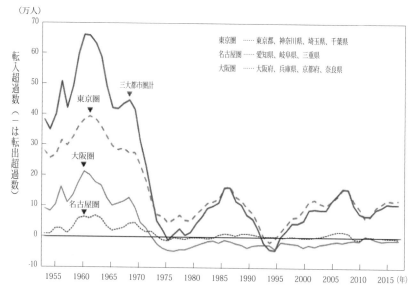

出所：国勢調査、労働力調査。

　東京はグローバル都市としてアジア諸都市との競争や海外都市間でのネットワークの形成が重要であり、日本経済の経済発展に経済合理性を持つとの意見は少なくない。(12)しかし、他方で相当の確率で発生が予想される災害対する脆弱さなどの外部不経済や生産性に比べて相対的に高い地価水準等による高コストが競争力の低下をもたらす懸念がある。また、東京圏に集中するのは若い世代に偏るため、その分地方圏、特に町村部での人口減少や高齢化が進んでいる。このため、東京の一極集中をある程度緩和していくことが望ましい点では意見が一致しているものの、東京一極集中がどこまで経済合理的を持つか正確に実証で示すことが難しく、東京一極集中をどこまで容認するかについては意見が分かれている。

　東京一極集中是正に向けた具体的な提言としては、地方交付税や国庫支出金の強化による財政調整に頼る案と東京への集積を排除する案がある。橘木・

浦川（2012）は前者については地方税のうち法人2税の占めるウエイトを下げ、地方消費税のウエイトを大きく上げる策を提案している。また後者は東京に社会・経済活動が集まりすぎている状況を緩和し、各地域の中核大都市（札幌、仙台、東京、横浜、名古屋、京都、大阪、神戸、広島、福岡など）に活動をシフトし、八ヶ岳のように多極型を目指すことを提案している。一方、川崎（2013）は地方交付税などを通じた財政再配分は地方から都市への人口移動を抑制する役割を果たした一方で地域の生産性が低水準に止まる原因になっているとして、東京一極集中を是正し地域の自立を促すには財政再配分による雇用創出でなく、地方の生産性を向上させる政策が必要と主張している。これに類する主張として、増田（2006）も公共事業等による地方優遇の政策が建設業・農林水産業の生産性の低下を招き、工場立地制限による工場の地方移転とともに日本のGDP成長率を押し下げたと分析している。

第5節　地域間格差問題の課題とアベノミクスの地方創生

1. 地域経済の課題

　前節まで地域間格差について、経済データから格差の実態を点検するとともに、貧困、東京一極集中などについて先行研究を考察した。地域間格差の課題という切り口で整理し直すと、所得・失業の地域間格差は高度経済成長時から縮小し、しかもこのところ格差の変化も緩やかで、大きな社会問題にはなっていない。一方、経済データ面で最近格差がやや拡大しているのは家計資産面である。また、経済社会面では、貧困率が関西以西と東北以北の地方で恒常的に高い傾向にあり、高齢化もすでに地方で深刻な事態となっている。また、地域独自サービスでは都市圏の取り組みが手厚く格差が確認できるが、高齢化の変化の点では首都圏で急速に進んでおり、将来はこうした地域で高齢化が大きな社会問題になると見込まれている。この間、東京の一極集中は歯止めがかかっていない。これを防ぐ意味で福岡等大都市での少子化対策を含めた振興や整備

や地方の生産性を向上させる政策が必要である。

　地域にはそれぞれ様々な歴史・文化があり、それぞれの地域の経済活動、経済政策の結果として経済業績や成果に差が出るのは当然である。問題はそうした事情の下で、公平性の視点で地域格差がどこまで許容されるか、そしてどのような政策対応が求められるかであろう。以下ではアベノミクスでの地方創生策を整理し、地方経済の抱える課題との関係から考察したい。

2. アベノミクスでの地方創生策

　わが国の地域振興策は 1962 年以降全総に基づいて新幹線、高速道路等のネットワークを整備し大規模プロジェクトを推進することにより地域間の均衡ある発展の実現を目指した。オイルショック後に経済成長が鈍化すると、全総の基本目標は「住みやすい社会の育成という定住圏構想」（第三次全総 1977 年）、「多極分散型の国土形成」（第四次全総 1988 年）、「多軸型国土構造形成の基礎作り」に変化した。そして人口が減少する時代に突入するとともに目標としての経済成長の考え方が弱まり、地方分権の考え方が強まった。その結果、大都市圏を中心とした経済力の強化が重視され、全総は次第に実行力のないものとなり、21 世紀に消滅した。こうした中でバブル期以降の目立った地域再生策としては、ふるさと創生 1 億円事業（1988・89 年）、地域振興券（6,200 億円、1998 年）、定住自立権構想（2008 年）、ふるさと納税（2008 年以降）といった財政支援や地域おこし協力隊（2009 年）など小規模なものとなった。こうした政策は市町村が主体的に考えるきっかけとなり、創意工夫が認められるものもあるが、特定の地域だけが活性化するという限界があった。

　これに対し、アベノミクスの下での地方創生策は、地域振興策を再び総合的に行なったものと位置付けられる。2014 年、政府はまち・ひと・しごと創生本部を設置し、日本の人口の現状と将来の姿を示し、今後目指すべき将来の方向を提示する「まち・ひと・しごと創生長期ビジョン」及びこれを実現するため今後 5 か年の目標や施策の基本的な方向、具体的な施策を提示する「まち・ひと・しごと創生総合戦略（以下、「総合戦略」）」をとりまとめた。また、総

合戦略においては、その進捗について2020年を目標年次として実現すべき120の重要業績評価指標（KPI: key performance indicator）を設定している。各自治体は2060年の人口の目標を定めた地方人口ビジョンと2020年度までの施策案を記した地方版総合戦略を策定し、国は専門家の派遣、情報提供、財政支援で各自治体を支援している。

ここで2020年までの四つの基本目標と具体的目標例は以下のとおりである。
①地方における安定した雇用を創出する（若年雇用創出5年間30万人）
②地方への新しいひとの流れをつくる（2020年に東京圏から地方への転出を4万人増やし、地方から東京圏への転入を6万人減らし、東京圏から地方の転出入を均衡）
③若い世代の結婚・出産・子育ての希望をかなえる（2020年に結婚希望実績指標を80％＜2010年68％＞）、第一子出産前後の女性継続就業率55％＜同38％＞に向上）
④時代に合った地域をつくり、安心な暮らしを守るとともに、地域と地域を連携する（立地適正化計画を作成する市町村数112都市）

3. 地方問題と地方創生

ここではアベノミクスの下での地方創生策が、前節まででみた地域間格差の実態・地域経済の課題の解決にどう対応しているかの視点で考察したい。

まず、第一に家計資産面の地域間格差については、議論が見当たらない。むしろ、個人の金融資産を預金から投資へシフトさせる目的で個人投資家のための税制優遇制度NISA（Nippon Individual Savings Account）を2014年に導入、毎年120万円の非課税投資枠が設定され、株式・投資信託等の配当・譲渡益等が非課税対象となった。日経平均株価は2014年3月末1万4,827円から2018年末2万14円に大幅に上昇しており、リスク性資産保有の有無が格差を拡大させている。また、相続税については、バブル崩壊以降、課税対象者の割合が4％程度にとどまるなど、資産家は総じて優遇されてきた。2015年に初の基礎控除の引下げ、税率構造の見直し（最高税率引上げ等）などによる相

続税が増税された。しかし、今回の増税でも課税対象者は8％（2015年）に止まり、相続税収もピーク時の7割程度に止まっている。

　第二に、経済社会面の対応については、若年を意識した雇用創出策、出生率の引上げ策が多く盛り込まれているが、出生数が2016年に100万人を割り込み2017年も94万人と戦後最低を更新するなど、出生率の上昇には結びついていない。また、社会現象に対する公共サービス、大都市圏での将来的な高齢者増加に伴う医療施設や介護施設の大幅な不足への具体的な検討、地域内格差の視点は少ない。

　第三に、東京一極集中への対応については、大学入学定員など東京圏のさらなる集中の抑制、地方への人の流れを作るための個人や法人への「補助」や「税制優遇」、地方圏で産業や雇用の場の創出を行なっている。しかし成果が全く出ていない以上、これまでとは異なる追加対応が要請されている。

4. 地方創生の中間的な評価

　地方創生策が開始して3年後の2017年、政府は総合戦略KPIの中間的な検証を行なった。そこでまず検証チームによる報告書の内容を確認したい。

　報告書では結論として、地方創生の四つの基本目標のうち、地方への新しいひと流れをつくる点で効果が十分に発現していないものの、他の三目標は概ね目標達成に向けて施策が進展しており、総じて順調と評価している。すなわち、第一目標の地方での若年雇用創出数は5年間30万人の目標に対して2年間で8万人に達した。また、第三目標の第一子出産前後の女性継続就業率も3年間で38％から53％に上昇し、目標の55％に近付いている。さらに第四目標の立地適正化計画を策定する市町村数は目標の150市町村に対し112都市に及んでいる。これに対し、第二目標のひとの流れについては、東京圏への転入者数を10万人減らす目標を掲げていたが、2013年から2017年の4年間で逆に2万3,000人増加しており、東京一極集中が継続しているとした。そしてその原因は、東京圏では若者の大学進学時の転入が多いこと[13]や名古屋圏・関西圏からの転入は若者以外でも目立つと分析され、ライフステージ別の対応が必

要と提言されている。

　本中間検証を受けて、政府は①大学生の集中が進み続ける東京都区部の私立大学の定員増や新設を認めない、②転職先となる地方拠点での仕事作りを促進する、③中高年のアクティブシニア向けの生涯活躍のまちを推進するなど、さらなる対応策に取り組んでいる。

　地方創生策は三つの点で評価できよう。第一に、各自治体が地方人口ビジョン等地方版の総合戦略を策定したが、これは多くの自治体にとって、出生・死亡の自然増減や転入・転出の社会増減について自治体毎の特徴のきっかけを考えるきっかけになった。中には地域が知恵を絞って企画した事業が盛り込まれ、国はそうした事業の中で優れたものを交付金の対象として採択した。第二に、各自治体が地域の経済・社会などの現状や課題を統計などのデータから分析するツールである「地域経済分析システム（RESAS）」や、「地方創生人材支援制度」などにより人材を提供するなど、資金だけでない支援も用意した。第三に、従来の地方振興策は一時的な効果しか得られないものが多かったが、今回は5年長期計画で中央政府の支援があり、しかも成果を毎年チェックし、中間評価を行なうことでそれなりの成果がみられている。

　しかし、一方で、本政策は東京圏への人口集中と地方の人口減少、出生率の低さという大きな課題については改善の兆しさえみられておらず、総じて順調という中間評価と温度差が感じられる。これには三つの問題が指摘できよう。第一に、基本目標の設定は異論ないが、理想論が多くそれを達成する手段が曖昧である。例えば、出生率の1.8％への引き上げ、東京への人口流入解消の指摘は妥当ではあるが、それを達成する手段については国民の理解の深まりという期待に依存するところが大きい。第二に数値目標の達成率にこだわる余り、政策の策定や身近な問題など達成しやすい政策に力点が置かれ、東京への人口流入阻止など重要度の高い数値目標については達成できていない。また、目標達成のため無理な政策も取り組んでいる。例えば東京都区内での大学定員制限の措置については、都市への集積を抑制すれば地方が再生する単純なものではない。仮に数値目標が達成できても地方大学の魅力の向上が伴わない限り、実

質的な成果を期待することは難しい。第三に、地方政策で課題となっている効率性の配慮など内容面のチェック、また、最近格差が拡大している家計資産への対応が欠けている点も問題である。

第6節　まとめに代えて

　わが国の経済は、戦後の復興から高度経済成長期、バブルとその崩壊を経て、その後長期にわたる低い経済成長が続いている。また、情報通信の技術革新は技術の進歩と価格の低下に伴って急速に進展し、グローバル化とともに中国等アジア諸国の経済成長が目覚しく進展し、わが国では世界に先駆けて深刻な少子高齢化問題に直面している。

　こうした外部環境の下で、まず地域格差の視点でみると、県民所得は変動係数の長期推移から明らかなように、高度成長初期は成長テンポの差のひずみから3大都市圏とその他の地域との格差が問題とされたが、70年代・80年代の地方の工業化等によって地域間格差はかなり縮小してきた。また、完全失業率も格差が解消されてきており、むしろ一部地域では人手不足が問題視されているほどである。

　一方で、地方では、東京を中心とする大都市圏への人口移動による人口流出、円高等に伴う製造業の海外移転による地方での工場立地件数の大幅な低下が生じ、行政サービス等本章で取り上げてきた様々な問題が起こり、地方経済の活性化対策が繰り返し取り上げられてきた。しかし、アイデアが豊富にあるものの、実際に取り組まれた施策は多くが国主導で、必ずしも地域特性に見合わない施策も少なくなかった。そして財政難を理由に対応が中途半端となり、定量的な検証が行なわれないまま効果が特定の地域に止まり、地方創生の全体感が曖昧になっていた。アベノミクスでは正面から地方創生策に取り組み、中間評価を行なう、特区・特例制度を織り込むなどの工夫で地域主導を促している。しかし、東京一極集中、人口増加など重要事項の成果は現在までのところみら

れていない。また、この間、資産格差については 2000 年以降徐々に拡大し始めているように見受けられる。

　日本経済の活性化には大都市圏の競争力向上だけでなく、地方の活性化が不可欠である。特に生産性の低い地方のサービス産業は向上できる余地が大きいだろう。地方の歴史・文化は異なり、産業構造も地域差が大きいため、各地域では地方の事情に応じた対応を取り組むことが重要である。このため問題解決は国任せではなく、地域住民自らが積極的に関与することも必要とされる。また、地域活性化に向けた取り組みは、短期間で成果が出るものではない。アベノミクスの地方創生で終わらせることなく、地域が腰を据えて取り組むことを期待したい。

注
1　本章は、内田（2019）「地域格差問題―データと論点からの考察」成城大学社会イノベーション研究第 10 号）のダイジェスト版であり、詳しくはそちらを参照されたい。また、同稿作成に当たっては成城大学ブランディング事業からの研究補助を得た。
2　歴史を分析した先行研究には、例えば梶（2006）、谷沢（1992）、勇上（2006）がある。
3　沖縄県は所得、家計資産などで都道府県別に最も低い。沖縄経済の事情については内田（2002）を参照。
4　家計資産の地域間格差について詳しくは本書第 8 章参照。
5　日本銀行の都道府県別預金・現金・貸出金にはゆうちょ銀行や有価証券、生命保険などが含まれていないので本章では引用しない。
6　ピケティ『21 世紀の資本』での格差の主張と同様の動きが日本でも 2000 年以降小幅ではあるがみられている。
7　本調査はランキングというタイトルもあって都道府県の順位の上下に焦点が当てられる反面、スコアの水準の分析が弱い。
8　幸福度の比較については鈴木・田辺（2016）参照。

9 組織改編で調査は2008年版で中止されている。
10 水道料金は自治体によって異なり、1か月当たり全国平均（家庭用20立方メートル）は3,215円（2016年）であるが、最も高い夕張市（6,841円）と最も安い赤穂市（兵庫県）853円では8倍以上の格差がある。
11 詳しくは本書第3章参照。
12 例えば、八田達夫編（1994）『東京一極集中の経済分析』（日本経済新聞社）がある。
13 全国大学生（287万人）の40％が東京圏（117万人）、26％が東京都（75万人）、18％が東京23区（53万人）に集中している。

参考文献

安東誠一（1981）「1960,70年代における地域所得格差の変動過程」、国民経済研究会編『国民経済』第145号。

石井晋（2006）「戦後日本の地域経済―地域開発政策と競争的環境―」『学習院大学経済論集』第43巻第1号。

猪熊弘子（2016）「子育て支援、保育環境における地域格差と出生率」日本人口学会第68回大会。

内田真人（2002）『現代沖縄経済論復帰30年を迎えた沖縄への提言』沖縄タイムス。

大竹文雄（2005）『日本の不平等－格差社会の幻想と未来』日本経済新聞社。

──、白石小百合、筒井義郎編（2010）『日本の幸福度格差・労働・家族』日本評論社。

梶善登（2006）「地域間格差の推移とその背景」レファレンス平成18年4月号。

川崎一泰（2013）『官民連携の地域再生―民間投資が地域を復活させる』勁草書房。

佐々木洋成（2006）「教育機会の地域間格差 -- 高度成長期以降の趨勢に関する基礎的検討」『教育社会学研究』78。

篠原三代平（1965）「産業構造の変化と地域格差―特に工業発展との関係について―」
篠原編『地域経済構造の計量的分析』岩波書店。

鈴木・田辺（2016）「幸福度の都道府県間格差の統計分析」東洋大学紀要　自然科学編第60号、93-112頁。

高山正樹（2009）「均衡発展政策から地域再生の地域政策への課題」経済地理学年報

55-4、283-299 頁。

橘木俊詔（2006）『格差社会―何が問題なのか』岩波新書。

――、浦川邦夫（2012）『日本の地域間格差：東京一極集中型から八ヶ岳方式へ』日本評論社。

戸室健作（2016）「都道府県別の貧困率、ワーキングプア率、子どもの貧困率、捕捉本評論社。

――（2016）「都道府県別の貧困率、ワーキングプア率、子どもの貧困率、捕捉率の検討」山形大学人文学部研究年報　第 13 号、33-53 頁。

日本経済新聞社・産業地域研究所（2008）『2008 年（第 6 回）全国市区の行政比較調査データ集』。

増田寛也（2014）『地方消滅』中央公論新社。

谷沢弘毅（1992）「戦後日本の地域間格差の動向」経済研究 43（2）、133-148 頁。

山崎福寿、中川雅之、瀬下博之（2015）「地方創生政策を評価する：経済学の視点」日本不動産学会誌 29 巻 2 号。

勇上和史（2010）「賃金・雇用の地域間格差」『バブル / デフレ期の日本経済と経済政策（第 6 巻）労働市場と所得分配』慶応義塾大学出版会。

第3章　人口減少と地域経済

岡田　豊

第1節　はじめに

　政府はアベノミクス効果の地方への波及を目指しているが、地方は地域経済の基盤となる人口の減少という大きな課題を抱えているところが多い。2014年5月、民間の有識者で構成される日本創成会議が、地方を中心に自治体の約半分が人口減少によって将来消滅する危機にあるという報告を行った。都道府県別でみると、秋田県のように96.0％の自治体が消滅するとされたところもある(1)。この報告は大きな反響を呼び、人口減少対策は自治体の重要なテーマの一つに浮上した。

　その上、日本の総人口（日本人＋外国人）も2008年をピークに減少している。この背景について、出生率の高い地方から出生率の低い東京圏(2)へ若者が流入し、少子化がより進行していると政府は考えている。そこで、国全体の少子化と地方の人口減少の両方の問題の解決に向け、多くの若者が出生率の高い地方で暮らすようになるための環境づくりとして地方創生は始まった。

　若者が地方で暮らすようになるには、地方で若者が希望の仕事に就けることが重要である。そのための政策立案の司令塔として、政府は2014年9月に「ま

ち・ひと・しごと創生本部」を発足させた。「しごと」が明記されたのは、国が仕事づくりを重視する姿勢の表れであろう。2014年11月には、地方に仕事を作るなどして地方の人口減少に歯止めをかけて東京圏への人口集中を抑制するという、「地方創生」の方向性を定めた「まち・ひと・しごと創生法」と、地域活性化を統合的に支援する「地域再生法の一部を改正する法律」が成立した。

　地方創生において、各自治体は2060年の人口の目標を定めた「地方人口ビジョン」と2020年度までの施策案を記した「地方版総合戦略」を策定した。そして国は、専門家の派遣、ビッグデータを含む地域関連の様々な情報の提供、使途に制限を加えない交付金の創設等で、各自治体を支援している。

　しかし、地方創生の5か年計画（2015年度から2019年度まで）の中間年を過ぎても東京圏への転入超過は依然として高水準で、政府が目標とする人口の東京一極集中には歯止めがかかっていない。そこで本章では、人口動向の分析を通じて地方創生の成否を考えてみたい。なお、本章は岡田豊「地方における人口減少の実態と人口減少対策のあり方」（金融構造研究会「金融構造研究2015年5月号」全国地方銀行協会）に、その後の人口や地方創生の動向などを踏まえて加筆修正したものである。

第2節　日本全体の人口減少下で進む地域別人口の二極化

　2015年の日本の総人口は約1億2,710万人で、2015年時点では世界第10位の人口大国であるが[3]、国勢調査ベースでは初めて減少[4]、人口減少社会に突入した。日本の総人口は2060年に9,284万人となり、21世紀末には5,000万人を割りこむと予想されている[5]。また、2015年の世界の人口上位20か国のうち、日本だけが2010～2015年に人口が減少している。1950年には世界第5位の人口大国であった日本であるが、世界における人口ランクを徐々に下げていくことになる。

次に、都道府県別人口をみると、二極化が進んでいる。2010年から2015年にかけて人口が減少したのは39道府県で、その多くで2005〜2010年に比べて2010〜2015年の方が人口減少率が大きくなっており、人口減少が加速している。また、2005〜2010年に人口が減少した県で2010〜2015年に人口が増加したところは皆無である。地方創生では人口減少から人口増加への転換を目指す自治体が多いが、非常に難しいことがわかる。一方、人口が増加したのはわずか8都府県にとどまっているが、ここには東京圏に属する東京都、神奈川県、埼玉県、千葉県全てが含まれている。

各都道府県の人口のピークをみると、2000年をピークに減少したのは宮城県、石川県といった、三大都市圏を除く各地域の経済の中心県であった。しかし、2005年をピークに減少したのは三重県、京都府、兵庫県と、三大都市圏の府県にも人口減少の波が襲い掛かっている。そして、三大都市圏の一つである大阪圏の経済の中心で、西日本の府県で最大の人口を抱える大阪府も2010年をピークに人口が減少しており、これは東京一極集中を象徴する出来事といえよう。

ここで、人口減少の続く北海道を例に、近年の自治体の人口減少の「程度」について考えてみよう。例えば、北海道の人口は2010年から2015年にかけて12万人減少している。これは中堅都市が一つ消えてしまう規模の減少である。人口の減少が続く道府県の多くで、北海道と同様に2010〜2015年の人口減少数は当該道府県の中堅都市と同規模になっている。

また、過疎法では急激に人口が減少した地域を過疎地と認定しているが、その認定基準の一つとして1985年から2010年にかけて人口が17％以上減少というものがあった。このため、人口減少が進む北海道では、日本でも有数の巨大都市である札幌市に隣接し、観光などで知られる小樽市が2010年に過疎地に認定されてしまうという驚くべきことが起こった。2017年の北海道では、全179市町村のうち全域が過疎地である自治体が144市町村に、一部が過疎地である自治体が5市町にのぼる。今後は中山間だけでなく、都市でも過疎地となる可能性が高まろう。このように、近年の自治体の人口減少は、数も

率も非常に大きなものとなっている。

　一方、東京圏は東京一極集中と呼ばれる人口の集中期を迎えている。特に後述する都心回帰の進展もあり、東京都は2010年から2015年にかけて人口が36万人も増加した。地方を代表する都市といえる県庁所在地の4割で人口が36万人以下であることから、県庁所在地クラスの都市が東京都にわずか5年で一つ増えたのと同じ計算となる。また、2015年の東京都の人口は、実績値がわずか2年前に行われた国立社会保障・人口問題研究の2013年の推計値を17万人も上回っており、増加傾向に拍車がかかっている。都道府県別人口は本格的な二極化の時代を迎えているのである。

第3節　地方の人口減少の大きな要因の一つは若い女性の流出

　人口の動向は、出生・死亡の差である自然増減と、転入・転出の差である社会増減に分けることができる。総務省の「住民基本台帳に基づく人口、人口動態及び世帯数」（2018年1月1日現在。人口動態は2017年のもの）によると、2017年の日本は38万人の自然減少で、海外からの移住や海外への移住などによる社会増減は18万人（増加超）となっており、日本全体の人口減少は主に少子高齢化で死亡数を出生数が上回る自然減少によってもたらされているといえる。

　一方、地域別人口動向は日本全体とは違い、概ね社会増減で説明できる。人口増加率と社会増加率で都道府県別の散布図を作ると、直線的な分布となる。[8] 人口が減少している自治体の多くで少子高齢化に伴う自然減少に加えて社会減少が多く、人口が増加している自治体の多くで少子高齢化で自然減少があったとしてもそれを上回るほど社会増加が多いといえる。実際に東京都は前出の総務省の「住民基本台帳に基づく人口、人口動態及び世帯数」において4,790人の自然減少であったが、11万2,083人の社会増加によって人口が大きく増加している。

図表 3-1　東京圏の男女別・年齢別転入超過数（2017 年、日本人）

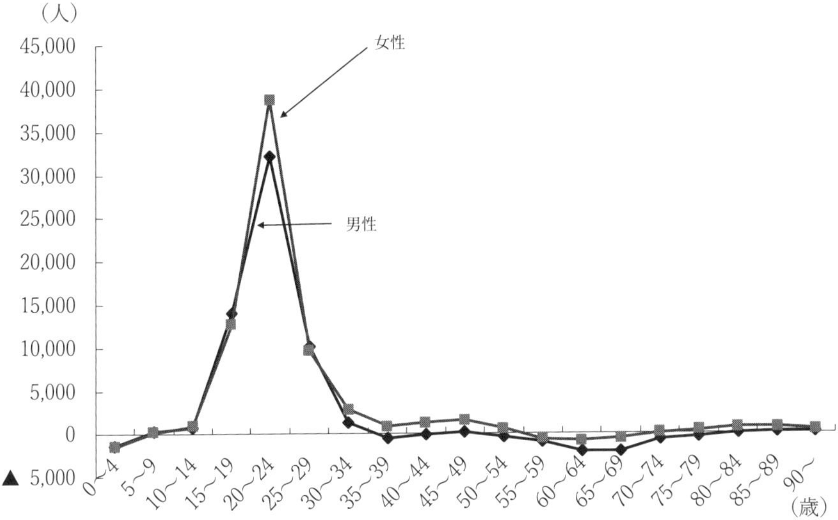

出所：総務省統計局『住民基本台帳人口移動報告』（2017 年）より、みずほ総合研究所作成。

　政府は東京圏への人口の一極集中について、地方の人口減少の大きな原因となっているとして警鐘を鳴らしている。確かに、三大都市圏別の転入超過数（日本人）の推移をみると、近年は東京圏のみ大きな転入超過を記録している。その東京圏で 1990 年代後半以降に転入超過が目立つのは若い女性である。東京圏における 2017 年の 20 歳代と 30 歳代の転入超過をみると、男性が 5 万 6,329 人に対し、女性はそれを上回る 6 万 1,006 人となっている（図表 3-1）。

　この背景には女性の高学歴化があろう。大学進学率の男女格差は 1975 年には 28.3％ポイント（男性 41.0％、女性 12.7％）であったが、1990 年代に入って女性の大学進学率が上昇し、2017 年には 6.8％ポイント（男性 55.9％、女性 49.1％）まで縮まっているからである。さらに、文部科学省「学校基本調査」によると、2018 年 3 月に大卒で就職した者は、男性 22 万 643 人に対し、女性 21 万 5,509 人となっており、大卒の就職者では男女が拮抗している。

図表3-2 名古屋圏の男女別・年齢別転入超過数（2017年、日本人）

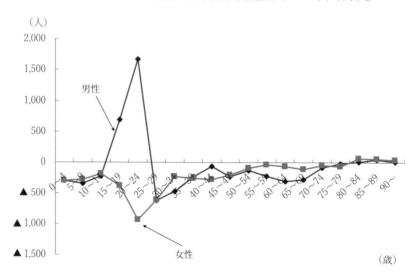

出所：総務省統計局『住民基本台帳人口移動報告』（2017年）より、みずほ総合研究所作成。

　そして、若い女性の東京圏への流入の背景に大卒女性のサービス業志向がうかがえる。前述の「学校基本調査」によると、2018年3月の大卒女性の産業別就職割合は製造業が9.2％にとどまる一方、サービス業は9割に達する。特に「医療・福祉」「卸・小売業」「教育、学習支援業」「金融業、保険業」「情報・通信業」で計6割にのぼる。それらのサービス業が盛んである東京圏に若者、特に女性が集まっているといえる。

　このため、これまで地域活性化の主流であった製造業主体の街づくりに暗雲が漂っている。三大都市圏の一つで、製造業の工場の集積で知られる名古屋圏において、若い女性の流出が多い。2017年の20歳代と30歳代の転入超過数をみると、男性は350人であるが、女性は▲2,021人となっている（図表3-2）。また、21ある政令指定都市について、2015年から2045年にかけての人口増加率の推計をみると、北九州市（▲19.8％）、静岡市（▲19.5％）といった製造業が比較的盛んな地域の人口減少が目立つ。

製造業の工場誘致はこれまでの地域活性化策の代表的な手法であるが、製造業の現場での仕事は高学歴化が進む若い女性にあまり魅力的とはいえず、今後は人口減少の歯止めになりにくい。

さらに、若い女性の流出は、地域の将来人口を左右する子ども数の減少に直結する。若い女性の流出が進む地域では多少出生率を高めたところで、人口減少に歯止めをかけるのは難しい。人口減少が進む自治体の多くは高学歴化が進む女性が転出しないよう、サービス業を中心に高学歴の女性の仕事を確保することを最優先課題にしなければならない。

第4節　今後の人口減少の大きな特徴は生産年齢人口の減少

今後の都道府県別人口をみると、2015～2045年に人口が増加し続ける県は皆無で、2030年にピークが来る東京都と沖縄県を最後に、全都道府県が人口減少社会に突入する。また、2015～2045年の人口減少率はかなり大きく、秋田県の41％を筆頭に各県で軒並み2割以上となっている。人口減少数も大きく、2015～2045年の各都道府県の人口減少数は、多くは県庁所在地の人口数に匹敵する規模である。例えば、秋田県では2015～2045年に42万人の人口減少が予測されるが、これは2015年の秋田市の人口32万人を大きく上回る。

この間の年齢別人口数の動向をみると、人口減少の特徴がより明確になる。2015～2045年に日本全体では、0～14歳の年少人口が456万人減、15歳～64歳の生産年齢人口が2,144万人減、65歳以上の老年人口が532万人増となる。

続いて、年齢別人口を都道府県別に見てみよう。2015～2045年に最も人口減少率が大きい秋田県では、年少人口が6万人減、生産年齢人口が32万人減、老年人口5万人減といずれも減少するが、生産年齢人口の減少が際立っている。一方、2045年の人口が2015年比で100％を超える、つまり増加するのは東

京都のみである。その東京都でも2015〜2045年の年齢別人口数の動向をみると、年少人口が12万人減、生産年齢人口が90万人減、老年人口が111万人増となっており、老年人口の増加とともに生産年齢人口の減少が目立つ。このように、今後の人口減少の大きな特徴の一つは生産年齢人口の大きな減少といえる。

そして、生産年齢人口の減少は人手のかかるサービス業を中心に人手不足を激化させる。企業は新卒採用だけでなく中途採用も強化することなどにより人材獲得競争を進め、その結果、給与水準が高い大都市、特に東京圏へより多くの若者が集まることになる。後述するように、名古屋圏や大阪圏から東京圏への人口移動は転職時と想定される25歳以上で近年増加している。若者の流出に歯止めをかけるためには、地方で高い賃金の仕事を増やす必要があろう。

第5節　地方では多くの自治体が長年人口減少に苦しんでいる

自治体の中には、人口の減少に長年悩んでいるところが少なくない。高度成長期（1954〜1973年）、1964年の東京オリンピック開催や東海道新幹線開通の前にすでに人口のピークが来ていたのは、東北、四国、九州を中心に10県以上もある。

政府は地方創生において、これまで地域活性化策として主に推進されてきた公共事業推進や工場誘致ではなく、地域資源を使った第三次産業の振興による人口減少への歯止めに期待を寄せている。実際にあまり活用されていない地域資源が数多くあるのは間違いないが、そのような地域資源を活用した産業では雇用吸収力に課題があろう。例えば、観光業は地域資源を活用した代表的な産業であり、就職先として若い女性の人気は根強い。しかし、全国的にも知名度の高い観光地である前出の小樽市や函館市は、中山間地の自治体を想起させるほどの急激な人口減少に見舞われている。

また、政府の推奨する地域資源を使った活性化に成功したといわれている自

治体においても人口減少は進んでいる。例えば、高知県馬路村は地域資源の柚子を用いたビジネスの成功で知られているが、大ヒット商品となるドリンク「ごっくん馬路村」発売開始（1988年）以降も人口は減少し続け、2010～2015年に▲18.8％となっている。さらに、馬路村と同じく中山間地に立地し、ツマものの葉による「葉っぱビジネス」の成功で知られる徳島県上勝町も、人口増加率下位20位までに入っていないものの、2010～2015年に▲13.3％という大きな人口減少を経験している。

第6節　都心回帰がもたらす人口の二極化

　これまで東京圏内では、東京都、特に都心3区や新宿・渋谷・池袋などのターミナル駅周辺にオフィスが集中しているにもかかわらず、住宅は郊外、特に神奈川県、千葉県、埼玉県に構える人が圧倒的に多かった。そのため、東京都よりも神奈川県、埼玉県、千葉県において大きく人口が増加した。

　しかし、1990年代後半以降の都心回帰により、三大都市圏内でも二極化は進んでいる。今後は三大都市圏であっても郊外を中心に、人口減少が激しい自治体が続出する可能性が高い。名古屋圏と大阪圏は都市圏全体では転出超過となっているが、都心を抱える名古屋市と大阪市は1990年代後半から転出超過数が減少し、21世紀に入ってからは2008年のリーマンショックの影響で名古屋市が一時期転出超過に陥ったのを除き、両市ともに転入超過が定着している（図表3-3）。また、東京都の都心3区（千代田区、中央区、港区）と大阪市の都心2区（北区、中央区）の人口動向をみると、その全てで1995年を境に都心部の人口が反転上昇している。

　今後も、三大都市圏の都心では都心回帰により人口が増加するが、その一方で郊外は大きな人口減少に見舞われることになる。例えば、大阪市では概ねJR大阪環状線に囲まれる都心とその周辺の人口は今後大幅に増加するのに対し、それ以外の区で半数以上が10％を超える減少が予想されている（図表

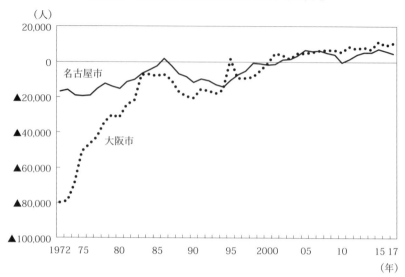

図表 3-3　名古屋市と大阪市の転入超過（日本人）

出所：総務省統計局『住民基本台帳人口移動報告』各年版より、みずほ総合研究所作成。

3-4）。三大都市圏であっても、域内の中心にある都市部を除いて人口減少への備えが必要であろう。

　そしてこの都市回帰は非三大都市圏の大都市でも同様に進んでいる。例えば、2015年から2045年にかけて札幌市全体では▲7.5％で、札幌市に10ある行政区のうち9つが減少する中、札幌駅周辺からすすきのにかけての都心である中央区だけは10.1％という大幅増加が予想されている。

　これらの都心では、東京圏同様に若い女性の転入超過が多いことが特徴である。男性に比べて女性が多い地域を「女町」というが、非三大都市圏の大都市の都心では女町が続出している。例えば、福岡市中央区は女性に対する男性の割合が80.3％で、その割合を年齢別にみると、15～19歳93.7％、20～24歳67.6％、25～29歳71.1％、30～34歳76.7％、34～39歳75.8％となっており、20歳、30歳代において男性よりも女性がかなり多いのがわかる。

　さらに、非三大都市圏での都心回帰は道県庁所在地や地域経済の中心である

第 3 章　人口減少と地域経済

図表 3-4　大阪市の区別人口増加率（2015 年～ 2045 年、%）

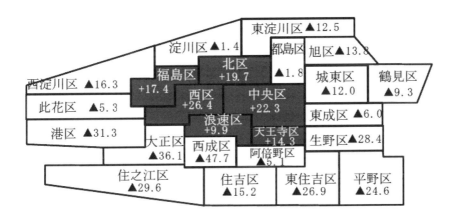

出所：国立社会保障・人口問題研究所『日本の地域別将来推計人口（2018 年推計）』（2018 年）より、みずほ総合研究所作成。

都市の都心（ターミナル駅近くなど）への人口流入という形で見られる。その結果、道県単位では人口減少が激しく進行するところでも、それらの都市では人口減少が緩和され、道県に占める人口割合は大きくなる。例えば、都道府県別で近年最も大きな人口減少率を記録している秋田県は、2015 年から 2045 年にかけて▲ 41.2％の人口減少が予想されているが、県庁所在地の秋田市の人口は▲ 28.5％にとどまっている。そのため秋田県に占める秋田市の人口割合は 2015 年の 30.9％から 2045 年の 37.6％に増加する見通しである。

　このような都心回帰は、都心を巡る経済環境の変化と住民の潜在的なニーズが結びついたものである。少子化の進行で就業者人口は減少し、それに伴いオフィス需要が減退している。また、インターネットショッピングの発展に伴い、実店舗の利用が減少している。1990 年代前半まで商業施設とオフィスビルが優先されてきた都心において、このような経済環境の変化から 1990 年代後半以降に住宅に利用可能な空間を増加させているといえる。

さらに、「職・住・遊」近接に対する住民ニーズの根強さを挙げることができる。バブル経済崩壊の影響で1990年代後半以降は都心に住むコストが下がり、住民のニーズが実現可能になっている。これらを考えると、都心の住居費の負担が大きく増加しない限り、都心回帰の流れは簡単に止まらないであろう。

第7節　近年目立つ20歳代後半以降の人口移動

　ここで、2017年の大阪圏の男女別・年齢別転入超過数を見てみよう。前述のように製造業が盛んな名古屋圏では若い女性の転出超過が大きい。一方、サービス業が盛んな大阪圏では、女性において20～24歳で転入超過が大きいものの、25歳以降は一転して転出超過となっている（図表3-5）。つまり、サービス業志向の強い女性はサービス業の盛んな大阪圏で就職するものの、転職な

図表3-5　大阪圏の男女別・年齢別転入超過数（2017年、日本人）

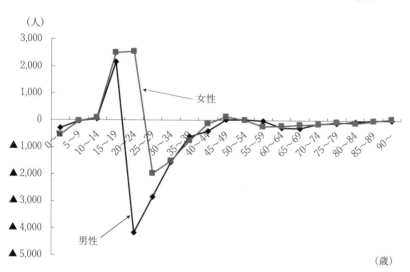

出所：総務省統計局『住民基本台帳人口移動報告』（2017年）より、みずほ総合研究所作成。

図表 3-6　三大都市圏の男女別・年齢別転入超過数（2011 年と 2017 年、日本人）

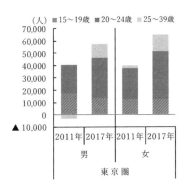

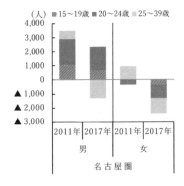

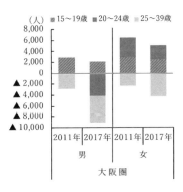

出所：総務省統計局『住民基本台帳人口移動報告』各年版より、みずほ総合研究所作成。

どを契機に大阪圏から転出しているとみられる。

　このような動きは男女ともに強まっている。三大都市圏別に2011年と2017年の転入超過数を比べると、大学進学時の移動と思われる15〜19歳の転入超過数は三大都市圏全てで大きくは変わっていない一方、転職などに伴う移動と思われる25〜39歳では、三大都市圏間で大きな違いが生まれている（図表3-6）。まず、東京圏は男女ともに大きく増加した。次に、名古屋圏では2011年に男女とも転入超過であったが、2017年には一転して転出超過となった。そして、大阪圏では転出超過数が大きく増加した。

　この背景には、人手不足の深刻化に対応した中途採用強化等の地域間の人材獲得競争と、その結果としての東京圏の優位があろう。地方創生では大学進学時や大学新卒の就職時における東京一極集中が強く懸念されているが、25歳以降の人口動向を踏まえると転職時における東京一極集中への対策が必要であろう。

第8節　地方都市では県内移動が目立つ

　田園風景が広がっている地方の郊外にある自治体で人口減少が厳しいため、現在の東京一極集中ではそのような地方の郊外から東京圏に人が大量に流入しているイメージが根強い。また、地方への移住・定住促進においては、田園エリアを移住・定住先に想定した施策が多い。

　しかし、地方の自治体間人口移動からは違った側面がみて取れる。例えば、全国有数の大都市である札幌市と北海道で二番目に人口が多い旭川市における若年層（15〜39歳）の転入超過を比較してみよう（図表3-7）。まず札幌市においては、大学進学などを契機とした15〜19歳の男女計の転入超過では、対東京圏が▲831人（831人の転出超過）であるものの、対道内は5,932人と極めて大きい。次に、就職などを契機とした20〜24歳の男女計の転入超過でも対東京圏は▲3,140人であるのに対し、対道内は6,152人を記録して

第3章 人口減少と地域経済

図表3-7 札幌市、旭川市の男女別・年齢別転出数（2015年）

（男）	【旭川市の転入超過（2015年、人）】				（男）	【札幌市の転入超過（2015年、人）】			
	年齢（歳）	15～19	20～24	25～39		年齢（歳）	15～19	20～24	25～39
	道内・道外計	▲223	▲777	▲5		道内・道外計	2,546	970	▲4,851
	道内	▲28	▲265	▲69		道内	2,492	1,784	▲2,511
	うち札幌市	▲233	▲178	214		道外	▲22	▲1,025	▲3,047
	うち東神楽町	▲3	0	▲196		うち東京圏	▲388	▲1,584	▲917
	道外	▲201	▲543	9					
	うち東京圏	▲115	▲271	111					

（女）					（女）				
	年齢（歳）	15～19	20～24	25～39		年齢（歳）	15～19	20～24	25～39
	道内・道外計	▲83	▲285	▲494		道内・道外計	3,218	3,483	▲2,154
	道内	59	31	▲401		道内	3,440	4,368	▲353
	うち札幌市	▲244	▲239	▲84		道外	▲291	▲1,259	▲2,622
	うち東神楽町	0	4	▲216		うち東京圏	▲443	▲1,556	▲1,629
	道外	▲150	▲335	▲159					
	うち東京圏	▲90	▲245	▲95					

注：2015年に札幌市および旭川市を常住地とし2010年以降他の自治体以外から転入した者から、2010年に札幌市および旭川市を常住地とし2015年までに他の自治体以外へ転出した者を差し引いたもの。
出所：総務省統計局『国勢調査報告』（2015年）より、みずほ総合研究所作成。

いる。特に、道内からの転入超過数で女性が男性の倍以上となっており、サービス業志向が強い女性が発展する道内随一の大都市である札幌市を選んでいることがわかる。最後に、転職や結婚、郊外移住などを契機とした25～39歳の転入超過では、男性で対東京圏よりも対道内が多いが、女性は逆に対東京圏が対道内の約5倍になっている。この背景の一つには、女性の多くが希望するサービス業での転職では、札幌市より高待遇が期待できる東京圏が選ばれるなどが推察されよう。このように、札幌市をめぐる人口移動では25～39歳の男性を除き、概ね道内から若者を集め、東京圏へ若者が流出しているのがわかる。

また、旭川市をみると、15～19歳の男女計の転入超過では対東京圏（▲205人）と対札幌市（▲477人）であり、札幌市への転出が東京圏への転出の2倍以上に上る。また、20～24歳では、男性で東京圏への転出が札幌への転出より多いが、女性では対東京圏と対札幌市が同程度となっている。さらに25～39歳の転入超過では、男性は対札幌市が対東京圏の約2倍となって

いるが、女性は対東京圏、対札幌市ともにほぼ同水準となっている。さらに、25〜39歳では男女ともに対神楽町のような道内の近隣自治体への転出が多い。このように、旭川市をめぐる若年層の人口移動では20〜24歳の男性で東京圏への転出が多いことを除き、道内の他自治体への流出が目立つ。

注目すべきは、旭川市の25歳以降の大きな流出先となっている東神楽町である。東神楽町は旭川市の都心まで車で約20分の距離にあり、その立地を生かした宅地開発が盛んなベッドタウンとして発展している。旭川市の郊外には東神楽町以外にも東川町などのベッドタウンがいくつかあり、旭川市を中心とする経済圏では、旭川市で働きながらも住宅取得時に旭川市近郊にある自治体に転出する者が多い。

旭川市のような地域経済の中心となる比較的人口の多い都市は、地方創生において「中枢中核都市」（道府県庁所在地もしくは地域経済の中心都市）と呼ばれているが、近年はこの中枢中核都市の郊外に立地する自治体で人口増加が非常に目立つ。2010年から2015年にかけての市町村別人口増加率ランキングをみると、上位20の自治体のうち16が中枢中核都市近郊立地型となっており、前述の東神楽町も10.1％の増加で第10位にランクインしている。[12]

このように、政令指定都市や県庁所在地のように各府県内で有数の経済圏の中心にある都市を除けば、地方にある自治体の多くにとって近隣間の人口移動がメインであり、東京圏へ直接転出することはそれほど多くないといえる。例えば、市川「『田園回帰1％論』の功罪」（松山大学『松山大学論集』27号、2015年）では、愛媛県の郊外にある自治体では愛媛県随一の大都市である松山市への人口流出が多い一方、県外の大都市への流出は多くないことが示されている。[13]また、筆者がゲストスピーカーを務めたまち・ひと・しごと創生本部「第二回地域魅力創造有識者会議」資料によると、政令指定都市のような大都市は近隣から若者を集めながらも東京圏へ人口が流出しているのがわかる。[14]

第9節　地方の大都市振興の必要性

　これまでの地域間人口移動の分析から、経済圏の郊外にある自治体から同じ経済圏の中心にある自治体へ、経済圏の中心にある自治体から政令指定都市や県庁所在地のような県内トップの経済圏を抱える大都市へ、そしてその大都市から東京圏へという人口の流出パターンが強く想起される。田園回帰と呼ばれるような地方の郊外への移住・定住意向は広がっているとされているものの、一方で職・住・遊近接を求める都心回帰も非常に根強いからである。

　東京圏をはじめとする大都市の巨大な人口集積によるサービス業の発展は、高学歴の若者にとって魅力的な仕事を多く生んでおり、ヒト・モノ・カネに限界があるうえ、高学歴の若者向けの仕事創出の経験がほとんどない自治体ではなかなか太刀打ちできない。実際に、賃金に反映されやすい、労働時間当たりの生産性を人口規模別にみると、サービス業のあらゆる分野で人口規模が増加するほど高い生産性となっている。(15)特に女性の大きな就職先である医療・福祉、教育・学習支援では大きな格差を生んでいる。

　自治体の創意工夫を生かした様々な地域資源を活用したサービス業の振興は、大都市との差別化を図る地方の成長戦略という観点から必要である。ただし、サービスの振興は人口減少をはじめとして地方が抱える課題を一気に解決してくれる「魔法の杖」ではない。前述のように、地域活性化で成功しているとされる自治体でも大きな人口減少となっている。従って、地方における産業振興、人口減少対策、自治体の行政改革は分けて考えるべきである。とりわけ、人口減少の進行を前提にした自治体の行政改革は、地方創生の成否にかかわらず、地方分権なども視野に入れながら地道に進めていく必要があろう。

　このように考えると、現実的に対東京圏としての地方の人口減少の歯止めをかけるには、東京圏への流出が目立つ政令指定都市や道府県庁所在地といった域内随一の経済圏を抱える大都市の振興こそ重要ではないだろうか。

　その一方で、旭川市のような道府県内随一の経済圏でない都市は、人口獲得

競争において大都市と郊外の二つのライバルを抱えて苦しむ可能性が高い。今の政策体系では、自治体単位で地域活性化策を講じることが多く、同じ経済圏に属していても隣の自治体と活性化策で協力関係にあるとは限らない。近隣だからこそ長年に渡る競争関係が影響して、同じ経済圏にありながらも遠心力が働く地域も少なくない。例えば、大阪圏は世界でも上位に位置する人口や経済力を有する巨大都市圏であるが、空港整備で典型的にみられるように、個々の活性化策では大阪市、京都市、神戸市はそれぞれ独自の政策を主張して対立することが少なくない。そのため、大阪市は東京圏の東京都や名古屋圏の名古屋市のような地域で優位性を持つ存在になれない。それは人口面ではっきり表れつつある。前述のように、2015〜2045年に大阪市、京都市、神戸市は全て大きな人口減少率となっている。

世界的には大都市単位の競争が激化しており、大都市の競争力は国の成長をも左右する。大規模な移民受け入れなどを行わない限り、急激な人口の減少が避けられない日本にとって、日本全土に広く薄く人口が分布するよりも、大都市への人口集積を通じた第三次産業の発展に期待するのが現実的であろう。地方政策では人口の分散よりも人口の集積に重点を移し、東京圏を含む大都市を振興していくべきである。

そのためには、自治体の位置づけが問題となる。地方創生で政府は自治体間の連携強化をうたっているが、同じ権限を持つ自治体間では利害関係の調整が難しい。近年、道州制議論はやや低調であるが、道州制のような今の自治体を越える、広域かつ強力な権限を有する組織を設けて、そこで地域経営における選択と集中を進め、大都市の国際的な競争力を高めていくことは一考に値するであろう。

第10節　大都市でも少子化対策を重視すべき

政府は地方創生が必要とされる背景の一つとして、出生率が低い東京圏への

第3章 人口減少と地域経済

一極集中による日本全体の出生率低下も挙げている。人口移動による地域の出生率低下は、出生率が低い傾向が見られる高学歴の女性が集積することによるものと、親の支援が得られないなど、移動による出生・育児の環境の悪化がもたらすものの、主に二つがある。政府はこのうち、後者をより強調しているにすぎないが、そのどちらが出生率の低下に大きな影響を与えているのかについては、学歴や所得水準、移動の有無など、若い女性の属性別に見た、出生率に関する詳細な調査なしににわかに判断するのは難しい。

　また、育児手当や保育サービス等で充実した少子化対策を行い、出生率が高まっているとされる自治体が一部に見られるが、そのような自治体を含む周辺地域全域で出生率が高まった事例はあまりない。自治体間の少子化対策競争には、子どもを持ちたいという意識が強く少子化対策に敏感な住民を奪い合っている、という側面が見られるからであろう。さらに、地方においても人口が集積している政令指定都市や県庁所在地は総じて出生率が低い。日本全体の出生率を少しでも高めるためには、東京圏対人口減少都市の対立の構図に落とし込むよりも、大都市を含めてどの地域においても少子化対策を地道に進めていく方が効果的と思われる。

　そもそも、少子化の進行はいつから進んでいるのであろう。コーホート（生まれ年）別にみた累積出生率(16)の推移をみると、1950年代生まれまでは2.0前後にあったが、1960年代生まれから2.0を大きく下回るようになっており、1970年生まれでは1.5程度に達するなど、長期にわたり少子化が進行している。前述のように東京圏への人口移動は高度成長期、バブル期、1990年代後半以降の3回の波があるが、コーホート別累積出生率を見る限りはそのような人口移動の影響だけで出生率の低下を説明するのは難しい。高度成長期以降に生まれた世代にとって、様々な要因から出産や育児の優先順位が下がっていることが推察される。そのため、少子化対策により出生率を大きく上昇させ、政府目標水準や人口置換水準（人口が維持できる水準で夫婦2人から2人の子供が誕生する必要がある）まで引き上げることは容易ではないことを認識しておく必要があろう。

第 I 部　アベノミクスと地域の課題

　　第 11 節　おわりに

　地方創生では全国の自治体が人口獲得競争にまい進しているが、日本全体の人口が減少していく中、実際に人口減少に歯止めがかかる自治体はわずかであろう。その一方で、地方では同じ経済圏の中で中心にある自治体は、宅地開発に積極的な郊外にある自治体との間で人口獲得競争を繰り広げているが、これは空き家増加による「都市のスポンジ化」等、将来に禍根を残す可能性が高い。従って、地方では経済圏単位での街づくりを進めるようにする一方、人口減少の痛みを和らげるための、街の「ターミナルケア」的な施策、例えば社会資本の今後の整備はできるだけ最小限にとどめることや、人口集積度のアップを目指して経済圏の中心にある自治体への移住支援を手厚くするなど、今後の人口減少時代の現実に即した政策が検討されるべきではないだろうか。

　遅ればせながら、政府は地方創生において、従来の移住定住策に見られるような田園回帰支援だけでなく、地方の中枢中核都市の振興にも力を入れる構えをみせている。地方の中枢中核都市が郊外自治体との不毛な人口獲得競争を回避でき、生産性の高い仕事を増やし、職住遊近接の実現に専念できるような環境作りが期待されよう。

　注
1　国立社会保障・人口問題研究所『日本の地域別将来推計人口（2013 年推計）』、2013 年を前提とし、2005 年から 2010 年にかけての人口移動率が収束しないと仮定した際、20 〜 39 歳女性人口が 2010 年から 2040 年にかけて半分以下になる自治体数の割合。東日本大震災、原発事故の影響により将来推計人口の算出が困難な福島県は除く。
2　本章における三大都市圏は以下のとおり。
　　東京圏──東京都、神奈川県、埼玉県、千葉県
　　名古屋圏──愛知県、岐阜県、三重県

大阪圏——大阪府、兵庫県、京都府、奈良県
3　国連によると、2017年現在、総人口において日本はメキシコに抜かれて世界第11位になっている。
4　日本の総人口は、毎年の推計人口（総務省統計局による毎年10月1日の推計人口）においては、2008年をピークに減少に転じている。なお、特に言及しない限り、本章では日本の総人口と地域別人口は5年に1回実施される国勢調査に基づいている。
5　国立社会保障・人口問題研究所『日本の将来推計人口（2017年推計）』、2017年における、出生中位・死亡中位の推計。なお、本章では特に言及しない限り、将来推計人口は出生中位・死亡中位を前提にしている。
6　岡田豊「地方における人口減少の実態と人口減少対策のあり方」（金融構造研究会『金融構造研究2015年5月号』全国地方銀行協会、2015年）の38-39頁によると、2005年から2010年にかけての都道府県別人口の増減も2010年から2015年にかけてと同様の傾向を示している。2005年から2010年にかけて人口が減少したのは38道府県で、その多くで2005〜2010年に比べて2010〜2015年の方が人口減少率が大きくなっており、また、2000〜2005年に人口が減少した県で2005〜2010年に人口が増加したところは皆無である。
7　過疎地域の人口条件は何度か改正されており、現在は2017年4月の改正において「1990年から2015年にかけて人口が21％以上減少」となっている。
8　本章では2010年から2015年にかけての都道府県別人口動向を分析しているが、岡田、前掲論文、2015年の40頁のグラフによると、2005年から2010年にかけても同じ直線的な分布が見て取れる。
9　国立社会保障・人口問題研究所『人口統計資料集2018年版』、2018年の表11-3による。大学進学率は大学への入学者数（過年度高卒者等含む）を3年前の中学卒業者および中等教育学校前期課程修了者数で除した率。
10　国立社会保障・人口問題研究所『日本の地域別将来推計人口（2018年推計）』、2018年の推計。なお、本章では特に言及しない限り、地域別の将来推計人口はこの推計を前提にしている。

11 反対に、女性に比べて男性が多い地域は「男町」といわれ、製造業が盛んな地域に多い。
12 総務省統計局『平成17年国勢調査 人口等基本集計結果 結果の概要』16頁の表Ⅰ-3-4による。
13 市川、前掲論文、2015年の29頁によると、愛媛県西予市の2013年の純移動数（転入数－転出数：転入超過数）では、対県外は4人で、うち対東京圏は1人と県外では転入超過であるのに対し、対県内は▲129人で、うち対松山市は▲132人と大きな転出超過を記録している。
14 まち・ひと・しごと創生本部、前掲書2018年の12-15頁による。
15 藤井洋平「地方の労働生産性向上に向けた一考察―コンパクトシティ化の有効性と中小零細企業の労働生産性改善に必要なもの」（みずほ銀行産業調査部『Muzuho Industry Focus Vol,178』2016年）の12頁による。
16 50歳以上の出生率は非常に低いので、生まれ年別に49歳時の累積出生率をみれば、生まれ年別に見た1人の女性の最終的な出生児数が概ね把握できる。生まれ年別の49歳時の累積出生率が2.0であれば人口維持が容易であるが、2.0を大きく下回れば人口減少が避け難い。

参考文献

市川虎彦（2015）「『田園回帰1％論』の功罪」松山大学『松山大学論集』27号。

岡田豊（2007）「地域別人口動向の特徴―90年代後半以降、出産適齢期の女性が東京圏に集中」みずほ総合研究所『みずほ総研論集2007年Ⅱ号』。

――（2013）「三大都市圏、将来像に大きな違い―五輪・リニア具体化を機に地域別人口動向を考察」みずほ総合研究所『みずほ政策インサイト』。

――（2014）「二極化する地域別人口と人口減少都市のあり方―人口集積効果を期待して、大都市への移住促進政策も必要」みずほ総合研究所『みずほ総研論集2014年Ⅱ号』。

――（2015）「地方における人口減少の実態と人口減少対策のあり方」金融構造研究会『金融構造研究2015年5月号』全国地方銀行協会。

岡田豊編著（2013）『地域活性化ビジネス―街おこしに企業の視点を活かそう』東洋経済新報社。
国立社会保障・人口問題研究所（2012）『日本の将来推計人口（2012年推計）』。
――（2013）『日本の地域別将来推計人口（2013年推計）』。
――（2017）『日本の将来推計人口（2017年推計）』。
――（2018）『日本の地域別将来推計人口（2018年推計）』。
日本創成会議・人口減少問題検討分科会（2014）『成長を続ける21世紀のために「ストップ少子化地方元気戦略」』。
藤井洋平（2016）「地方の労働生産性向上に向けた一考察―コンパクトシティ化の有効性と中小零細企業の労働生産性改善に必要なもの」みずほ銀行産業調査部『Muzuho Industry Focus Vol. 178』。
まち・ひと・しごと創生本部第二回地域魅力創造有識者会議資料（2018）「中枢中核都市の現状」。

第Ⅱ部　アベノミクスと銀行

第4章　地方銀行の収益動向とビジネス・モデルの課題

中野　瑞彦

第1節　はじめに

　国内銀行、とりわけ地方銀行の収益悪化に注目が集まっている。金融緩和政策が超長期化する中で、銀行収益の太宗を占める資金運用利益が大幅に縮小している。特に、2013年4月からの量的・質的緩和政策（以下、「異次元金融緩和政策」）の下で貸出利ざやは一段と縮小し、異次元金融政策の副作用が強まっている。この背景には、物価上昇率を引き上げるため、日本銀行が大規模な金融緩和政策によって景気浮揚を狙っていることがある。しかし、実体経済の回復とは裏腹に、日本銀行が目標とする消費者物価上昇率は2％の目標に届かず、大規模金融緩和政策は転換点を見出せていない。この結果、貸出収益を主体とする金融機関の経営が大きな影響を受けている。本章では、国内銀行のうち県単位の金融市場に責任を負っている地方銀行の収益低下に焦点を当ててその原因を検証し、今後を展望する。

第2節　地方銀行の収益とリスクの現状

1. 2001年度以降の地方銀行の収益動向

　まず、地方銀行の収益動向の変化について、日本銀行の低金利政策が本格化した2001年度以降を対象に振り返ることにする。周知のごとく、1997年11月の北海道拓殖銀行の経営破綻、山一證券の自主廃業により、日本の金融界は危機的状況を呈するようになった。さらに、1998年10月に日本長期信用銀行、同年12月に日本債券信用銀行が立て続けに経営破綻し、平成金融恐慌とも呼ぶべき状態に陥った。同時に資産価格下落の影響により日本経済はデフレに突入し、日本銀行はゼロ金利政策を導入するなど大幅な金融緩和政策の導入に踏み切った。その後の景気回復の足取りは鈍かったが、世界的な好景気を背景に実体経済は次第に回復に向かった。ただし、デフレ脱却の糸口はつかめず、金融緩和政策が継続された。その後、2008年9月のリーマン・ショックにより、日本の経済金融環境は再び悪化した。

　このように2001年代前半から2017年度までに経済金融環境が大きく激変しているため、地方銀行の収益動向の考察対象時期について、2008年度を境に二つに区分することにする。前半は2000年度から2007年度まで、後半は2008年度から2017年度までとする。さらに後半は、異次元金融緩和政策が開始された2013年度を境に区分することとする。

（1）2001年度から2007年度まで
　前半期間で指摘すべきは業務粗利益の水準が概ね3兆8,000億円前後を維持していたことである（図表4-1）。コア業務純益も同様の水準であり、2006、2007年度には3兆8,000億円台に増加していた。これは、資金利益が3兆3,000億円前後で安定していたところに、役務取引等利益の増加が重なったためである。結果的に、2004年度から2006年度にかけて、地方銀行全体として1兆5,000億円台の業務純益を確保することができた。これが2007年度

第4章　地方銀行の収益動向とビジネス・モデルの課題

図表 4-1　地方銀行の収益の推移　　　　　　　　（億円）

年　度	2001	2006	2007	2008	2009	2012	2013	2014	2015	2016	2017
業務粗利益	(38,384)	38,218	37,145	34,228	37,651	(36,693)	(35,706)	(36,177)	35,789	33,251	32,647
コア業務粗利益	(37,567)	(38,616)	(38,719)	(38,139)	(36,900)	35,237	35,287	35,599	35,284	33,718	33,715
資金利益	33,553	32,871	33,308	33,481	32,481	30,875	30,537	30,389	30,188	29,122	29,256
資金運用収益	39,805	38,652	42,046	40,991	37,603	33,527	32,958	32,751	32,778	31,694	31,858
貸付金利息等	30,065	28,352	31,399	31,746	29,764	25,905	24,824	24,118	23,581	22,620	22,410
資金調達費用	6,252	5,790	8,755	7,525	4,992	2,655	2,424	2,365	2,593	2,574	2,603
預金利息等	3,244	3,122	6,233	5,939	4,017	1,675	1,481	1,420	1,432	1,082	993
役務取引等利益	3,348	5,266	4,880	4,006	3,798	3,903	4,135	4,484	4,433	4,004	4,249
経費	24,776	23,096	23,604	23,938	23,601	23,352	23,376	23,472	23,093	23,058	22,827
国債等債券関係損益	817	△398	△1,574	△3,911	751	1,456	419	578	504	△467	△1,067
一般貸倒引当金繰入額	1,398	192	△264	333	530	△562	14	△111	△6	△154	355
コア業務純益	(12,791)	(15,904)	(15,115)	(14,200)	13,298	11,969	11,911	12,128	12,192	10,660	10,887
実質業務純益	(13,608)	(15,506)	13,541	10,289	14,049	(13,432)	(12,330)	(12,706)	12,696	10,193	9,820
業務純益	12,210	15,314	13,276	9,956	13,519	13,994	12,316	12,817	12,702	10,348	9,464
経常利益	△6,282	11,478	8,937	△1,340	8,049	10,402	12,432	13,381	13,892	11,317	11,015
臨時損益	△19,559	△3,455	△4,322	△11,282	△5,461	△3,587	119	567	1,193	971	1,553
当期純利益	△5,559	7,430	5,106	△698	5,516	6,496	7,808	8,211	9,404	7,954	7,839

注：1. 業務粗利益、実質業務純益、コア業務粗利益、コア業務純益のうち、（ ）表示は筆者にて算出。
　　2. 各収益項目の定義については、次の通り。
　　　・貸付金利息等＝貸付金利息＋手形割引料
　　　・預金利息等＝預金利息＋譲渡性預金利息
　　　・コア業務純益＝資金利益＋役務取引等利益＋その他業務利益
　　　・実質業務純益＝コア業務純益＋国債等債券関係損益
　　　・業務純益＝実質業務純益－一般貸倒引当金繰入額
出所：全国銀行協会、地方銀行協会。

に入ると崩れ、海外でのサブプライム・ローン証券の危機により債券相場が急変した影響が地方銀行の業務純益にも反映し、1兆3,000億円台への減益を余儀なくされた。

(2) 2008年度から2017年度まで

　後半期間の初年度である2008年度は、サブプライム・ローン証券の危機に加え、リーマン・ショックによる実体経済の金融市場の急激な悪化を受け、業務純益は1兆円を下回った。ただし、その主因は国債等債券関係損益での損失拡大であり、資金運用収益並びに資金利益は2007年度とほぼ同水準であった。むしろ2009年度以降に本質的な問題が顕在化した。資金運用収益並びに資金利益は、2008年度をピークにその後一貫して減少している。その主因は、言うまでもなく貸付金利息等の減少である。貸付金利息等は2008年度の3兆1,746億円から2017年度には2兆2,410億円へと、9,336億円、29.4％減少した。つまり、貸付金利息等は実に3分の2の水準にまで低下したことになる。有価証券利息配当金の水準は、後半期間を通じて8,000億円前後の水準で大きな変動はない。他方、資金調達費用は2008年度の7,525億円から2017年度には2,603億円へと、約5,000億円、65.3％減少した。結果として、貸付金利息等の減少を資金調達費用の減少ではカバーできずに、資金利益は2008年度の3兆3,481億円から2017年度には2兆9,256億円へと4,225億円、12.6％減少し、コア業務純益も2008年度の1兆4,200億円から1兆887億円へと3,313億円、22.5％減少した。

　こうした収益の減少を異次元金融緩和政策が導入された2013年度を境に区分してみると、貸付金利息等の減少幅は2008年度から2012年度までが5,841億円、2012年度から2017年度までが3,495億円であり、前者の期間の減少幅のほうが大きいだけでなく、単年度平均で見ても前者が1,460億円に対して、後者は699億円となっている。一方、この間の預金利息等の減少幅は、それぞれ4,264億円、682億円であり、単年度平均にすると1,066億円、136億円となっている。貸付金利息等の減少幅と預金利息等の減少幅の差、すなわち

預貸金利益の減少幅を比較すると、前者が1,577億円に対して後者が2,813億円、単年度平均ではそれぞれ394億円、563億円となる。つまり、周知の通り、異次元金融緩和政策が銀行にとっての費用である預金金利をもはや引き下げられない状況で実施されているために、収益面での打撃は前者の期間よりも大きかったのである。これは地方銀行のみならず預金と貸出を中心業務とする金融機関に共通した傾向である。

　なお、経常利益や当期純利益は、不良債権処理関連の臨時損益に大きく左右された。概要としては、2008年度から12年度にかけては不良債権処理が継続し臨時損益は赤字となっていたが、異次元金融緩和政策が導入された2013年度から黒字に転換し、2015年度からは1,000億円前後の黒字を確保できるようになった。このため当期純利益は、異次元金融緩和政策導入後は8,000億円前後の安定的な水準を確保している。

2．収益減少の原因

(1) 日本銀行の分析

　こうした地方銀行の収益動向について、日本銀行はどのように見ているのだろうか。2017年度時点の収益状況について、日本銀行の金融システムレポートをベースに概観する。リーマン・ショック以降の日本銀行の大幅な金融緩和政策により、地方銀行のみならず銀行全般の貸出利ざやの低下が著しい（日本銀行〔2018b〕、図表Ⅱ-1-2、10頁）。特に、異次元金融緩和政策の導入以降、資金調達利回りの低下余地がなくなっていることから、もっぱら貸出利回りの低下を反映して国内業務部門の貸出利ざやが縮小している。

　貸出利ざや縮小の原因は、第一に、既述したように預金金利がすでにゼロ水準まで低下している中で貸出金利の水準が低下しているためである。地域銀行の全体の貸出額のうち、2016年12月末時点で固定金利貸出等が約50％、短プラ連動貸出が約35％、市場連動型貸出が約14％を占めている（日本銀行〔2017a〕、図表Ⅲ-1-18、21頁）。日本銀行は、このうち固定金利貸出は数年で切り替えとなるため、貸出のロール（借換え）時のベース金利の低下が固定

金利貸出の利回り低下を招いていると指摘している。一方で、約35％を占める短プラ連動貸出の貸出金利の低下が目立っている（同上、図表Ⅲ-1-17、21頁）。この間に短プラ水準の変更はないことから、この低下はスプレッド幅の縮小を反映したものであろう。日本銀行は貸出利率別の貸出残高（円貨・国内店）の推移を分析した上で、「大手行、地域銀行とも、低金利ゾーンでの貸出残高の増加が続いた」（日本銀行〔2018b〕、11頁）とし、地域銀行では2018年3月末時点で、貸出利率が0.25％から1.00％のゾーンで過去5年間にその割合が最も高まっていることを指摘している（同上、図表Ⅱ-1-4、11頁）。短プラ連動貸出といえども、市場競争を反映して市場金利の水準低下を無視しえないのである。

　第二に、景気回復にともなって債務者区分が上位遷移し、適用されるリスク・プレミアムが縮小していることである（日本銀行〔2017a〕、36頁）。ただし、信用金庫では上位遷移がそれほど生じていない点を考えると、小規模債務者の業況改善は遅れていることが推察される。

（2）貸出利ざやの変化

　銀行の収益力低下は以前から指摘されていたが、2016年度あたりから注目度が高まったのは何故だろうか。それは、異次元金融緩和政策の副次効果が累積的に表れ始めたからである。特に2016年2月のマイナス金利政策の実施以降、イールドカーブの低下は銀行の貸出利ざやに大きな下押し圧力となった。

　金融機関の貸出利ざやの変化について、中期的な観点から検証してみよう。2001年度以降の都市銀行と地方銀行の貸出利ざや（経費控除後）の推移を見ると、ともに2005年度頃から縮小し始めた（図表4-2）。リーマン・ショック直前の2007年度には若干上昇に転じたが、その後は一貫して低下している。1999年頃より預金金利が低位で推移していることから、貸出利ざや縮小の主たる原因は貸出利回りの低下である。なお、日本銀行は2016年9月に金融緩和政策をイールドカーブ・コントロール付に修正し、その後は長期金利の若干の上昇を許容したので、2017年度の都市銀行の水準はやや上昇している。

図表 4-2　預貸金利ざや（経費控除後）の推移

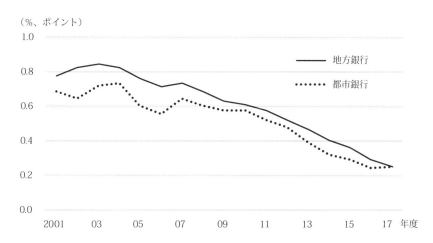

出所：全国銀行協会。

　この貸出利ざやの水準の変化を指標となる市場金利と比較する。2017年度の国債 5 年物の利回りはマイナス 0.103％であり、2001 年度比 0.616％ポイント低下した。一方、地方銀行の 17 年度の貸出利ざやは 0.25％であり、2001 年度比 0.52％ポイント低下した。国債 5 年物の低下幅と比較すると、貸出利ざやの縮小は小幅にとどまっている。これは国債の利回りがその時点の市場水準であるのに対し、利ざやの元となる貸出利回りは過去の貸出金利を織り込んだ加重平均であるという違いが反映している。ただし、既述したように日本銀行がイールドカーブ・コントロールによって長期金利を若干ながら上方修正したので、今後は市場金利の縮小幅が小さくなるのに対し、貸出利回りは累積効果で低下するため、2001 年度比の縮小幅は逆転する可能性がある点に注意を要する。

　2001 年度から 17 年度までの 16 年間の変化について期間を三つに分けて見ると、貸出金利回りの低下幅は、2001 〜 08 年度 0.11％ポイント、2008 〜 12 年度 0.52％ポイント、2012 〜 17 年度 0.48％ポイントであり、リーマ

図表 4-3　貸出利ざや（国内業務部門）の変化　　（％、ポイント）

年度	2017	2001 比	内 2001-08	内 2008-12	内 2012-17
地方銀行					
貸出金利回り	1.12	△1.11	△0.11	△0.52	△0.48
預金債券等利り	0.02	△0.10	0.15	△0.20	△0.05
経費率	0.84	△0.50	△0.17	△0.16	△0.17
貸出利ざや	0.25	△0.52	△0.09	△0.16	△0.27
都市銀行					
貸出金利回り	0.93	△0.88	0.03	△0.48	△0.43
預金債券等利り	0.01	△0.10	0.16	△0.21	△0.05
経費率	0.68	△0.34	△0.05	△0.15	△0.14
貸出利ざや	0.25	△0.43	△0.08	△0.12	△0.23

出所：全国銀行協会、地方銀行協会。

ン・ショック以後の低下が顕著である（図表 4-3）。これに対して地方銀行は経費率の削減で対応し、リーマン・ショック以前は貸出金利回りの低下幅を上回る 0.17％ポイントの削減を実現したが、リーマン・ショック以後はさすがに限界があり、2008〜12 年度 0.16％ポイント、2012〜17 年度が 0.17％ポイントと、貸出金利回りの低下幅を上回る削減はできなかった。さらに預金債券等利回りにも低下余地がなくなった。この結果、異次元金融緩和政策の導入後の貸出利ざやの縮小幅は 0.27％ポイントと期間中で最大となっている。2017 年度末時点で異次元金融緩和政策の導入以降すでに 5 年が経過したが、この政策がさらに長引けば地方銀行の体力は確実に弱まることになる。なお、都市銀行についても、期間ごとの内訳ではやや差異があるもののほぼ同様の傾向にあり、異次元金融緩和政策の下で貸出利ざやは 0.23％ポイント縮小した。

第4章　地方銀行の収益動向とビジネス・モデルの課題

（3）収益力低下と資産構成の変化

　銀行の貸出金利が低下する中で、地域金融機関の貸出は利ざやの厚い不動産業者向けや個人向けカード・ローンの増加が続いている。日本銀行は不動産業者向け以外の幅広い業種で中小企業向け貸出が増加しており、不動産業向け貸出は増勢が鈍化していると指摘しているが、貸出残高の増加寄与度は依然として大きい（日本銀行〔2018a〕、17-18頁）。

　また、日本銀行は地域金融機関の資産構成の中で、外債へのシフトが顕著となっていることを指摘していた（日本銀行〔2017a〕、23-24頁）。これはマイナス金利政策の導入以降、貸出金利と円債利回りが低下しリスクに見合う収益が期待できない中で、金融機関としても消去法的な資産選択の結果である。しかし、過去の経験に鑑みれば、こうした貸出や投資のリスクは当然のことながら高水準である。地方銀行がハイ・リスクであることを認識しつつも、収益追求に追い込まれている状況が鮮明となっている。現に2017年中の米国の利上げの影響により、すでに地方銀行は2017年度決算で外債投資に伴う大幅な損失を計上し、日本銀行は地域銀行の外債投資残高はピークアウトしたと指摘している（日本銀行〔2018a〕、23頁）。

　異次元金融緩和政策の目標が実現した暁には、消費者物価上昇率も高まり不動産価格も調整局面を迎えるだろうし、円相場も円高に反転する可能性が高い。つまり、地域金融機関は異次元金融政策のもとで潜在的損失を蓄積しているのであり、皮肉なことに異次元金融政策の目標実現が、金融機関の損失を顕在化させるという矛盾を孕んでいる。地域金融機関は、不動産向け貸出や外債投資のリスクの高まりをどこまで受け入れられるのだろうか。物価の上昇とともに貸出金利が上昇すればよいが、銀行の低収益には構造的な問題もあるという日本銀行（2015、7頁）の指摘が正しいのであれば、物価が上昇しても貸出金利は容易に上昇しない。経済動向や金融動向に応じてポートフォリオを変更するのは金融機関のマネジメントであるが、現状は過度に偏った金融政策が金融機関の潜在的リスクを増加させており、将来の金融システムにとって決して好ましいことではない。近年の金融機関の収益減少には、日本銀行が指摘するよ

うに、金融政策の動向による政策的要因と人口減少による経済力の縮小という構造的要因が混在しているが、それが資産ポートフォリオの歪みを生み出していることに注意しなければならない。

第3節　地域の実体経済と金融の関係

1. リーマン・ショック以後の景気動向

　金融機関の収益減少は、近年の実体経済の状況とどのような関係にあるのだろうか。2008年9月のリーマン・ショック以降、世界経済のみならず日本経済が未曾有の危機に直面したことは周知のとおりである。その後、日本経済は緩やかながらも回復に向かい、上場企業の収益は最高益を更新している。業況が好転しているのは大企業や大都市圏に限られるという指摘もあるが、疲弊が目立つ地域経済圏においても最悪期は脱し回復途上にある。

　地域経済の動向について地域別名目総生産の推移を見ると（中野〔2018〕25頁）、各地域とも2009年度から2012年度まで横ばいであったが、2012年度を底に回復している。水準（2006年度＝100）としても、2015年度には概ね2006年度水準にまで戻っている。また、地域間格差についても直近ではやや縮小しており、少なくとも拡大している状況ではない。

　これに対して、金融・保険業の地域別名目総生産は全ての地域において2008年度に急減した（同上、25頁）。これがリーマン・ショックによるものであることは明らかだが、既述した地域別名目総生産の推移とは異なり、直近においても回復傾向が見られない。2015年度の水準は、最も高い九州地域で2006年度比19.9％減、最も低い近畿地域では同25.6％減となっている。特に注目すべきはアベノミクス・異次元金融緩和政策が実施された2013年度以降の動きである。2014年度までは目立った回復傾向が見られず、2015年度にようやく小幅な増加に転じた。異次元金融緩和政策の効果が実体経済の回復を通じて貸出の増加など金融部門にもようやく波及してきたと考えられるが、

注意すべきは、これがマイナス金利政策の効果が出る前の段階だという点である。マイナス金利政策が金融面に与えた効果は、貸出金利ざやの縮小という形で表れていることは既述した通りである。この結果、地域経済全体と金融機関の間の生産水準の乖離は拡大し、総生産ベースで見た場合の地域経済における金融事業の比重は著しく低下した。ちなみに、地方銀行の業務粗利益の推移を見ると（前掲、図表 4-1）、2001 年度には 3 兆 8,384 億円であったが、2011 年度以降は低下の一途を辿り、2017 年度には 3 兆 2,647 億円へと約 6,000 億円減少、約 15％減となった。

2. 地域の実体経済と金融の動向

次に、長期的な観点から地域経済と金融事業の関係を検証する。ここでは、栃木県と広島県の二つの県をサンプルとして抽出し、横軸に非金融業、縦軸に金融・保険業をとり、それぞれの県内総生産の相関関係を見ることにする。栃木県と広島県について 1975 年度以降の両者の相関関係を見ると（図表 4-4）、1990 年代初頭までは多少のバラツキはあるものの、明らかに正の相関関係が見出される。ただし、1990 年代初めのバブル経済崩壊以降、相関関係に変化が生じた。栃木県では非金融業は 1990 年代半ばに 7,000 億円程度増加したが、99 年度にかけて減少した。金融・保険業も同様に減少したため正の相関関係が維持された。一方、広島県では 1990 年度頃から非金融業は 10 兆円前後でほとんど増加しなかったのに対し、金融・保険業は同期間に 1,000 億円程度増加したため、相関曲線はほぼ垂直となった。両者の差は、各県における金融・保険業の状況を反映したものと推察される。栃木県では、景気低迷に伴う金利引き下げ圧力が働いたのに対し、広島県ではむしろリスクの高まりに見合う金利引上げが生じたと考えられる。どちらの状態になるかは、各県や各地域における金融状況に依存するが、少なくとも 1990 年代に入り、非金融業と金融・保険業の安定的な関係が維持されなくなった。

これを 2001 年度以降について地域別に検証する。サンプルとして、北海道・東北地域と近畿地域を採り上げる（図表 4-5）。非金融業（横軸）と金融・保

図表 4-4　県内名目総生産——非金融業と金融・保険業の相関関係

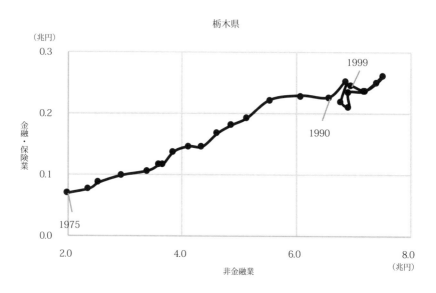

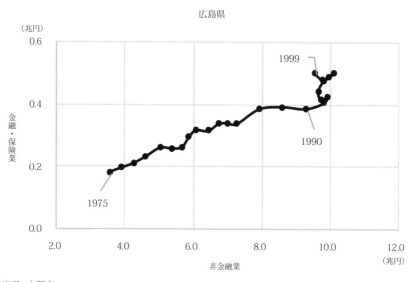

出所：内閣府。

第4章　地方銀行の収益動向とビジネス・モデルの課題

図表 4-5　地域内名目総生産——非金融業と金融・保険業の相関関係

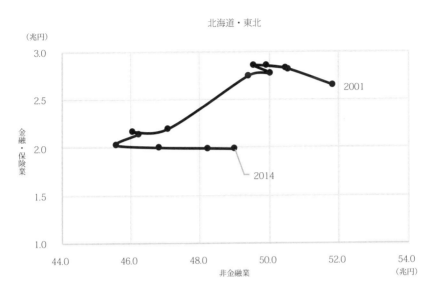

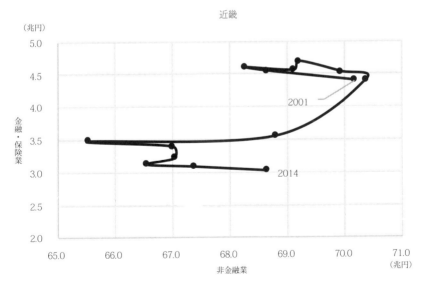

出所：内閣府。

険業（縦軸）の相関曲線は、両地域ともリーマン・ショック以前はほぼ水平な曲線であり、2001 年度以降にデフレ経済によって非金融業の生産が減少したにもかかわらず、金融・保険業は一定の生産をあげていた。これは不況期にも金融・保険業が安定した収益をあげていたことを意味する。その後、リーマン・ショックによって非金融業、金融・保険業の両者は大幅な減少を余儀なくされ、相関曲線は左下方に大きくシフトした。近年になって非金融業は緩やかながらも回復に転じたが、金融・保険業の水準は北海道・東北地域では横這いないしやや減少し、近畿地域では減少している。この結果、相関曲線は右下方ないし右へシフトした。これは地域の景気が回復しても、金融・保険業の収益が上がらないことを意味している。既述した通り 2000 年代前半はむしろ逆の状態であったからその反動であると考えられなくもないが、重要な点は非金融業の総生産がリーマン・ショック前に戻りつつあるのに対し、金融・保険業の総生産の水準が著しく低い水準で推移していることである。金融・保険業の総生産は、北海道・東北地域では、2001 年度の 2 兆 6,000 億から 2 兆円へと 23.1％と減少した。近畿地域では 2001 年度の 4 兆 4,000 億円から 2014 年度には 3 兆円の 31.8％減へと大きく減少した。この背景に日本銀行の金融緩和政策の長期化があることは言うまでもなく、その中で地域経済の回復と地域金融機関の収益悪化という負の相関関係が定着しつつある。

3. 地域金融機関の収益源をどう考えるか

　金融機関の収益とは、経済活動に伴う顧客の総収入から支払われる金融費用を差し引いた差額である。従って、顧客の収入が増加していないのに、金融機関の収益が増加している場合には、顧客あるいは地域の金融費用負担が重荷になっていることを意味する。逆に、顧客の収入が増加しているのに金融機関の収益が低迷している理由は、一時的な金融緩和状態により金融機関の収益額そのものが縮小している場合か、構造的な金融過剰状態により金融機関の収益力水準が低下している場合、あるいは両者が重なっている場合である。

　そこで、要素所得（雇用者報酬と営業余剰の合計）の変化を地域別に見てみ

第 4 章　地方銀行の収益動向とビジネス・モデルの課題

よう（中野〔2018〕、27 頁）。雇用者報酬は概ね被雇用者の俸給・給与、営業余剰は概ね当期利益にあたる。2001 年度を 100 とした場合の 2014 年度の要素所得（指数）は各地域とも全産業ベースで 100 を下回り、2001 年度レベルまで回復していないことがわかる。ところが、これを雇用者報酬と営業余剰に分けて見ると、全ての地域において雇用者報酬が落ち込んでいるのに対し、営業余剰は四国地域以外では既に 2001 年度の水準を上回っている。これは、企業収益が回復している反面で労働者の賃金が上がらないという現在の実体経済の状況に合致している。他方、金融・保険業の 2014 年度の要素所得を見ると、どの地域も 2001 年度水準の 6 ～ 7 割程度となっており、全産業に比べて落ち込みが激しい。これを雇用者報酬と営業余剰に分けて見ると、雇用者報酬の水準は関東地域を除き概ね減少幅が全産業と同程度である。ところが、営業余剰は 2001 年度の半分程度となっており、中部地域や近畿地域では約 4 割の水準にとどまっている。つまり、金融・保険業の要素所得の落ち込みは、営業余剰（≒当期利益）の落ち込みを反映したものであることがわかる。

　全産業の要素所得に占める金融・保険業の割合の推移について、サンプルとして中部地域と九州地域を採り上げる（同上、28 頁）。2008 年代は両地域ともに営業余剰がほぼ一貫して落ち込んだ。中部地域では 2002 年度をピークに割合が低下し、2014 年度は約 4％程度と 2001 年度の 3 分の 1 の割合になっている。九州地域ではリーマン・ショック以前までは 9％前後で安定して推移していたがその後に急速に低下し、2014 年度には約 4％と 2000 年代前半の半分程度となっている。なお、GDP 統計が 2017 年度に基準改訂され（2005 年基準から 2011 年基準に変更）、事業別純生産が 2015 年度まで入手可能である。これによると、例えば 2014 年度の金融・保険業の純生産が全産業に占める割合は 2005 年基準が 4.7％、2011 年基準が 4.8％とほぼ同水準である。但し、内訳の配分が大きく異なっており、2014 年度の雇用者報酬の割合は 2005 年基準が 4.9％、2011 年基準が 3.2％と、基準改訂によって大きく落ち込んでいる。他方、2014 年度の金融・保険業の営業余剰の割合は、2005 年基準の 4.2％から 2011 年基準では 8.8％となっており大幅に上昇している。

これに伴い 2006 年度から 2014 年度への下落幅について、2005 年基準が 5.1 ポイント、2011 年基準が 3.9 ポイントとやや差がある。しかし、営業余剰の割合が大きく低下している点は変わらない。全産業に占める金融・保険業の雇用者報酬、営業余剰の割合がいずれも 2007 年度から 2014 年度にかけて低下していることは、金融・保険業が他産業に比べて大きな負担を強いられていることを意味している。

　地域の全産業に占める金融・保険業の営業余剰の割合について、適正水準がどの程度であるのかは一概に判断しがたい。雇用者報酬の割合が中部地域で一貫して 4％程度、九州地域で 5％程度であることを考えると、営業余剰の割合が同程度であっても不自然ではない。ただ、金融・保険業の特殊性を考えると、雇用者報酬と同じく他の産業と同程度で良いのかは議論の余地がある。既述したように、近年の営業余剰は割合のみならず水準そのものが大幅に落ち込んでいる。これは、金融業の根本であるリスク負担能力ないしリスク・バッファーが大きく縮小していることを意味する。特に、地方銀行の場合には、地域のリスクの引き受け手としての使命がある。近年では、取引先の再生支援に向けて金融機関の積極的な支援が求められているが、営業余剰が現状のような水準にとどまるようであれば、地方銀行はその使命を十分に果たせなくなる可能性が高い。

　日本銀行（2017a、73 頁）は、人口減少などの構造的問題を抱える環境下で地域金融機関が収益性を高めるには、金融仲介サービスの差別化など個々の金融機関の強みを発揮していくべきだと指摘している。その指摘は正しいが、地域金融機関の収益はそのほとんどが地域経済の所得が分配されているものである以上、地域経済の成長なくして地域金融機関の収益向上はありえない。そうだとすると、地域金融機関の中でも地方銀行が実践するリレバンは、金融仲介の差別化というよりは、取引先の経営改善を通じて地域経済の成長に寄与していくという長期的な視点で考えるべきであろう。その理由は、地方銀行のレゾン・デートルは地域経済全体であるからだ。

　景気が回復しているのに金融収益が増えないという経験は、過去に見当たら

ない。戦後初めてと言われた1980年代中盤の低金利政策下では金利水準そのものは低下したが、貸出量の増加が金融収益を引き上げた。つまり、現在は景気動向と金利動向が乖離しており、前者のプラス要因が後者のマイナス要因によって打ち消されている。地域ではそこに高齢化・人口減少の構造要因が加わっている。金融機関の収益という観点からだけ見れば、構造的な低収益体質をカバーするためには、かなり高いインフレ率が必要になるだろう。

第4節　地方銀行が果たしている役割

1. 疲弊する地域経済の支え手

　大規模金融緩和が長期化する中で、地方銀行の将来像をどう考えるべきだろうか。やや長い目で過去を振り返ると、1980年代の金融緩和と金融自由化を背景にバブル経済が発生し、その後にまず信用組合、信用金庫、第二地方銀行の整理淘汰が進んだ。それは、小規模な金融機関がバブル経済に乗って、自己の体力を上回るリスクを取ったためである。その後、都市銀行を中心に不良債権問題が発生し、金融危機を経て、都市銀行の整理・淘汰が進んだ。この間、地方銀行の経営は比較的安定裡に推移した。その理由は、第一に地方銀行の多くが慎重な経営に徹したこと、第二にバブル経済の地域への波及が大都市圏を除き限定的であったことである。

　ところが、2000年代初頭の金融危機の後、金融システムの安全性を重視する厳格な金融行政のもとで、銀行経営は高い規律を求められることとなった。特に、金融危機時に課題となった自己資本比率規制の遵守並びに自己資本比率の引き上げは、地方銀行にとっても最重要の経営課題となった。この結果、デフレ経済が進行する中で、銀行のリスク・オフの姿勢が明確化し、銀行貸出は増加しなかった。これは一方で、銀行のリスクに対する判断力を奪うことになり、リーマン・ショックがこの傾向に拍車をかけた。金融庁は銀行に対し、一定の条件の下で条件緩和債権の債権区分を維持できるようにしたが、当局が損失補填を請け負ったわけではないため、指針の効果は限定的であった。

金融危機後の金融行政政策は、銀行経営に対して大きな影響を与えたと言えよう。特に、地方銀行は県単位で圧倒的なシェアを有しており、県レベルでの地域経済に与える影響は非常に大きい。この意味で、地方銀行から信用組合までを地域金融機関として一括りにするのは必ずしも適切ではない。これは信用金庫や信用組合が担っている重要性を否定するものではないが、営業エリアと資産規模において、地方銀行と信用金庫や信用組合とでは背負っている責任や範囲が異なるからである。そう考えると、自ずと地方銀行の責任は重いことがわかる。

2. 地方銀行マーケットの変化

(1) 地方銀行の貸出シェアの推移

地方銀行の県ごとの貸出シェアの推移について、複数の県をサンプルとして採り上げて観察すると、地方銀行の1990年3月末(以下、同じ)の全国ベースでのシェアは21.8％だったが、2017年には32.5％へと10.7％ポイント上昇している。各県別に見てもほとんどの県でシェアが上昇しており、約半数が5％ポイント以上の上昇である。例えば、元々シェアの高い青森県では、90年の57.0％から17年には72.6％へと15.6％ポイント上昇した。また、他の県を見ても概ね上昇している。

日本銀行(2015、図表3-4、9頁)は、都道府県別貸出によるハーフィンダル指数と貸出約定平均金利の関係について分析している。ハーフィンダル指数が高いすなわち個別銀行の占有度が高い地域では貸出約定平均金利が高めであり、両者に正の相関が見いだされると分析している。確かにこうした傾向は見受けられるが、その相関係数はわずか0.001であり、決定係数10％と低い。従って、必ずしも高い相関があるとは言えない。さらに、既述したように、ベースとなる市場金利の低下により、貸出の占有度が高くとも、もはや十分な貸出利ざやを確保できているわけではない。長期にわたる金融緩和政策を受けてベースとなる市場金利が低下し、地方銀行の占有度とは関係なく貸出金利が低下しているのである。このような状況下で低収益が続けば、地方銀行の銀行

第4章　地方銀行の収益動向とビジネス・モデルの課題

図表4-6　地元地方銀行の各県における貸出シェアの推移

3月末	1990	'95	2000	'05	'10	'15	'17	'10年比
北海道（1）	67.9	70.3	75.2	75.9	78.2	76.9	75.5	↓
青森（2）	89.5	92.2	95.5	96.1	95.5	95.1	95.5	→
群馬（1）	70.4	73.5	74.5	79.7	79.5	77.8	71.8	↓
新潟（2）	95.0	96.4	96.6	95.9	95.2	105.8	96.4	↗
富山（2）	97.0	94.4	94.3	92.3	98.9	98.9	98.6	→
岐阜（2）	81.8	85.9	89.0	81.9	86.2	84.0	81.0	↓
滋賀（1）	96.3	96.9	96.6	90.6	86.0	85.2	84.9	↓
島根（1）	92.8	93.4	93.7	91.8	92.0	91.4	91.6	→
徳島（1）	73.3	74.9	74.6	79.1	79.0	79.2	77.9	↓
熊本（1）	84.0	84.8	84.8	87.8	87.8	87.7	86.7	↓

注：1. 各県計数は、各県の地方銀行貸出における地元地方銀行のシェア。
　　2. ↗は1〜5％未満の上昇、→は1％未満の上昇・低下、↓は1％以上の低下を示す。
出所：『月刊金融ジャーナル増刊号金融マップ』各年版。

機能は確実に低下するだろう。

(2) 地元地方銀行のシェアの変化

　地方銀行が現在直面している課題の一つは、隣接他県から地方銀行などが参入し、地元地方銀行のマーケットが侵食されていることである。この過程で貸出金利の引き下げ競争が激化し、結果的に地方銀行の収益性が悪化するという悪循環が生じることになる。そこで、地元地方銀行の地方銀行マーケットでの貸出シェアがどの程度変化しているかを見るため、複数の県をピックアップして地元地方銀行の貸出シェアの推移を見てみる（図表4-6）。第一に、1990年3月末以降、北海道を除き各県とも地元地方銀行のシェアが圧倒的に大きく、

70％台前半から90％台後半となっている。例えば、新潟県や富山県ではこの期間を通してほぼ90％台後半を維持している。つまり、地方銀行が対象とする貸出マーケットでは、当然のことながら地元地方銀行がほぼ独占状態にあることを示している。第二に、2000年3月末（以下、同じ）から2010年までのシェアの推移を見ると、滋賀県と島根県を除き地元地方銀行のシェアは現状維持ないし高まった。この背景として、デフレ下で隣接他県の地方銀行の貸出攻勢がそれほど積極的ではなかったことが考えられる。むしろ地元地方銀行としての貸出維持という使命が働いていたとも言えるだろう。

　ところが、2010年から2017年にかけてシェアの動向に変化が見られる。17年のシェアを異次元金融緩和政策の導入以前である10年3月末と比較すると、地元地方銀行の貸出シェアは抽出した10県のうち1県で1～5ポイント未満の上昇、3県で現状維持、6県で低下となっている。ピンポイントの比較であるため、一時点で何らかの事態があった場合にはその影響が出ることは避けられないが、ある程度の傾向を見ることは可能である。この結果によれば、異次元金融緩和政策導入後に地元地方銀行のシェアが侵食されていると判断できる。その過程では、恐らく貸出金利の引き下げ競争が生じているであろう。このように、大規模金融緩和政策の下で、地元地方銀行による地域寡占という収益モデルが変化する事態が生じているのである。

3. 地方銀行ビジネス・モデルの限界

　地方銀行の伝統的なビジネス・モデルは、府・県単位での圧倒的な預金シェアと貸出シェアを背景に、高水準のレントを享受するものであった。さらに言えば、府・県単位の有力地場企業のメイン・バンクの地位を確保し、貸し倒れリスクが低く安定的な収益を得るというモデルである。言うまでもなく、このモデルは高度成長期あるいは人口増加時期にはうまく機能していた。地方における階層的かつ寡占的な金融構造の下では、上位に位置する金融機関は信用リスクの低い融資先を選択することが可能であり、中位ないし下位の金融機関は、信用リスクの高い融資先を選択せざるを得ない。勿論、上位金融機関より低い

第4章　地方銀行の収益動向とビジネス・モデルの課題

貸出金利を呈示することによって信用リスクの高い貸出先を獲得するという競争原理が働く可能性はあるが、貸出を受ける企業にとっては、メイン・バンクの信用力が自らの信用力につながることや、金融機関の経営基盤の広さによる情報の提供能力の相違から、メイン・バンクを換えるスイッチング・コストはかなり高くなる。こうした金融取引構造が地方銀行の地元におけるシェアを一段と増加させることになる。

　しかし、地方経済の衰退と人口減少という経済環境下では、伝統的なビジネス・モデルはもはや機能しなくなっている。これは上位金融機関だけではなく、中位・下位金融機関も同様である。その理由は、伝統的なビジネス・モデルでは、第一に他に収益を拡大する基盤が他にないこと、第二に地域経済のリスクの全面的な負担につながることである。しかし、だからといって、地域にとって銀行機能が不要になるわけではない。銀行機能とは、銀行が持つ情報を何らかの形で活用し、取引先の企業や個人に新たな成長の機会を提供することである。この銀行機能が求められるのは地域銀行に限ったものではないが、一部を除き地域経済が疲弊する中で、一定の規模と情報量を有する地方銀行の役割は重い。つまり、投資銀行的な役割が高まってくることは必然である。少子高齢化が進展する中で、後継者不足により事業が存続できない企業や個人事業主が多数生まれている。地域の雇用確保のためには、一定規模の事業が存続していくことが不可欠である。金融機関がファンドと提携するなどして事業再生に乗り出したり、後継者不在企業のM&Aに介在したりするなどの動きは既に始まっているが、リスクを負担せずに収益をあげられる分野は限られている。地域の一番手金融機関である地方銀行は、投資銀行的な側面を強める中で一定のリスクを負担する覚悟が求められる。

第Ⅱ部　アベノミクスと銀行

第5節　当面の課題と今後の展望

　地域金融機関、それも大きな貸出シェアを誇る地方銀行の収益源は、あくまでもその拠って立つ地域の経済である。地域経済が活性化し、その一部を金融収益として受け取るのが理想的な姿である。地域経済が疲弊しているのに金融収益のみが増加するのはおかしいし、また逆に地域経済が成長しているのに金融収益が減少するのもおかしい。かつては地域の実体経済と地域の金融が好循環していたのであり、これを回復させる必要がある。もちろん、経済状況によって実体経済と金融の間に乖離が生じることはあるが、現状は異次元金融緩和政策によってこの循環が断ち切られているといっても過言ではない。超低金利に慣れきった債務者は、金融費用の増加に対して極めて脆弱な体質となっている。

　そうは言っても、現在の金融環境が続き且つ構造問題が解決しないのであれば、規模の調整は不可欠であり、合併・統合による一定の集約化は避けられない。さらに、低金利下でより収益を上げようとすれば、リスクを取らざるを得ない。その場合には、既述したように地方銀行が投資銀行的側面をどこまで強化できるかが重要なポイントになる。一定の自己資本の範囲内で預金を投資に振り向けられるようになれば、これまでと異なった銀行が誕生する可能性が高い。ただ、そこに向けたハードルはかなり高い。

　また、ITやAIの発達によって金融機関の競争原理が劇的に変化することが予想される。金融危機後に打ち出されたリレバンは、数値に表れない取引先のface to faceの情報を一つの金融機関が半ば占有することによって他の金融機関に対する競争力になるとしてきた。しかし、情報がこれまでにない速度と規模で集積するとなると、リレバンの持つ優位性が薄れる可能性がある。すでにITやAIの発達は、クラウドファンディングなど新たな資金調達手段を生み出している。現時点の日本ではこうした手段はまだマイナーな存在にとどまっているが、遠隔地の競合金融機関が導入したり、他業態から参入したりすれば、地方銀行にとっても大きな脅威となる。

第 4 章　地方銀行の収益動向とビジネス・モデルの課題

　このように、地方銀行を取り巻く経済環境が今後大きく変化することは避けられない。確かに経済がまだ右肩上がりの時代に、地方銀行が積極的にリスクを取らなかったことも事実である。その意味では、地方銀行自身にも経営の変革が求められるが、そのためには地方銀行が無理・無謀な経営改革を行わなくて済むように、先ずは金融環境を正常化させることが重要である。具体的には、日本銀行が異次元金融緩和政策を早急に転換し金利水準を正常化すること、少なくともリーマン・ショック以前に戻すことが第一である。そもそもリーマン・ショック以前の消費者物価上昇率は 2％に達していなかったのである。金融政策の転換により収益力を回復した地方銀行は、少子高齢化に向けた抜本的な経営構造改革を進めることが重要である。その中には、近接する地方銀行や他業態との経営統合や合併を含めた地域金融システムの再編も含まれる。金融自由化と金融技術の進展により資金調達手段が多様化しているとはいえ、地域においては金融機関、とりわけ銀行の果たす役割は依然として大きい。地域経済を支える地方銀行がいち早く複合的要因を克服し、地域経済の活性化を支えることが何よりも求められている。

　注
1　日本経済新聞（2018 年 4 月 25 日記事）は、地方銀行による外債の「素人運用」が収益を圧迫していることを指摘している。

　参考文献
中野瑞彦（2018）「地方銀行の利ざや縮小と地域経済との関係」『金融構造研究第 40 号』2018 年 5 月。
日本銀行（2015）「人口減少に立ち向かう地域金融」『金融システムレポート別冊シリーズ』2015 年 5 月。
――（2017a）『金融システムレポート』2017 年 4 月。
――（2017b）「2016 年度の銀行・信用金庫決算」『金融システムレポート別冊シリーズ』2017 年 7 月。

——（2018a）『金融システムレポート』2018 年 4 月。
——（2018b）「2017 年度の銀行・信用金庫決算」『金融システムレポート別冊シリーズ』2018 年 7 月。

第5章　地方銀行の経営環境
──預貸率変動の新しい解釈[1]──

近廣　昌志

第1節　はじめに

　本章では、それまでに疲弊してきた地域金融機関の経営体力が、2013年以降の金融政策、いわゆるアベノミクスによってさらに悪化している状況を捉え、現状の地域金融機関の経営方針、特に預貸率を重視する経営方針が、収益性の改善にそぐわないことを明らかにする。なお地域金融機関に存在する複数の業態のうち地方銀行および第二地方銀行を分析の対象とした。

　また著者の研究は、銀行学派的な意味での内生的貨幣供給理論がベースであり、マクロ的にみた場合、銀行は獲得した預金を貸出に回すわけではなく、銀行が預金貨幣の創造によって貸出を実行する際に、貸出と同時に預金が創造されてマネーストックが増大するという考えに立っている[2]。財政政策や金融政策等のマクロ的経済政策と個別の銀行経営との整合性を考える上でも、内生的貨幣供給理論はスマートな視座を与えてくれるものと期待する。

第 2 節　地方銀行の経営環境悪化状況

　銀行、特に地方銀行と第二地方銀行の経営環境の厳しさが増している。2010 年 3 月期決算で 18.6％の減少であった都市銀行の経常収益の対前年比率は、その後回復し 2017 年 3 月期決算では 4.3％の増加、2018 年 3 月期決算では 3％の増加を実現している。それに対して地方銀行の経常利益は 2010 年 3 月期決算で 8.5％の減少、2016 年 3 月期決算で 3.3％の増加を実現したものの翌年には再び減少に陥り 2018 年 3 月期決算では 2.3％の減少である。第二地方銀行については 2010 年 3 月期決算で 5.3％の減少、2014 年 3 月期決算で 5.2％の増加に転じたものの翌年には再び減少に陥り、2018 年 3 月期には 0.9％の減少となった。2012 年以降、経常収益が概ね増加を実現できているのは都市銀行のみである。

　2014 年 3 月期の第二地方銀行および 2016 年 3 月期の地方銀行の経常収益が増加に転じた要因は、いずれも貸出金利息によるものではなく、収益面では有価証券利息配当金・国債等債券売買益・株式等売却益によるところが大きく、また費用面では貸倒引当金繰入額の減少によるところが大きい。つまり、現在のところ地方の金融機関がかろうじて経常利益を確保できているのは、各銀行による戦略的経営の結果というよりは日本銀行による高値での国債買入や好調な証券市場によるものである。

　ここで国内銀行全体の収益構造について確認しておく。銀行収益のうち最も基本的な部分は経常利益である。経常利益ないし経常損失は大枠として経常収益と経常費用との差額よって求められる。経常収益のうち、①資金運用収益は貸出金利息・有価証券利息配当金・預け金利息等、②役務取引等収益は為替および手数料による収入等、③特定取引収益はトレーディング部門のデリバティブズ取引で得た収益等、④その他業務収益はディーリング目的による国債や外国為替等の売買から得られる収益、⑤その他経常収益は株式等の売却益や貸倒引当金戻入益等によってそれぞれ構成される。

第5章 地方銀行の経営環境

図表5-1 都市銀行・第二地方銀行の収益構造の推移

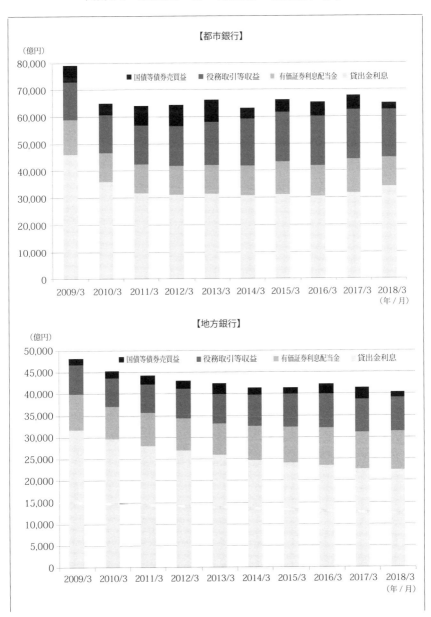

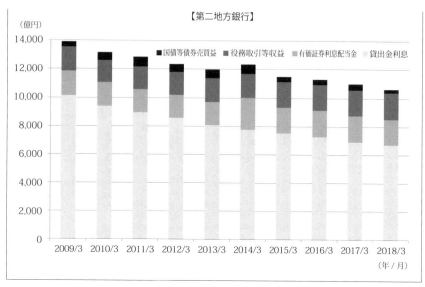

出所：全国銀行協会『全国銀行総合財務諸表（業態別）』より著者作成。

　一方、経常費用のうち、⑥資金調達費用は預金者に支払う預金利息・借用金利息等、⑦役務取引費用は支払為替手数料・支払保証料を含むその他の費用、⑧特定取引費用は特定取引勘定の有価証券派生商品の取引で生じる費用等、⑨その他業務費用は国債等の債券売買や償還に伴う損失等、⑩営業経費は人件費や物件費等、⑪その他経常費用は貸倒引当金繰入額・貸出金償却・株式等売却損等によってそれぞれ構成される。

　経常収益の主要部分は「国債等債券売買益」「役務取引等収益」「有価証券利息配当金」「貸出金利息」で構成されるが、その総額が維持できている都市銀行に対して、地方銀行および第二地方銀行については貸出金利息の減少傾向が顕著であること、全体に占める貸出金利息の割合は都市銀行・地方銀行・第二地方銀行の順に高くなることが読みとれる（図表5-1）。

　地方銀行と第二地方銀行の収益のうち、貸出金利息が減少傾向にあることを確認したが、都市銀行・地方銀行・第二地方銀行の貸出残高自体は増加してお

第 5 章　地方銀行の経営環境

図表 5-2　都市銀行・地方銀行・第二地方銀行の預貸率推移

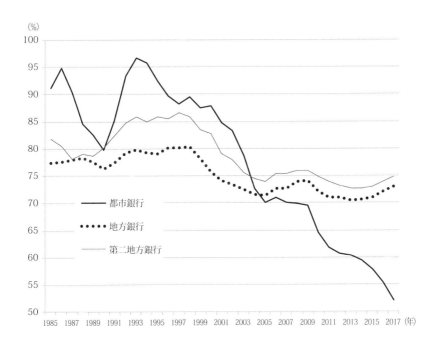

出所：日本銀行データベース『主要時系列統計データ表』より著者作成。

り、特に地方銀行の貸出残高の伸び率は 2013 年以降前年比で 3％を超えている。

　現状確認の最後に預貸率についてみておきたい。預貸率に対する解釈は次節で詳しく述べるので、ここでは指標のみ確認しておく。都市銀行・地方銀行・第二地方銀行全体の預貸率低下は、1985 年には 84.98％であったが 2017 年には 62.11％まで低下しており、線形近似でみた場合の低下率は毎年平均 0.8％である。

　それでは都市銀行・地方銀行・第二地方銀行それぞれの預貸率の推移を図表 5-2 で確認しておく。都市銀行の預貸率は 1994 年以降低下の一途をたどっており、2017 年には 51％にまで低下している。これに対して地方銀行・第二地方銀行は 1985 年以降、概ね 70-80％のレンジで比較的安定的に推移してお

り、2014年以降は上昇に転じている。

第3節　預貸率の現状とその新しい解釈

　預貸率は一見して便利の良い指標であるが、その反面で誤解の多い指標でもある。確かにALMの観点からは個別銀行が個の指標を重視することは不自然なことではない。しかし結論を先取りすれば預貸率の低下は銀行機能の低下とは無関係である。本節ではまず預貸率が変動する要因を理論的に説明したうえで、特に地方銀行の経営方針を検証するうえでの視座としたい。なお、預貸率を「預金・譲渡性預金および債券に対する貸出の割合」で表すケースも見られるが、本章では債券を除いて「預金・譲渡性預金に対する貸出の割合」としている。

　預貸率低下に関する先行研究には、その要因に対する捉え方の違いから、宮﨑（2008）・益田（2009）・寺崎（2012）等にみられるように貸出先の開拓が預金増加に追いつかないと考えるグループと、そのように考えない近廣（2011）とに分けることができる。著者の特徴は貨幣供給に対して内生的貨幣供給理論に立脚している点であり、マクロ経済全体としての預貸率低下は個別銀行の預金獲得および貸出行動とは無関係にあると主張する点である。

　預貸率の変動要因については、近廣（2011）おいて以下の2点が主因であることを理論的に論定した。（1）銀行セクターによる国債の引き受けおよび保有、（2）直接償却による不良債権処理である。この結論は、銀行が貸出を増加させたとしても預貸率は変動しないという前提に基づいている。というのは、銀行は預金獲得に先行して貸出を実行できること、換言すれば銀行が貸出を実行すれば貸出資産と預金負債が同額増加し、返済を受けると同額減少するからである。

　従って、新規貸出を実行しても預貸率はほとんど変化しないことが理解できる。逆に言えば返済を受けても預貸率は変化しない。銀行は貸出実行時に借り

第 5 章　地方銀行の経営環境

図表 5-3　内生的貨幣供給理論の見地からみる貨幣供給

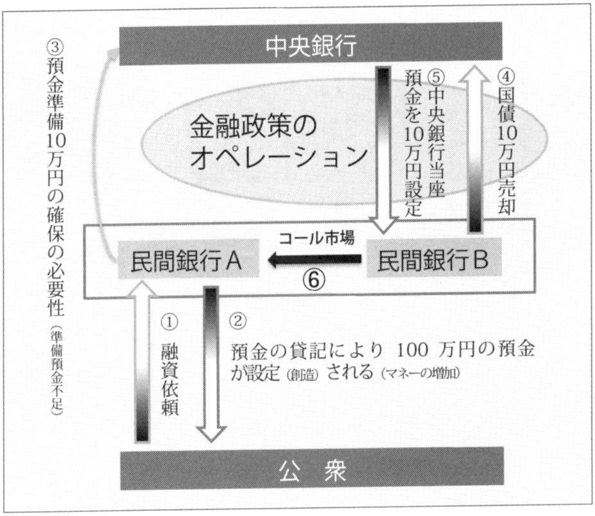

出所：著者作成（近廣〔2011〕14 頁をもとに加筆して転載）。

手の預金口座の残高にすることで預金を創造する。預金者から預かった現金を貸出に回すわけではない。銀行は金融仲介機関であると言われるが、既に存在する現金を又貸しするのではなく、貸出によって預金貨幣を創造する信用創造機関であり、この点で他の金融機関、例えば証券会社や保険会社などとは質が異なる。

　図表 5-3 は、銀行学派の見地、すなわち内生的貨幣供給理論の見地から貨幣供給を捉えた図である。①民間企業などの公衆が資金需要を持っており銀行に融資依頼を行う。これに応じて銀行が融資（ここでは 100 万円）を実行すると、②銀行のバランスシート上の借方には新規貸出が発生するとともに貸方には新規預金が発生・増加する。すると所要預金準備額（ここでは預金準備率を 10％としている）が増加する。

民間銀行 A の預金量が 100 万円分増加したことで③所要準備額が 10 万円増

図表5-4　民間銀行による国債消化と預貸率（低下）

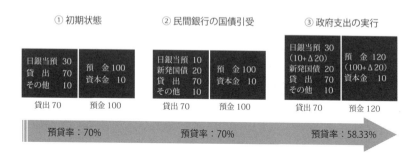

出所：著者作成（近廣〔2011〕14頁より転載）。

図表5-5　純粋民間主体による国債消化と預貸率（不変）

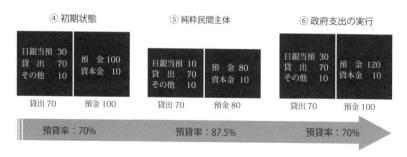

出所：著者作成（近廣〔2011〕14頁より転載）。

加するが、超過準備額を有していなければ、中央銀行当座預金を巡って銀行同士で奪い合いが起こり、コールレートの上昇が予測されるため、④中央銀行は買いオペレーションとして銀行から国債を買い入れる。⑤中央銀行は貸記によって中央銀行当座預金を創造し、マクロ的に捉えた場合の所要準備額を供給し、⑥所要準備預金が不足する銀行と余剰を有する銀行がコール市場で日本銀行当座預金を融通する。

第5章　地方銀行の経営環境

　貸出の増加や返済を受けても預貸率が変化しないのであれば、現実の預貸率低下はいったいどのような要因によって生じるのであろうか。先述したように、その要因は大きく二つに分けることができる。一つは銀行セクターによる国債の引き受けおよび保有であり、いま一つは直接償却による銀行の不良債権処理である[3]。

　図表5-4は、民間銀行の統合バランスシートを用いて、民間銀行が国債を消化することで預貸率低下が生じることを示している。結果を先に述べると、初期状態の預貸率は70％、民間銀行の国債引受時のそれも70％、国債発行で調達した政府預金で政府支出を実行すると預貸率は58.33％に低下する。

　国債を銀行ではなく銀行以外の金融機関や民間企業や個人が消化する場合には、銀行の預貸率は低下しないのであり、そのプロセスは図表5-5にて確認できる。図表5-4および図表5-5の比較によって、銀行セクターが国債を引き受けた場合にのみ預貸率低下が生じることが理解できるが、それは銀行セクターが預金創造金融機関であるからに他ならない。

　図表5-4を利用して民間銀行による国債消化が預貸率低下を招くプロセスを詳細に示す。

　①初期状態として、資産（借方）に日本銀行当座預金を30、すでに実行した貸出が70、その他資産を10保有しているものとする。一方で、負債と純資産（貸方）に預金を100、資本金10ほど有している。この時点で預金が100に対して貸出が70であるから預貸率は70％である。

　②民間銀行が国債を消化（引受）する場合[4]、30ある日本銀行当座預金から20を政府に支払うことで銀行は新発国債を手に入れる。民間銀行が保有する日本銀行当座預金が20減少すると同時に、政府が日本銀行に保有する日本銀行当座預金（政府預金）が20増加するが、日本銀行当座預金の総額は不変である。

　③政府が国債発行によって調達した20のマネーの実体は民間銀行の日本銀行当座預金が振り替えられた政府預金20であり、政府支出として例えば政府が政府小切手を振出して民間企業に支払うと、政府小切手を受け取った企業は

自らの取引銀行に持ち込んで取立を依頼する。これを受けて民間銀行は不渡りになる心配のない政府小切手を受け取る（民間銀行の資産の部が20増加する）と同時に、持ち込んだ民間企業の預金を20ほど設定してやることで負債の部の預金が20増加する。そして民間銀行は民間企業から取立を依頼された政府小切手を日本銀行に持ち込むと、日本銀行は政府預金を20ほど民間銀行が保有する日本銀行当座預金に振り替える。

こうして③が完了した時点で、民間銀行のバランスシート上では貸出は70のままであり、一方の負債の部では顧客預金が20だけ増えて120になっている。結果的にみれば、民間銀行の国債消化がみずからの預貸率低下の要因となるのである。

ところで新規国債を民間銀行ではなく、預金取扱金融機関ではない純粋な民間主体が引き受けると、預貸率にどのような変化を与えるであろうか。図表5-5で確認してみたい。

④の初期状態は①と全く同じである。

⑤純粋民間主体が国債を引き受けると、純粋民間主体はみずからの取引銀行に保有する預金が引き落とされることで、代わりに資産としての国債を受け取る。これに対応して民間銀行では、借方・負債の部にある顧客預金を20減少させるとともに借方・資産の部で保有していた日本銀行当座預金を政府預金として振り替えてもらうことで20減少する。実はこの時点では預貸率は上昇する。なぜならば民間銀行の勘定において、貸出残高が不変であるにもかかわらず顧客預金が減少するからである。

⑥政府が支出すると、③と同じプロセスが展開され、民間銀行のバランスシート上では、日本銀行当座預金が20増加して初期状態の30へと残高が回復し、顧客預金も初期状態の100に回復するのである。図表5-5を整理すると、④で70%であった預貸率は⑥でも70%であり、結果的に預貸率は不変であることが理解できる。

日本において銀行の預貸率が低下しているが、これは預金が集まるのに貸出先の開拓が追い付かないことが理由ではなく、国債が銀行セクターによって消

化されることがその要因の一つである。また、預貸率が比較的高い地方銀行Ｅ（Ｅ県）と比較的低い地方銀行Ｆ（Ｆ県）が存在する場合、次のように考えると良い。Ｅ県の県民が国債投資に積極的でありＦ県の県民が国債投資に消極的であり、政府がＦ県での公共事業が増加させる場合である。するとＥ銀行の預貸率は上昇しＦ県の預貸率は低下する。この場合、地方銀行ＥおよびＦの融資が好調であるかどうかは低調かは預貸率変動とは関係がない。

このように考えると、預貸率の変動とは個別銀行の融資先開拓の問題ではなく、銀行セクター全体による国債消化・保有の状況、預金者による銀行選択による影響が大きいことが理解できる。

第4節　地方銀行の経営課題

2013年以降の経済政策、特に異次元金融緩和政策によって民間銀行の経営環境が大きく変化しており、収益構造に変化が生じ始めている。本節では地方銀行および第二地方銀行の経営課題について検討してみたい。

第1節において、貸出残高が増加に転じているにもかかわらず地方銀行および第二地方銀行の貸出金利息が減少している現状を確認したが、その背景には約定金利の低下が存在し、その要因は新規貸出の約定金利が長期および短期のいずれも低下していることにある。図表5-6は2009年以降の約定金利の推移を示しており、2009年に約1.46％程度であった長期約定金利は2018年3月に0.64％にまで低下している。預金金利はすでにしてゼロ付近で推移しており、特に普通預金については2008年末には0.1％を切り0.04％台に低下し、さらに2018年9月末現在では0.001％と限りなくゼロに近い。銀行バランスシート上の利ざやという意味では、この10年間、預金金利はすでにほぼゼロで一定であったが、貸出金利は一方的に低下の一途をたどっている。

特に2016年1月に導入されたマイナス金利政策によって、新規貸出の約定金利が大きく低下したことから、都市銀行に比べて他の収益源に乏しい地方

図表 5-6 国内銀行の新規約定金利推移（新規分）

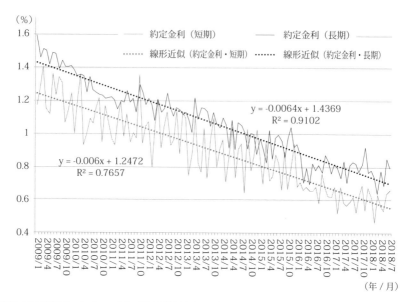

出所：日本銀行データベース『主要時系列統計データ表』より著者作成。

銀行および第二地方銀行の収益はより一層厳しい状況に置かれることになった。日本銀行の量的・質的緩和政策はイードルカーブのより一層のフラット化を目論んだ政策と理解できるが、マイナス金利政策導入による企業・個人の借入需要の増加効果と地方銀行および第二地方銀行の収益性悪化とを比較検証することは容易ではない。2018 年 7 月末には長期金利の上昇を容認するように金利操作手法を変更したが、これは特に地方銀行および第二地方銀行の収益悪化を重く捉えたものと推察されるものの、依然として貸出約定金利の水準が過去最低にあることには変わりない。

　こうした約定金利の低下の背景には、国債市場の利回り低下と銀行間の競争激化を挙げることができる。図表 5-7 は、都市銀行・地方銀行・第二地方銀行の各業態について、2010 年から 2018 年までの保有国債残高の増減率を示

図表 5-7　国債保有残高増減率（対前年比）

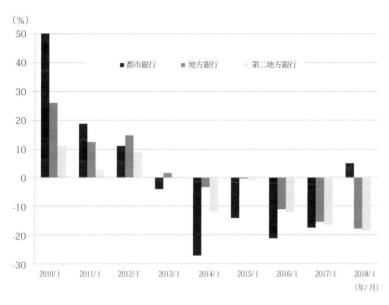

出所：全国銀行協会『全国銀行総合財務諸表（業態別）』より著者作成。

している。ここでは商品国債と有価証券（国債）の両勘定科目の合計値で算出している。概ね3業態共に2011年度までは保有国債を増加させていたが、2012年度を境に2013年度からは減少させている。保有国債残高を減少させたのは都市銀行であり、地方銀行および第二地方銀行は国債売却の経営判断が遅れている。

民間銀行の保有国債残高を減少させているのは、日本銀行が買い入れる国債を著しく増加させたことによるものであるが、その結果、都市銀行・地方銀行・第二地方銀行が保有する国債残高は2012年3月から5年間で155兆円から71兆円にまで減少している。

異次元金融緩和政策によって、日本銀行が高値で国債を買い入れる間はキャピタルゲインを得られるが、このまま保有国債の残高を減少させれば国債等債

券売買益や国債のクーポン収益の機会そのものを減少させてしまう。貸出金利息収益を維持している都市銀行は別にして、地方銀行および第二地方銀行にとって貸出金利息収益の減少は死活問題である。しかし、約定金利、特に長期約定金利の低下は長期金利のベンチマークである国債利回りの低下によるものであり、日本銀行の買いオペに応じれば応じるほど貸出に関わる環境を悪化させている。

貸出金利を質の低下と表現すれば、これをカバーするためには量を拡大しなければ、銀行は収益を維持できないことから、個人向けカードローンや不動産融資の拡大がみられている。例えば2015年に相続税法が改訂されたことで、更地のまま相続するよりも借入金でアパート等を新築すると有利になることから、地方銀行および第二地方銀行の不動産向け融資が拡大した。しかし人口減少時代にあって賃貸物件の増加は供給過多を招き、賃貸市場全体としてレントの低下要因と考えられる。すると貸出債権が不良化しやすくなる素地を準備することになり、将来的に銀行経営を益々圧迫する要因になり得る。

財政赤字による国債累積残高の増大、資金調達手段の多様化等により、他の条件が一定であれば将来的に新規借入需要が増大するとは考えにくい。加えて昨今の異次元金融緩和政策による影響を受けて、特に地方銀行および第二地方銀行の経営環境はますます厳しさを増している。

また、フィンテックによる他業種からの金融事業参入等により、貸出利息および決済・為替業務に関わる役務取引収益の競争激化が予測される。例えば、運転資金に関わる企業向け融資や、スタートアップ企業向けのクラウドファンディングの分野で、伝統的な銀行ではない異業種参入が相次いでおり、個人向け融資でも住宅ローンや学資ローンの分野で異業種参入がみられる。こうした参入が加速すれば、銀行の与信にかかわる審査業務が不要になると共に銀行自身の利息収益が得られなくなる。さらに現行の銀行預金の振替による決済から、銀行以外の企業が提供するQRコード等を利用した決済方法が浸透すれば、既存銀行は為替手数料としての収益を失うことになる。銀行はフィンテック浸透によって競合と活用の両面から対応する必要がある。

第5章　地方銀行の経営環境

　もっとも現行の貨幣制度では銀行が不要になり預金決済が完全になくなることはないばかりか、貨幣供給は民間銀行の信用創造によって実現している。従ってますます銀行のコアな機能が浮き彫りになるだけであるが、収益性の低下は避けて通れない。

　このような経営環境にあって、地方銀行および第二地方銀行は現行の経営方針を変更しなければならない。本章で示すことができる方向性は限られるが、以下大枠として二点提示しておきたい。

　一つは、預金獲得業務の消極化あるいは預金増加を阻止する方針への転換である。銀行は獲得してきた預金を貸出に回すという考え方は、個別銀行がALMの観点から勝手に思い込んでいることである。信用創造機能、すなわち預金創造機能を有する銀行は貸出によって預金を創りだす。現下の状況は、民間銀行の多くが日本銀行に超過準備を有しており、また金融政策の正常化ないし出口戦略が見通せず、またオーバーローンの時代でもなく、安定的に低いコールレートが実現しており、あえて預金を獲得しなくても困難は生じず、預金の増大はむしろ費用の増大要因と捉える必要がある。

　いま一つは、人事評価制度の変更である。例えば銀行のノルマの存在は単純な量的指標に根ざしたものが多くみられるが、質の向上を伴う指標を採用しなければならない。例えば単に融資残高だけを伸ばそうとすれば、質の良くないリスクの高い借り手に融資しなければならなくなるが、リスクの高い融資先に対して相応の金利を要求できなければ、量の拡大は質の悪化を招いて銀行経営の不安定性を増大させてしまう。しかし融資先企業に対するコンサルティングを行い、当該企業のビジネスが拡大することで融資案件が拡大すれば、取引先企業と銀行双方の収益性の向上に資する。今後の銀行は為替手数料以外の役務取引収益の割合を引き上げなければならないが、例えば取引先の海外展開に関する情報提供、あるいは事業に対するコンサルティング業務に関わるサービスを提供できる体制を整え、それに見合う対価を請求できるバーゲニングパワーを向上させることも必要である。

第5節　むすび

　2013年3月に黒田東彦氏が日本銀行総裁に就任して以来、国債市場が市場原理から遠ざかった。基本的にそれは国債の貨幣化であり、国家財政の深刻な破綻を先延ばしする効果を得ることになった。その一方で民間銀行が収益構造の転換を迫られる事態になっているが、銀行、特に地方銀行および第二地方銀行のビジネスモデルを再構築する契機にもなり得る。

　当面、国債残高の増大と国債が中央銀行を含む銀行セクターによって引き受けないし保有される状況は解消しそうにないことから、日本全体をマクロ的にみた場合の預貸率の低下は一層進むことになり、増え続ける預金は退蔵されて商品やサービスの流通手段として機能しない。幸いなことに、マネーストックの増加が今のところ貨幣価値の低下に結びついていないので、健全な貨幣制度が維持されている。貨幣制度が安定的に維持されているという幸運に恵まれている間に、銀行は預貸率を気にして預金量に見合うだけの融資先を開拓するのではなく、国債に依存した経営を改め、スリムなバランスシートと多様で深みのある損益計算書の達成が求められている。

　注
1　本章は、2015年6月に一般社団法人地方銀行協会で行われた「金融構造研究会」での報告・議論などをもとに執筆し、特に第2節および第3節は近廣（2011）および同（2016）に基づき加筆修正したものである。
2　内生的貨幣供給理論には、銀行学派的な意味でのそれと、ポストケインジアンのそれとに大別される。前者については横山（1977）、建部（2010）、近廣（2009）を、また後者については内藤（2011）、渡辺（1998）を参照していただきたい。なお、銀行学派（Banking School）は通貨学派（Currency School）に対峙する学派であり、19世紀のイギリスにおいてすでに両学派の対立が見られている。
3　預貸率低下のもうひとつの要因である直接償却による不良債権処理に関しては、

近廣(2011)を参照されたい。
4　実際には現在はプライマリー・ディーラー制度が導入されており、証券会社が一時的に引き受けるのであるが、プライマリー・ディーラーはすぐに主として民間銀行を相手に転売する状況にあることから、このプロセスの描写については割愛する。

参考文献

加藤俊彦（1957）『本邦銀行史論』東京大学出版会。

木内登英（2017）『異次元緩和の真実』日本経済新聞出版社。

建部正義（2010）『金融危機下の日銀の金融政策』中央大学出版部。

近廣昌志（2009）「国債発行の市中消化に関する考察」『企業研究』第15号、中央大学企業研究所、137-153頁。

――（2011）「預貸率低下の要因分析」『商学論纂』第52巻第5・6号、中央大学商学研究会、361-382頁。

――（2016）「地方銀行の預貸率低下」『金融構造研究』第38号、金融構造研究会（一般社団法人地方銀行協会）、12-24頁。

――（2017）「日本型危機の深層と金融政策」『複合危機』（牧野裕・紺井博則・上川孝夫編著）第6章所収、日本経済評論社、165-188頁。

寺崎友芳（2012）『地域銀行の貸出行動』東京図書出版。

内藤敦之（2011）『内生的貨幣供給理論の再構築』日本経済評論社。

横山昭雄（1977）『現代の金融構造』日本経済新聞社。

渡辺良夫（1998）『内生的貨幣供給理論』多賀出版。

第6章　地方創生に向かう地域金融機関への期待と課題

峯岸　信哉

第1節　はじめに

　2014年9月より安倍政権の中心施策として地方創生が掲げられ、国はもとより地方の魅力発信のための知恵が各自治体で絞られている。総理府から指針が出され、それに沿って市町村単位で地域の代表者やタウンミーティングによる議論が行われ、「地方版総合戦略」として発信されている。産官学にとどまらない多様な人々が協力・意見を出し合うことで、従来以上の発想と活力を出していくとの考えに基づく取り組みである。

　こうした新しい地域振興の動きの中で、従来から地方経済の発展に大きく寄与してきた地域金融機関にはどのような役割が改めて期待されているのであろうか。また、その役割に対してどのような障害が立ちはだかっているのであろうか。こうした点について本章では整理を行う。

第2節　地方創生施策の概要

　地方創生は2014年9月の第二次安倍内閣発足時に、「地方における人口減少の歯止め」「日本全体の活力の増強」を目的として掲げられた。同月に「まち・ひと・しごと創生本部」が設置され、12月には「まち・ひと・しごと創生長期ビジョン」「まち・ひと・しごと創生総合戦略」の作成が閣議決定された。翌2015年6月末に「まち・ひと・しごと創生基本方針2015」が決まり、各自治体は2015年度末までに現状を踏まえた将来の人口推計を分析し（人口ビジョン）、自治体自らによる5ヵ年計画（2015～2019年度）としての「地方版総合戦略」を策定することが求められた。

　国の総合戦略に定められる政策分野の柱としては、①地方にしごとをつくり、安心して働けるようにする、②地方への新しいひとの流れをつくる、③若い世代の結婚・出産・子育ての希望をかなえる、④時代に合った地域をつくり、安心なくらしを守るとともに、地域と地域を連携する、の四つがある（図表6-1）。こうした柱を踏まえ、地方版総合戦略では「地方の事情に沿った」検討が行われることが求められた。従来の地域振興施策と比べ、地方創生総合戦略の議論の中でとりわけ注目すべきなのは「産・学・官」に加え、「金・労・言・士」（金融・労働団体・言論（メディア）・士業）など広い立場からの意見が求められた点である。

　その後、総合戦略の中間年である2017年の重要業績評価指標（KPI）を踏まえ、各目標の実現を加速させるための方向性を示した『まち・ひと・しごと創生基本方針2018』では、地方創生のために「高齢化」や「東京一極集中」がさらに進んでいる点を特に考慮すべきであると述べている。

　高齢化が進行することで中小企業の人手不足はさらに加速し、また後継者が未定である場合には（たとえ企業収益が黒字でも）廃業せざるを得ない状況に追い込まれてしまう。こうした事例が続くことで、地域経済を支える「稼げる企業」は最終的に消滅してしまうことになる。さらに若者を中心とした東京

第6章　地方創生に向かう地域金融機関への期待と課題

図表6-1　総合戦略において金融機関に求められるポイント

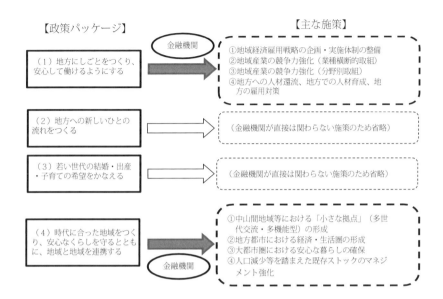

出所：まち・ひと・しごと創生本部（2015）、7頁より抜粋。

への人口一極集中が進行すると、地域経済の疲弊はいっそう加速されてしまう。そうした危機感から2018年度より政府は「ひと」と「しごと」に焦点を当て、UIJターン対策にとりわけ力を注いでいるようである。地方は、食生活が豊かで、生活費も安価であり、住宅取得コストも低い。こうした点から「実施的な豊かさ」が一部で評価されており、さらに各地域には固有の歴史・文化・伝統といった資源もある。メリットをいっそう活用して、少しずつ目立ってきている「田園回帰」の動きを加速させたいという構想である。具体的には、起業や就業者の創出、地域おこし協力隊、農村漁村体験などの分野での支援施策が進められている。また単独地域での成果が厳しい場合の広域ネットワーク構築支援や、遊休資産等を有効に活用するための支援など新しい取り組みも始められている。

127

地方を活性化させるこうした計画に対し、政府は金融機関（とりわけ地域金融機関）に積極的に関わってほしい局面を示している（まち・ひと・しごと創生本部〔2015〕）。総合戦略の柱が4本であることは前述したが、人口減少が続く現代において、地域の産業や企業が「稼ぐ力」を高めていくことは不可欠との考えから、地方自治体と金融機関が連携を図ることはとりわけ重要であると想定されている。そのため金融機関には、戦略の策定・遂行上の中核部分でもある、総合戦略目標の①「地方にしごとをつくり、安心して働けるようにする」と④「時代に合った地域をつくり、安心なくらしを守るとともに、地域と地域を連携する」にとりわけ関わってほしいことが示されている（図表6-1では（1）と（4））。

第3節　地域活性化とは

そもそも日本ではこれまで何度も地域振興施策が繰り返されてきたが、思ったような成果が出ているとは言いがたい歴史がある。そこで本節では改めて「地方にとっての活性化」について整理してみたい。

地方のどういう状態が「活性化した」といえるかであるが、最終的にはそこに住んでいる人々に「元気がある状態」あるいは「活気がある状態」であろう。ではどうすれば「人々の元気が出るか」というと、これは個人それぞれで基準が異なる。仕事がありたくさん稼いでいることが元気の源という人もいれば、趣味やリラックスの時間が多くとれゆとりがあることが元気の源という人もいる。

しかしながら（個人としての基準ではなく）地域としての基準で議論を行った場合、地方経済圏（いわゆる地方）は、そこに居住している企業ないし人々がお金を稼げる状態になっていなければ前提である地域社会そのものが財政的に存続困難になってしまう。人口が少なくなることは税収の減少を意味し、自治体が税収を得られず財政的に逼迫すれば、市町村として合併を避けられなく

第 6 章　地方創生に向かう地域金融機関への期待と課題

図表 6-2　地域活性化の二つの座標軸

```
           都市からの
           相乗効果の側面
                ↕
経済面      ←――→      社会面
(付加価値・雇用)         (安心・元気)
                ↕
           地域としての
           独立性の側面
```

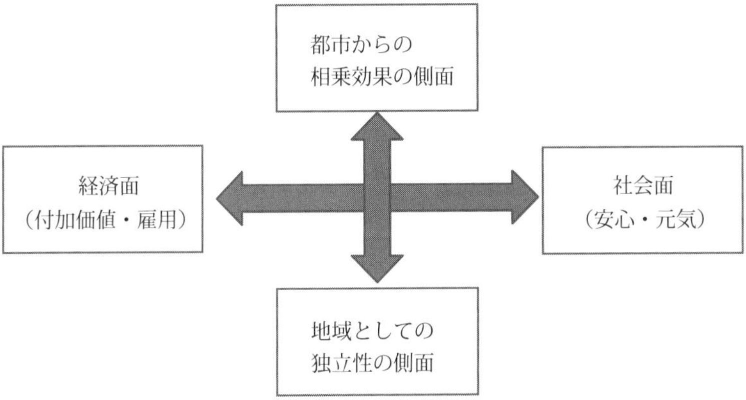

出所：橋本行史（2015）、11 頁をもとに著者修正。

なる。地域活性化は、田舎であるほど「人口を増やすこと」が「経済的に元気を出すこと」を意味しているのである。

(1) 地域活性化の二つの座標軸

　地域活性化にとって「経済的」発展が不可欠であるとしても、やり方が不適切であれば人口が増えることや経済的発展することに不満を持つ人が出てくるかもしれない。例えば、企業や工場の誘致など産業化をして人口増加を目指そうとする場合、閑静な住宅地として魅力を保ってきた地域では反対意見が出てくる可能性がある。極端な場合には、元々居住していた人々が閑静な住宅を求めて転出し、逆に人口が減少してしまうことも考えられる。こうしたジレンマをまとめたのが図表 6-2 である。ここでは地域活性化を進める上で大きく二つの座標軸の立ち位置を各地域が決断しなければならないことが示されている。

　一つめの軸は、地域として経済的発展に重点を置くのか、それとも住宅地として社会的効用を高めることに重点を置くのかである。二つめの軸は都市部

との距離感についてである。都市部をサポートする周辺地域としての位置づけで発展するのか、それとも独立した地域として個性を出し発展していくのか方針を考える必要がある。「都市部」とのバランスがうまくとれないために、地方としての元気が出ない場合もある。例えば、都市部隣接の地域を考えた場合、その立地を都市部経済の相乗効果があるので活用すべきメリットと捉えるか、自分の地域人材が流出してしまい産業が育たないので改善すべきデメリットと捉えるかによって、立ち位置や方針が変わってくる。都市から独立してやっていける地域なのかそうでないのか、バランスのとり方について住民全体がしっかり議論し見極めた上で決めることが（個々の元気のためには）重要となる。

　こうした座標軸を念頭に置きながら、各地域の担い手たちが自分たちはどのような町づくりを総意として望んでいるのかをしっかり話し合い、納得した上でそれぞれの地域の「元気の形」を見つけていくことがあるべき流れである。全ての地域が財政的な豊かさを求めて大都市の形を目指すことはできない。背伸びをしすぎることは結局はうまくいかないので、それぞれの地域にとって最適なイメージを作る時間が必要である。

(2)　同心円的経済発展のケース

　しかしながら地域としてどういう形が自分たちに適しているか何らかのヒントも必要であろう。多少の経済的改善がどの地域においても必要だとしても、前述のように全ての地域が東京のような都市タイプの産業構造・経済的発展を目指せるわけではない。そうだとすると、都市地理学の議論（図表6-3参照）の中で言われている、都市部を中心にした同心円的経済発展の理論は参考になるであろう[2]。自分たちの地域の地理的、経済的特徴を知り、中心的な都市から見て自地域が属する経済圏のどのような位置にいるのかを理解するのである。地理的に見た標準的な役割がわかれば、それをもとにしてどのような地域振興戦略を立てるべきなのか目安とすることができる。目安がわかれば、その形に各地域の特徴を個性として組み込んでいけばよい。

第6章　地方創生に向かう地域金融機関への期待と課題

図表6-3　バージェスによる同心円モデルの典型例

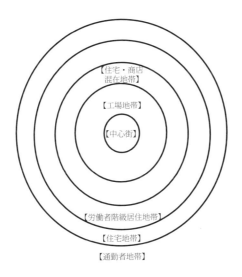

出所：Burgess (1925), p.51.

第4節　地方創生に地域金融機関が関わることの意味

　地方創生ないし地方経済の維持・発展のためには、地域金融機関へ大きな期待がかけられている。その理由がリレーションシップ・バンキング（以下、リレバン）の機能発揮を期待してのものであることは言うまでもないであろう。地域金融機関は地域の預金者・企業を顧客として業務を行う中で、様々な情報を収集・蓄積でき、地域としての課題やニーズ、発展可能性を自然と把握できるポジションにいるからである。地域金融機関が円滑な資金提供・助言を行えば、そのエリアで中核となる企業は健全に維持・発展する可能性が高まる。中核企業が発展すれば、周辺地域全体の経済が活発化するための計画を考えることも容易になるであろう。そこで本節では、改めてリレバンの機能を確認する

131

と共に、その長所と短所を整理する。

1. 地域金融機関に期待される役割

(1) 情報の非対称性の軽減

いくつかの研究で定義されているが、例えば村本（2005）によると、リレバンとはソフト情報を活用した金融機関による貸出行動のことである。一般に、借り手は資金調達のために他の競争相手に知られたくない情報であっても資金提供者に対して開示をしなければならない。そうした時に相対取引で行われるリレバンの場合には借り手の情報が外に漏出してしまう恐れというのはほとんどなく、機密保持の観点から安心な資金調達ルートとなる。

また、借り手のソフト情報を集めやすいという点から、リレバンには金融機関の側から見てもメリットがある。一般に貸し手と借り手の間には情報の非対称性が存在し、この非対称性が大きすぎる場合には、適切な情報が生産されない（金融機関は借り手の信用リスクを正確に評価できなければ貸出に踏み切れない）ために金融取引は実行されにくくなってしまう。貸し手のなかでも金融機関はその優位的立場から借り手のソフト情報を比較的容易に集めることができ、また借り手があらかじめ預金を預けている場合には預金者としての長期にわたるソフト情報も集めることができる。金融機関は貸出の可否判断や貸出実施後のモニタリングを正確に行いうる状況を作ることができる。

(2) 契約の不完備性の軽減

またリレバンの手法が用いられる場合には、借り手に契約の不完備性が存在したとしても再交渉を容易に行えるメリットもある。借り手が情報開示を拒んでいるのではなく、人手やノウハウの不足から十分な情報（将来予測も含む）を整備できない（契約の不完備性）場合、資本市場であればアクセスが制限されてしまうことになるが、長年の付き合いに基づいたリレバンであれば借り手の状況を察して契約書類の整備を手伝いながら貸出を進めることができる。書類不備だからといって借り手の可能性をすべて破棄してしまうのではなく、借

り手に寄り添うことで複数回の話し合い（再交渉）を行い、できるだけ借り手の可能性を見出そうという姿勢である。

2. 地方創生に関わる地域金融機関が直面する課題

しかしながらリレバン取引を地方都市に当てはめてみると、前節の議論が当てはまるのは、一定水準以上の企業（中核企業）との関係を想定した場合が多いと考えられる。リレバン実施のためには金融機関としても「多人数の職員」ときめ細かい関係構築の「時間」を費やすことが必要不可欠であるが、地方では影響力のある企業との一定規模以上の金利収入モデルでなければ、得られた収入よりも費用の方が大きくなってしまう可能性が高いからである。地域経済に影響を及ぼすような中核企業は地方へ行くほどに少なくなるため、地域金融機関が機能を発揮できる機会が少なくなってしまう。たとえ有望企業を2〜3社増やしたとしても、地域振興という「面」的な発展には及ばないかもしれない。そのため特に地域振興に関して「リレバンは万能で、何らかの成果を挙げられるはず」と過剰な期待を抱くことは危険であり、まずは正確にその特徴を捉える必要がある。そこで以下では、リレバンを行う地域金融機関が地方創生に関わる場合にどのような課題を抱えるのかについて整理を行う。

(1) リレバンの短所—ソフトバジェット問題とホールドアップ問題

まずリレバンそのものが抱える問題について整理する。金融機関と借り手の距離が必要以上に近くなりすぎてしまう場合には、リレバンであっても二つの問題が発生することが、多くの先行研究からわかっている。一つめはソフトバジェット問題である。前述の村本（2005）によると、これは借り手「企業の経営に問題が発生したときに、金融機関が追加の融資要請を拒否できない」誘因が発生してしまう問題を示している。(4)例えば金融機関が、ある借り手に対し長期貸付を実施しており、その上で借り手企業に経営不振などの不都合が生じた場合、本来であれば追加融資は断るべきであるが、それまでに貸してきた資金を少しでも回収しようと金融機関がインセンティブを持ったときには追加融

資が実施されてしまうことがある。こうした非効率な融資によって金融機関の経営が悪化する可能性が高まるほか、もしこうした銀行側の心理を借り手が見透かした場合には、借り手にモラルハザードの問題が起こり、追加融資を当てにして最善の経営努力をしなくなってしまう可能性がある。

　二つめの問題はホールドアップ問題である。これは「リレバンによる親密な関係がある場合、銀行は貸出に関して情報優位な状態にあることから借り手に対して支配的立場を作りがちになり、借り手にとって不本意な借入を受け入れさせてしまう（ホールドアップ）ことになったり、高い借入金利を承諾させるなどの状況を生み出してしまう」かもしれないという問題である。

(2)　ステークホルダーの制約

　前述のようにリレバンが親密過ぎる場合にリレバンそのものから二つの問題が発生しうるが、たとえ借り手との距離を適切に保てたとしても地域振興という側面から考えた場合、障害となる要因は他にも考えられる。例えば組織形態に基づく行動目的の違いがその活動を制限させてしまう点である[5]。すなわち株式組織である地域銀行と相互扶助組織である協同組織金融機関ではステークホルダーの違いがあり、それぞれのエージェンシー問題によって地域振興への関わり方にも異なった影響が考えられる。

　そもそも銀行は株式会社組織であることから営利を追求する民間企業であり、銀行経営者が優先すべきステークホルダーは株主（所有者）である。経営者は営利企業として利益を求めることに優先意識が働いており、株主の便益を損なう判断は避けなければならない。一般に地域振興は、短期的に銀行への成果が出るか不確実な業務であることから、銀行の経営が厳しい場合には株主の同意を得ることは難しい可能性がある。たとえ長い目でみて地域振興の業務が銀行にとっての便益につながることがわかっていたとしても、短期的利益を求める株主によって強く反対されれば、多くの銀行職員の労力や時間を割くような判断は認められないことが多いであろう。

　ただし一方で、地域銀行における預金者など顧客層の多くが地元の人々であ

ることを考えると「預金者」というステークホルダーの意向が強く影響し、地域経済の発展を優先させる判断をしなければならないケースもある。地域経済を発展させることが、地元企業としての中長期的便益に影響してくるということは当然地元の預金者も理解しているからである。それでも多くの地域銀行で地域振興の優先順位をなかなか上げられないのは、やはり「株主」というステークホルダーの方が多くの銀行で強い影響を持っており、そうした銀行株主は中長期的な地域経済の発展よりも日常業務をしっかり回し短期的な経営健全性向上を達成してほしいという意識を持っているからなのだと推察できる。

　それに対し協同組織金融機関はその名の通り相互扶助を基本理念としており、民間企業でありながら非営利組織という立場を採っている。組合組織であることから、優先すべきステークホルダーは組合員（所有者）である。すべての組合員は出資金を納めることで所有者となるが、組合員は同時に金融機関からのサービスを受けることで預金者（債権者）にもなり、地域振興の直接的な便益を受ける地元企業（借り手）にもなりうる。協同組織金融機関は組合員の生活・地域的社会厚生の改善が行動目的であることから、地域経済改善が自身の借り手としての便益に影響する場合には所有者としての便益（ある程度の利益追求）が黙認される可能性がある。自分で自分に反対することはできないからである。そのため協同組織金融機関の経営者が地域振興のための活動を優先順位が高い業務として判断しても、エージェンシー問題が発生しない可能性がある。つまり「自分たちの仕事（地域）に支援を行ってくれる」金融機関に対し、「すぐに利益を上げることができないから貸付するな」とは言えないからである。結果として、協同組織金融機関は営利企業である地域銀行よりも、地域振興のための活動に優先意識を持ちやすい組織構造だといえる。ただし、①金融機関として最低限の利益が確保されなければならないことと、②あくまで地域振興を目的としたものに支援が限られなければならないという条件は忘れてはならない。

(3) 現場での課題

　地域金融機関が地域振興の分野において十分な能力を発揮できない理由として、現場の課題についても近年注目が集まっている。例えば金融庁（2015）「国内で活動する金融機関への期待」によると、金融機関には「通常の営業努力をすることと並行して、取引先企業の事業内容や成長可能性などについて、これまで以上に正確に評価することが求められる」（12頁）としている。多くの金融機関が採用していた従来の企業評価では担保や保証がどれだけあるかが大きな割合を占めていたが、そうした方法を改め「企業としての能力」を適切に評価し融資判断することが求められるようになったのである。現時点で持っている資産を評価対象とするのではなく、成長可能性を重視することによって、将来性のある企業の取りこぼしを減らそうということである。そうした企業が成長した暁には、地方の、ひいては国の中核企業として活躍してもらえるであろうという期待が込められている。

　従来、こうした「成長可能性を元にした」企業評価の手法は、リレバンを行っていた地域金融機関が各行の企業文化の中で醸成し得意としてきたものといえるが、近年では金融機関が個々にそうしたノウハウを蓄積することは難しい状況となっている。理由の一つとしては、地方の中小零細企業の多くが金融機関によって評価される際の（ア）資料の整理が追い付いていないか、（イ）そもそも資料作成のためのノウハウを理解し切れていない（あるいは相談するところを見つけられていない）ことが挙げられる。地方で企業といった場合、その多くは小規模個人企業であり、そこでは「自分の作っている商品の内容には自信を持ちよく理解しているが、販売や売り方など製造以外のことはよくわからない」という人が多いといわれている。[6]

　二つめの理由としては地域金融機関側の問題がある。長きにわたる担保・保証主義のために、個々の案件を評価する融資担当者の育成が遅れている点である。ただしこれはかつての金融機関の評価方針の変化だけが原因なのではなく、実際的な傾向として地域金融機関の職員の数そのものが以前に比べ減少傾向にあることも大きい（図表6-4参照）。2000年以降のデータしか入手できなかっ

第 6 章　地方創生に向かう地域金融機関への期待と課題

図表 6-4　地域金融機関 1 店舗当たりの職員数の推移

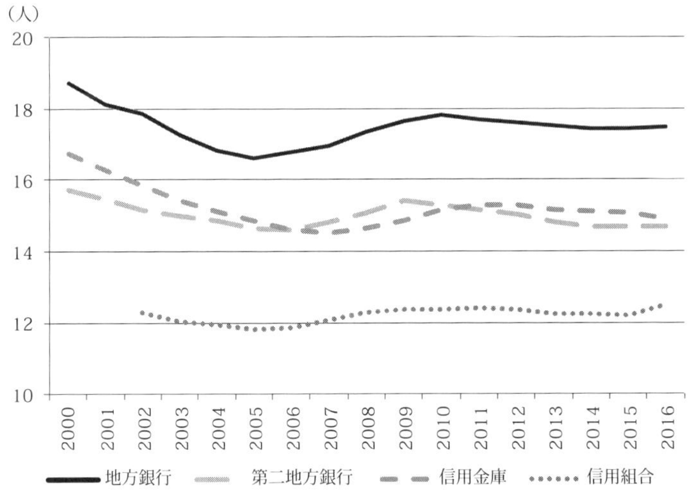

出所：全国銀行協会、信金中金、全国信用組合中央協会、各年度版の統計資料より著者作成。

たが、もともと少人数で業務を行っている信用組合を除く、地方銀行、第二地方銀行、信用金庫はいずれも 1 店舗あたりの職員数が減少している。2005 年以降、店舗あたりの職員数が横ばいもしくは微増しているように見えるが、地域金融機関の全業種において、店舗数はほぼ一貫して減少している。そのため、店舗あたり、ひいては職員 1 人あたりの営業エリアは相対的に拡大していると推察される。バブル崩壊後、金融業界が再編を迫られ合併や統合が相次ぎ、支店 1 店舗当たりが担当する営業範囲は拡大した。しかしその一方で、並行して経営合理化・費用削減も進めなければならなかった事情から、人件費は削減され、結果として 1 店舗当たりの職員数が減らされる事態になったと推察される。1 店舗の職員数が減っているにも関わらず、営業エリアが拡大しているのであれば、リレバンの核である「きめ細かさ」は必然的に後回しになってしまい、将来性のある企業を見極める目利き力を醸成することは難しくなってし

まうであろう。

　三つめの理由は、中小企業の技術や商品が高度化している場合、金融機関が評価しきれないことがありうる点である。金融機関担当者が商品を正確に評価できたとしても、それを市場に販売するために有効な第三者を知っていないばかりに市場価値が高まらないまま終わってしまうような場合である。評価企業単体では市場に出られない事業だが、あと少しアウトソーシングが実行されれば評価に値するというケースがあったとしても、最後の段階のマッチングが見つからないために評価がストップしてしまうこともある。金融機関としては地域の中核企業へと成長してもらうために課題解決のための手助け、すなわち人材マッチングなどネットワークを提供したいところであるが、このネットワークが企業自身も金融機関も不十分であるために、金融機関が企業評価を積極的に行えない事案も考えられる。近年、金融機関による広域連携の事例も出てきているが、多くの地域金融機関では営業地盤や業種を越えたネットワーク作りにはまだ消極的なところが多いのではないであろうか。[7]

　こうした金融機関の状況を踏まえ、有望企業の発掘・育成のために近年注目されているのが事業性評価である。取引先企業の経営状況を点数化し、客観的な視点から評価基準を作るシステムを構築することで、たとえ経験の浅い銀行員であっても有望な企業を見極め、一定水準以上の融資判断が行えるようにする仕組みである。従来型のリレバンによる企業評価では質的にも量的にも追い付かないような事案に対し、（全てではなくとも）可能な範囲でトランザクション・バンキングのスキルを取り入れ、補完しようという試みである。しかしながら、そもそも多様な小規模個人企業を客観的に分類することが困難である上、どの程度までの評価基準を融資判断に用いるべきなのかについても対象企業の状況によって異なる。地域金融機関の業務としてどの程度のオートメーション化を導入すべきなのかなど、議論はまだ継続中である。事業性評価のための一つの目安として、2016年経済産業省において「ローカルベンチマーク（通称ロカベン）」が策定され、地域金融機関などの支援機関で活用され、少しずつ成果を上げてきている。

第6章　地方創生に向かう地域金融機関への期待と課題

(4) 地方創生における協力関係構築の困難性

　地域金融機関が実際に面としての発展を評価し地域振興に挑むことになった場合であっても、新しい課題が見えている。前述のように地方版総合戦略は国の方針をもとに策定が進められたが、自治体レベルでは突然に審議会が招集されたという印象が持たれており、十分な話し合いの時間を確保できなかった。アベノミクスの施策の中で、唐突に地方創生が掲げられ補助金が出されることになったために、慌てて全国の自治体で議論が行われたという経緯がある。5年のPDCAサイクルを前提としており、あくまでも今回は暫定的計画としての位置づけであるとはいえ、状況が全く異なる全国の自治体が同一の期間内に計画を策定しなければならないというのはやや無理があるように思われる。地元のことをよく知っているはずの地域金融機関がいくら情報を提供しても、計画が雑になってしまうところもあるかもしれない。

　もう一つの問題は、人口増大と経済的自立という二つの異なる目標が同時に議論されたことである。両者は時間軸や構造的な軸で見ても、問題の中心が異なるものである。審議会では自治体ごとにそれぞれの分野の専門家・当事者が集まり議論が行われるが、彼らの専門分野や意識が異なっていてもおかしくない。そのため「他の分野の話には意見が出せない」ためか、活発な意見交換が行われにくい雰囲気も出てしまうであろう。別々に審議をするべきという意味ではなく、二つの課題で意見が対立した場合にどちらの意見を地域として優先するのか、あらかじめ序列を決めておく必要がある。

　今回の地方版総合戦略は経済的側面だけでなく、地域社会充実・人口増大を並行して同時に議論しているが、それこそが従来の施策とは異なる今回のポイントである。しかしながらその反面、もし社会充実という目標を持ったチームが経済振興という目標を持ったチームと対立する意見を出した場合、当該地域としてどちらを優先するのか、少なくとも優先順位を決定する部署をしっかり決めておく必要がある。例えば、経済問題優先に計画を考えその計画の中心が地域金融機関であった時、反対する社会充実・子育て優先の意見を持つチームのメンバーが地域金融機関の預金者（所有者）であれば、地域金融機関はステー

クホルダーから反発を買ってしまうことにもなりかねない。意思決定についての責任の所在が不明確なままでは、審議会での長期的な協力関係はうわべだけのものになってしまうかもしれない。

第5節　まとめ

　地方創生は従来型の地域振興施策の行き詰まりを踏まえ、地方自立型の手法を全国的に一斉に採用した点に大きな特徴がある。その中では地域に根差した地域金融機関にはこれまで以上に大きな期待がかかるが、その期待の前提はリレバンに基づく情報生産・情報提供機能の発揮であることは容易に想像できる。
　リレバンの本質は地域を限定し対象顧客を集中することで、きめ細かいサービス提供と情報収集が実践できることにある。しかしながら、リレバンそのものにも短所は存在しており、さらにその短所を取り除けたとしても、地域振興という副次的業務には取り組みにくい構造上の問題も存在する（図表6-5参照）。
　その他、現場の課題としては、借り手企業の技術が高度化している点、人手が足りない零細企業の場合に評価に利用できる情報が不足してしまう点、金融機関の側の問題として経営合理化を重視するあまり人材育成が遅れている点などが挙げられる。こうした課題は地方都市に行くほど大きく、地方創生の点で金融機関の期待が高い地方においてこそ、実はリレバンがうまく機能しない要因が多く存在していることを示している。また、今回の施策は複数の目標を同時進行で議論していることから、いざ地方創生の協力方針が固まったとしても、地元に根差した金融機関だからこそ積極的には関与しにくいというジレンマも予想される。
　これらの制約の下で最大限の経営努力を行っている地域金融機関に対し、「地方創生への関与」という新しい責務を果たしてもらうためには、「積極的に関わりたい」と思える新しいインセンティブが必要であろう。ただしインセンティブといっても監督官庁が「地方創生に対する取り組み」について、画一的な評

第6章　地方創生に向かう地域金融機関への期待と課題

図表6-5　地域金融機関が地域振興策に取り組む際の課題

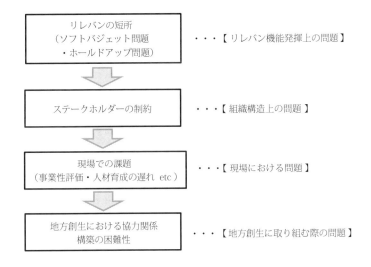

出所：著者作成。

価指標を定めることではない。なぜなら最低限の点数をクリアしさえすればそれでよいと思う金融機関が出てこないとも限らないからである。当局からの数値目標ではなく、個々の地域金融機関にとって中長期的なメリット（ないし金融機関経営者が好みやすいメリット）が地方創生の中に見出せることが重要である。自治体が中長期的な地方創生のビジョンをはっきり示し、それを前提として計画が進行した場合には、地域金融機関にとってどれほどの中長期的な便益（地域経済の発展）が見込めるのかを明確に理解してもらうのである。

　地域金融機関に地域振興へ向かう意識を強く持ってもらうため、支店単位で職員教育を行うことも一つかもしれない。ただし「さらなる努力」への期待を地域金融機関に対して一方的に持つのではなく、地域振興に関わる自治体や人材、団体など、他の主体が金融機関の事情をまずはしっかり理解し、立場を越えて思い切った話し合いができる関係性を築くことが重要である。それが地域

内の交流や「元気・活気」につながっていくのではないであろうか。

補論　地方の住宅街地域が直面する問題の一例

　これまで議論してきた内容は、地域金融機関を業態として捉え、一般的に当てはまる問題点について整理したものである。しかしながら、地方創生施策がスタートし5年目に突入した現在においては、地方が抱える課題にもう一歩踏み込んで考える時期に来ている。そこである地域金融機関の支店長から聞取りした話を元に、地方創生という目標に対して現場ではどのような考えや課題を持っているかについて一例を紹介する。

　ここで想定する「地方」であるが、第3節の図表6-3で述べた同心円モデルにおいて中心街・工場地帯の外側に位置する、「住宅・商店混在地帯＋住宅地帯」をイメージしている。以下、ここでは「住宅街地域」と表現する。こうした住宅街は程度の違いはあれ、全国どこでも都市の周辺には必ず存在しているはずである。都市部でなければ、いわゆる過疎地域ほどでなくとも、こうした住宅街地域でも潜在的に人口減少が進行しているはずなのだが、住宅街というありふれた地域区分であるためか、また人口減少の程度が比較的緩やかであるためか、これまで地方創生としての議論にはあまり上がってこなかった。こうした住宅街地域はそもそも住宅地としての開発が前提となっているので、製造業などの産業を後から大々的に誘致することには抵抗が強い。企業が少なければその従業員が周辺地域に居住することもないため、（現時点ですでに人口が減少傾向ならば）将来的な人口増加は見込みにくい。早い段階で人口維持・増加を確実にする対策を取らねばならない。都市部と過疎地域の中間に所在するため、この住宅街地域の人口減少をうまく食い止め経済的基盤を固めることができれば、同心円モデルに属することができない過疎地域に対しても人をつなぎやすい環境を作れるのではないかと思われる。山奥の過疎地域で規模の小さい町おこし事例を単発で繰り返すよりも、（同心円モデルを元にした）緩や

第6章　地方創生に向かう地域金融機関への期待と課題

図表6-6　東京在住者が地方移住をためらう理由

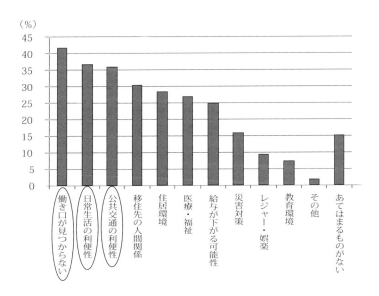

出所：「まち・ひと・しごと創生会議（第1回）　配布資料2」「『東京在住者の今後の移住に関する意向調査』の結果概要」6頁より抜粋。

かな広域連携体制を作り、中間に位置する住宅街地域の人口を増加させる施策を先行させるのである。都市部からの人の流れをスムーズにつなげ、過疎地域の交流人口を増やすことで、より若者が田舎に移住しやすい環境が作り出せるのではないであろうか。

都市周辺の住宅地における産業は、中心街・都市部の集客力、産業力に牽引され、これまでは（あったとしても）都市部製造業の下請けが多くのケースであった。しかしながら長引く不況で製造業下請けの機能は弱まり、廃業が多くなってしまったのが近年までの状況である。また個々の企業としても、従業員の高齢化に伴う事業承継がうまく進まず、産業として町を背負うだけの体力も人材も維持できていない(8)。

では、若者が安定的に定住するためにはどのような要素が必要であろうか。

図表6-6を見ると、若者が地方移住をためらう理由のトップ3が、「働き口」「日常生活の利便性」「公共交通」であることがわかるが、上述した都市近郊の住宅街地域であれば、若者移住のためのこれらの条件は概ね充足することができる。うまく事を運ぶことができれば、若者の移住促進、人口増加も十分な可能性があるといえる。

　こうした地域の地域金融機関が地方創生に協力したくとも積極的に関わることが難しい事情があるとするならばそれは一体何であろうか。まず他の市町村と同じく、直感的な地方創生の取り組み事例に挙げられる創業支援について見てみると、住宅街では大都市が近く働き口がすぐにあるため、若者は地元ではなく近郊都市の企業に就職してしまう点があげられる。その結果、若者の地元での起業意欲は高まりにくい。これまで都市周辺地域としての土地柄を活かしてやってきたため、たとえ新規プロジェクトを立ち上げてもやはり製造業の下請けとしての仕事をすぐに全て断るというわけにもいかず、結局は独り立ちできそうなアイデアは出てこなくなってしまう。また創業による経済の拡大以上に、高齢化による廃業が早く進行しているのも創業の勢いを弱めている。若者の新規創業ではなく、家業を引き継げるケースであっても、いわゆる事業承継問題（既存経営者が伝統的な経営手法を変えられない、後継者が下請けのビジネスモデルに魅力を感じない等）から実際に家業を継ぐ若者は少ないため、金融機関として将来性が期待できる事例は少ない。

　この他、特区を作っての企業誘致を掲げている自治体がいくつかあるが、特区にいくつかの企業が来たとしてもそうした地域は十分な広さがある郊外がほとんどであり、またその企業が工場である場合には主な営業時間は昼間だけで（夜間は従業員の多くが別地域へ帰宅してしまうため）結局、住宅街地域で多くの消費が行われるような波及効果が発生するとは予想しにくい。

　若者が移住するための主な条件を満たしている住宅街地域において、人口増加を確実なものとするためには「住む町」としての特徴を前面に出すことが一つの可能性として考えられる。「住む町」でありながら「稼ぐ町」にもなろうと、両方を求めてしまいすぎると、結局人口は維持できなくなってしまうからであ

第6章　地方創生に向かう地域金融機関への期待と課題

る。同じような住宅街地域はドーナツ状にいくつも存在しているので、特徴をうまく出せなければ若者移住誘致の競争に敗れてしまうであろう。事業承継問題や創業・廃業の施策で苦戦しているのであれば、産業で特徴を打ち出す「稼ぐ町」ではなく、「住む町」として思い切ってシフトしていくことも有効であろう。

　筆者が話を聞いた地域に関して、「住む町」としての発展を目指す場合のポイントになってくるのは地域の土地施策（すなわち「市街化調整区域」）変更であるという。地方の住宅地にはまだ多くの農地が残っているが、農業従事者の高齢化や農作物の6次産業化の遅れなどから生産性が低いままとなっている場合が多い。こうした農地のうち、かなりの割合が「市街化調整区域」となっており、新規移住者を受け入れるための住宅建設用地としての活用が自由にはできない区域となっている。

　地方創生施策における住居施策というと「空き家バンク」や「古民家再生」などが目に付くところであるが、一方で「住居の新築」を進めやすいような環境整備を進めることも、若者移住のために有効だと思われる。市街化調整区域については土地利権や景観の問題などからこれまで手をつけにくい部分であったが、人口減少の傾向が顕著になってきた今こそ議論する必要があるのではないであろうか。

　市街化調整区域が市街化区域に変更でき、住居の建築が容易になれば、この段階で住宅ローンを提供する地域金融機関の出番であり、若者移住の後押しをすることができる。実際に、ここで想定しているような住宅街地域の地域金融機関（の支店の多く）では、創業融資や事業融資よりも住宅関連融資がまだ主力であり、契約の動きもあるとのことである。市街化区域化へ向けた行政側の施策と、その上で住宅ローンを積極化させるという金融機関側の意識改革を連動させて行うことで、若者の地域移住を加速させる可能性が高くなるであろう。

　「都市vs田舎」の2択で地方創生を議論し、両者を別々の話として取り上げるのでは、これまでの地域活性化の失敗を繰り返してしまう。第三の地域として、都市と田舎をつなぐ住宅街地域等の役割を見直し、その機能を明確化・強化し、広域経済圏として連携・発展を目指す議論が今後は必要になってくる

のではないであろうか。

注

1 「わくわく地方生活実現政策パッケージ」など(「まち・ひと・しごと創生基本方針2018」10-15頁参照)。
2 伝統な理論でありその後の研究で他のモデルも分析されてきているが、地方ではシンプルな同心円のモデルがやはり当てはまっているように感じられる。
3 村本(2005)、7頁参照。
4 村本(2005)、20頁参照。
5 詳しくは三隅(2000a,b)、峯岸(2003)を参照。
6 峯岸ら(2012)、19頁参照。
7 峯岸ら(2012)、第3章参照。
8 観光産業がある地域であればまだいいが、自治体維持に必要な税収を観光だけで賄える市町村は全国でも少数である。さらに、たとえ観光地として有名になれても、交流人口が多いということであって必ずしも定住人口が多いわけではない点も注意が必要である。地方創生の核は、地方の高齢化に歯止めをかけ、若者の定住人口を増やすことのはずである。あくまでも定住人口の増加を目指すための対策を考えるべきであり、交流人口の増加で満足するのでは不十分であろう。

参考文献

Burgess E.W. (1925) "The growth of the city: an introduction to a research project", *The CITY* (written with R.E. Park, and R.D. McKenzie), The University of Chicago Press, pp.47-62.

Leigh, N.G. and Blakely, E.J. (2013) *Planning Local Economic Development: Theory and Practice,* 5th edition, SAGE Publications.

金融庁(2015)『平成27事務年度 金融行政方針』。

滝川好夫(2007)『リレーションシップ・バンキングの経済分析』税務経理協会。

内閣官房まち・ひと・しごと創生本部事務局金融チーム(2015)「地方公共団体と地

域金融機関の連携について」5月。
内閣府（2018）『まち・ひと・しごと創生基本方針2018』6月。
日本経済研究所（2009）「地域経済活性化の論点メモ―地域経済活性化の概念整理と主な取り組み事例―」『地域調査研究』日本政策投資銀行、Vol.4。
橋本行史（2015）『地方創生の理論と実践－地域活性化システム論－』創成社。
三隅隆司（2000a）「金融機関の企業形態と行動―展望（1）」『文研論集』生命保険文化研究所、第131号、6月。
――（2000b）「金融機関の企業形態と行動―展望（2）」『文研論集』生命保険文化研究所、第132号、9月。
峯岸信哉（2003）「金融機関の組織形態とパフォーマンス」『経済学論文集』成城大学大学院、3月、1-13頁。
――、長谷川清、久田貴昭、矢口雅也、堀田恭子（2012）「中小企業における金融機能と経営支援機能の連携のあり方に関する調査」『平成23年度ナレッジリサーチ事業　調査研究報告書』中小機構。
村本孜（2005）『リレーションシップ・バンキングと金融システム』東洋経済新報社。
家森信善編（2018）『地方創生のための地域金融機関の役割金融仲介機能の質的向上を目指して』中央経済社。
わくわく地方生活実現会議（2018）『「わくわく地方生活実現会議」報告書』6月。

統計資料

信金中金『信用金庫統計店舗数、会員数、常勤役職員数』地域・中小企業研究所、各年度版。
全国銀行協会『各種統計資料全国銀行資本金、店舗数、銀行代理業者数、役職員数一覧表』各年度版。
全国信用組合中央協会『全国信用組合主要勘定』各年度3月末版。

第Ⅲ部　アベノミクスと金融リテラシー

第7章　経営者の経営力と中小企業支援の有効性[#]

家森　信善
海野　晋悟

第1節　はじめに

　地域の中小企業の生産性を向上させることは、政府の重要な政策目標となっている。例えば、2017年12月に閣議決定された「新しい経済政策パッケージ」では、人づくり革命と並んで、生産性革命を政策の二本柱の一つに位置づけて、2020年までの3年間を「生産性革命・集中投資期間」として、大胆な税制、予算、規制改革等の施策を総動員することで、生産性を2015年までの2年間の平均値である0.9％の伸びから倍増させ、年2％にまで向上させることを打ち出している。

　生産性の向上を実現する主役はもちろん企業であるが、「新しい経済政策パッケージ」において、「中小企業・小規模事業者の身近な支援機関（士業、地域金融機関、商工会・商工会議所等）の能力向上や連携強化のための必要な措置」の実施が盛り込まれているように、様々な主体による中小企業に対する支援の取り組みが不可欠である。金融面からの代表的な支援者として期待されているのが、民間金融機関、日本政策金融公庫、信用保証協会である。

　しかしながら、こうした金融機関の支援が十分に成果を生み出せていない現

図表 7-1　金融機関支店長から見た企業再建の支障になった主体　　　（％）

	回答者数(人)	よくある	時々ある	ほとんどない
企業の経営者	2,746	23.0	51.9	21.4
他の債権者のうち、民間金融機関	2,733	3.9	40.3	50.7
企業の顧問税理士	2,733	4.0	36.7	53.6
他の債権者のうち、政府系金融機関	2,728	2.1	19.6	71.7
企業の取引先企業	2,721	1.4	20.1	71.3
信用保証協会	2,731	1.9	19.0	74.8
企業の株主	2,727	1.6	13.2	76.5
企業の従業員	2,726	0.6	12.9	80.7
商工会議所などの商工団体	2,721	0.1	2.6	88.9
地方自治体（外郭組織を含む）	2,720	0.1	1.7	87.1

注：「よくある」と「時々ある」の合計比率（％）の多い順に選択肢を並べている。
出所：家森（2018）。

状にある。例えば、金融庁が実施した調査によると、経営上の課題や悩みについて日常的にメインバンクと相談している企業の比率は、比較的規模の大きな企業で24％、規模の小さな企業では12％にとどまっている[1]。

　我々はこうした現状を改善するために、金融機関側の課題についての調査を実施したことがある。例えば、家森（2018）では地域金融機関の支店長7,000人を対象に調査を実施し、約3,000人の回答を得ており、顧客の支援のための人材が質的にも量的にも不足していること、そうした地道な顧客支援活動を十分に評価する人事体系になっていないこと、外部専門家との連携が円滑に実施できる体制になっていないことなどの課題を見いだしている。

　家森（2018）の調査では、顧客企業の支援に際して、関与が再建の障害になった主体を金融機関の支店長に尋ねてみた。選択肢とした10の主体について（障

第 7 章　経営者の経営力と中小企業支援の有効性

図表 7-2　金融機関支店長から見た企業経営者に不足しているもの　　（％）

金融の知識	31.8
営業・販売戦略の知識	8.6
会計の知識	31.6
税務・法務の知識	28.2
会社の財務状況の把握	46.6
ビジネスプランや経営方針の作成能力	36.0
経営（創業）ビジョンの明確さ	21.4
上記 7 項目で該当するものはない	8.9
回答者数（人）	2,596

出所：家森（2018）。

　害になることが）「よくある」の回答率の順に並べたのが図表 7-1 である。この回答結果を見ると、企業の再建支援において企業の経営者が障害になることが「よくある」という回答率が 23.0％で、「時々ある」の 51.9％と合わせると、企業の経営者に問題があるといった認識を持つ金融機関の支店長が非常に多いことがわかる。

　また、家森（2018）の調査では、「これまでの経験から、企業経営者に不足しているもの」を答えてもらっている。その回答結果が図表 7-2 である。46.6％の支店長が「会社の財務状況の把握」の点で経営者に不足があると評価していることがわかる。逆に、その他の点も含めて不足点はないと考える支店長は 8.9％にとどまっている。

　このようにみると、中小企業経営の最大の課題は経営者の能力・意欲にあると思われるが、我々が実施したものも含めて、既存の多くの調査では、支援を受ける中小企業の企業体としての状況に関心を払うことは多いが、経営者自身の能力や意欲、状況にフォーカスを当てたものは少ない。しかし、金融や経営

に関する知識が乏しいと様々な金融支援の存在をそもそも認識できないし、仮に支援機関から様々な助言を受けても消化不良になりやすいし、どのような支援を受けるべきかの最終的な判断も適切にできないであろう。

そこで、本章では、経営能力の乏しさが支援策の効果にどのような影響を及ぼしているのか、また、そうした経営者の能力を高める方法はあるのか、経営者の経営能力の乏しさを前提にしてどのような支援方法が効果的なのかを考えるための材料を提供することを目的にした。そして、具体的には、我々が2017年1月に実施した、中小企業向けのWebアンケート調査「中小企業に対する金融経営支援に関する調査」の調査結果を利用する。(2)この調査では、企業経営者の経営能力（実際に計測しているのは、主に金融に関しての知識）の水準を調査した上で、これまでのイノベーションの実施状況、財務諸表や経営計画の作成状況や活用状況、銀行関係や信用保証の利用状況、外部支援者の活用状況などの支援策の利用状況など尋ねている。

本章の構成は、次の通りである。第2節で「中小企業に対する金融経営支援に関する調査」の実施概要と回答者の基本属性とについて説明する。第3節は、本調査の回答者の経営能力の状況について説明する。第4節は、その経営能力の高さと経営姿勢の関係を示す。第5節は、経営能力の高さと支援策の利用状況の関係について示す。第6節がまとめである。

第2節　調査の実施概要と回答者の概要

我々は、マイボイスコムのwebサービスを利用して「中小企業に対する金融経営支援に関する調査」（以下、本章では、本調査と称することがある）を2017年1月に実施した。具体的には、マイボイスコムのモニター登録者10,000人に対して、2017年1月18日に回答依頼のメールを発信し、下記のスクリーニング質問に回答してもらい、条件を満たす人に本質問を回答してもらった。1月19日に回答数が予定の1,500人に達したため、調査を終了した。

第 7 章　経営者の経営力と中小企業支援の有効性

図表 7-3　回答者の職業上の地位

	代表権のある会長	代表権のない会長	社長	代表権のある副社長	代表権のある専務・常務	個人事業主（共同経営者を含む）
人数	21	6	308	2	19	1234
比率（％）	1.3	0.4	19.4	0.1	1.2	77.6

出所：家森・海野（2017）。

最終的な回答者は 1,590 名であった。

　第一のスクリーニング質問は、回答者の職業上の地位についての質問である。本調査が企業経営者や個人事業主を対象にしていることから、「代表権のある会長」、「代表権のない会長」、「社長」、「代表権のある副社長」、「代表権のある専務・常務」、および「個人事業主（共同経営者を含む）」と回答した人のみを対象にした。具体的な回答者の職業上の地位の状況は、図表 7-3 に示した通りである。個人事業主が約 8 割のサンプルとなっている。なお、以下では簡便化のために、法人と個人事業を区別することなく、個人事業主も含めて企業経営者と呼ぶことにする。

　第二のスクリーニング質問は、経営している会社の業種についての質問である。金融支援についての一般の事業会社の意識を調査することを目的にしていることから、「銀行、信用金庫、保険会社、証券会社およびその子会社・関連会社」、「貸金業者、保険代理店などの金融関係の業務」、「税理士、会計士、弁護士などの士業」、「FP 事務所や経営コンサルタント会社」を選んだ人は対象にせず、また、「非金融の親会社の傘下にある子会社」の場合、経営上の重要な意思決定が当該会社で行われないことが多いので、同様に対象から外すことにした。

　第三のスクリーニング質問は、経営している会社の従業員規模に関してである。本調査では、中小零細企業の意識を調査することを目的にしたので従業員規模 300 人までを対象にすることにした。具体的には、「直近の決算期末の時

図表 7-4　回答者の会社の従業員規模

0人(自分のみ)	1人	2〜5人	6〜10人	11〜20人	21〜50人	51〜100人	101〜300人
53.5	12.7	22.5	4.6	3.5	2	0.7	0.6

注：回答の数字は 1,590 人に対する占率（％）を示す。
出所：家森・海野（2017）。

図表 7-5　回答者の性別と年齢構成

		人数	20代	30代	40代	50代	60代	70代
全体		1,590	0.6	5.5	22.6	38.2	29.0	4.2
性別	男性	1,348	0.5	4.4	21.0	39.0	30.6	4.5
	女性	242	0.8	12.0	31.4	33.5	20.2	2.1

注：回答の数字は占率（％）を示す。
出所：家森・海野（2017）。

点で、あなたが経営者を務められている企業（個人事業を含みます）の常用従業員数（役員・家族を含む）は何人でしたか。」と尋ねて、「301 人以上」あるいは「わからない」を回答した人を対象から外すことにした。その結果、回答者が経営している会社の規模の分布状況は図表 7-4 の通りである。「0 人（自分のみ）」が 53.5％ で最も多く、「2-5 人」が 22.5％、「1 人」が 12.7％ で、回答者のほぼ 9 割が従業員 5 人以下の小さな企業である。

　図表 7-5 は、アンケートとは別に、マイボイスコムから提供された回答者の属性に関するデータに基づいて、回答者の年齢及び性別分布を示したものである。性別に関して、全回答者に占める男性の比率は 84.7％ と高く、男性中心のサンプルである。また、年齢別にみると、人数ベースでは男性の回答者数が、どの年齢でも多いが、女性経営者は 30 代、40 代で比較的多いことがわかる。

第3節　回答者の経営者金融リテラシーの結果

1．金融面の知識の計測

　本調査では、回答者の経営者としての金融面でのリテラシーについて知るために、10の正誤問題を提示して回答してもらっている。具体的には、図表7-6に示した10の正誤問題である。図表7-6には、その正答率も示している。「③インフレ率が年率5％であり、銀行預金の年利子率が3％である場合、1年間、銀行預金をしておくと、1年後に預金で買える商品やサービスの量は増える。」の正答率が最も高く、「⑦金融機関は、金融庁の指導で、原則として、保証や担保をとって融資をしなければならない。」に関しての正答率が最も低かった。

　正答率の相対的に高い①〜③は金融リテラシーの基本問題としてしばしば利用される質問であり、（正答率の低かった）「④一般に、利子率が上昇すると、債券価格も上昇する。」を含めて、金融全般の知識水準を測っている[3]。残りの質問は企業経営の金融面に特有の知識を尋ねているが、全般的に低い正答率となっている[4]。

2．金融基礎リテラシーと金融応用リテラシー

　本章では、便宜的に①〜④の正答数を金融基礎リテラシーと呼び、⑤〜⑩を金融応用リテラシーと呼ぶことにし、この合計を経営者金融リテラシーと呼ぶことにした。

　まず、金融基礎リテラシーの点数別に（ゼロ点〜4点）、金融応用リテラシーの点数（6点満点）を計算してみたのが図表7-7である。金融基礎リテラシーの乏しい経営者は金融応用リテラシーも低い傾向が見られる。経営者の金融応用リテラシーを高めるためには、基礎的な金融リテラシーの向上も合わせて実施していくことが重要であり、学校教育段階での取り組みが期待される[5]。ただし、金融基礎リテラシーの点数が満点である150人でも、金融応用リテラシーの点数が3点に達していない点を考えると、一般的な金融経済教育に加えて、

図表7-6 経営者の金融リテラシーの状況

	正答率（%）
①100万円の現金を1年満期の銀行預金（年利子率2%）に預けて、5年間、同条件で更新しながら複利運用したら、5年後には受け取れる金額は110万円よりも多くなる。（税率はゼロと考えて下さい）。	38.1
②一般的に、一社の株式を購入する方が、株式投資信託（多くの会社の株式に投資）を購入するよりも、投資収益は不安定となる。	35.8
③インフレ率が年率5%であり、銀行預金の年利子率が3%である場合、1年間、銀行預金をしておくと、1年後に預金で買える商品やサービスの量は増える。	40.1
④一般に、利子率が上昇すると、債券価格も上昇する。	21.6
⑤手持ち資金の資金コストはゼロである。	25.1
⑥経営者保証に関するガイドラインは、東日本大震災の影響を受けた企業にのみ適用される。	23.3
⑦金融機関は、金融庁の指導で、原則として、保証や担保をとって融資をしなければならない。	18.4
⑧金融機関は、金融庁の指導で、原則として、返済条件の変更を行っている借り手に対して新規融資を行ってはならない。	22.7
⑨信用保証協会が信用保証を拒絶した場合であっても、金融機関は自らのリスクで融資を行うことができる。	30.6
⑩一定の基準を満たす財務諸表を作成している場合に、信用保証料の割引を受けられることがある。	21.0

注：正誤を答えずに、「わからない」と回答した場合も「不正解」としている。正答率は、1,590人の内、正しく正誤を判断した人の比率である。
出所：家森・海野（2017）。

経営者にとって必要な金融知識を身につける特別な機会（例えば、経営者セミナーの開催や金融機関職員による日常的な助言・情報提供）を用意することも重要であることがわかる。

図表7-7 金融基礎リテラシーと金融応用リテラシーの関連

		金融応用リテラシー (⑤から⑩の正答数の平均値)	人数
金融基礎リテラシー (①から④の正答数)	0	0.19	706
	1	1.91	191
	2	2.33	264
	3	2.52	279
	4	2.85	150

出所:家森・海野(2017)に基づき、著者が再集計して作成。

図表7-8 男女に見た経営者金融リテラシー

	金融基礎リテラシー		金融応用リテラシー		経営者金融リテラシー		人数
	平均値	中央値	平均値	中央値	平均値	中央値	
男性	1.41	1	1.49	1	2.90	3	1,348
女性	1.06	0	0.97	0	2.03	1	242

出所:家森・海野(2017)に基づき、著者が再集計して作成。

3. 男女別、年齢別に見た経営者金融リテラシー

　男女別に経営者金融リテラシーの状況を整理したのが図表7-8である。平均値で見ると男性が2.90点であるのに対して、女性が2.03点となっており、男性の経営者金融リテラシーの方が1%水準で有意に高いことが確認できる。また、金融基礎リテラシーと金融応用リテラシーのいずれでも、男性の方が高い点数であった。

　回答者の年齢によって整理してみたのが図表7-9である。金融基礎リテラシーの点数は、60歳代までは経験とともに高まっていき、60歳代にピーク

第Ⅲ部　アベノミクスと金融リテラシー

図表7-9　回答者の年齢別に見た金融経営者リテラシー

	金融基礎リテラシー		金融応用リテラシー		経営者金融リテラシー		人数
	平均値	中央値	平均値	中央値	平均値	中央値	
20歳代	0.44	0	1.11	1	1.67	2	9
30歳代	0.95	0	1.25	0	1.85	1	88
40歳代	1.10	0	1.18	0	1.89	2	359
50歳代	1.33	1	1.29	0	2.00	2	607
60歳代	1.67	2	1.76	1	2.30	2	461
70歳代	1.47	2	1.68	1	2.17	2	66

出所：家森・海野（2017）に基づき、著者が再集計して作成。

図表7-10　従業員規模別の経営者金融リテラシー

	金融基礎リテラシー		金融応用リテラシー		経営者金融リテラシー		人数
	平均値	中央値	平均値	中央値	平均値	中央値	
0人（自分のみ）	1.27	1	1.17	0	2.44	1	851
1人	1.33	1	1.30	0	2.63	2	202
2-5人	1.43	1	1.68	1	3.11	3	357
6-10人	1.40	1	1.74	1	3.14	3	73
11-20人	1.78	2	2.27	2	4.05	5	55
21-50人	1.78	2	2.28	2	4.06	4	32
51-100人	1.91	2	2.36	3	4.27	6	11
101-300人	2.00	2	3.33	3	5.33	5	9

出所：家森・海野（2017）に基づき、著者が再集計して作成。

になり70歳代になると低下している。一方、金融応用リテラシーに関しては、30歳代〜50歳代でそれほど差異はない。金融応用リテラシーは経営経験とともに高まっていくものと期待したが、経験の効果が意外に乏しいことがわかった。ただし、今回の金融応用リテラシーの質問内容が、「最近の」金融情勢や金融行政について問うているために、相対的に経験が役に立たなかった可能性がある点には留意が必要である。そうした留意は必要であるが、常に新しい情報を得る態度の有無の代理変数になっていることは確かであり、企業経営者の資質を反映しているものと考えることはできよう。

4, 従業員規模や企業業績の状況別に見た経営者金融リテラシー

本調査では回答者の経営している企業の従業員数を尋ねているので、その従業員規模別に経営者金融リテラシーの点数の状況を示してみたのが図表7-10である。企業規模が小さいほど経営者の金融リテラシーが乏しい傾向を読み取ることができる。小さな企業の経営者は、その金融応用リテラシーの点数の低さから、最近の金融施策についての情報が十分に入手できていないことがわかる。従って、小規模企業向けの施策の普及啓発に際しては、こうした小規模企業の経営者の基礎知識が乏しいことを前提にして、広報の方法はもちろんのこと、支援施策の制度を設計するべきである。例えば、小規模企業向けの支援プログラムの申請書は特にわかりやすさに留意することが必要であろう。

本調査では、調査時点から5年前（すなわち、2012年〈ただし、2012年以降創業の企業については創業時〉）と比べた、現在の常用従業員数（役員・家族を含む）の増減の状況について尋ねている。「ほぼ横ばい」が最も多く、「減少」が続いており、「やや増加」や「増加」は少ない。その増減状況別に、経営者金融リテラシーの状況を示したのが図表7-11である。基礎リテラシーと応用リテラシーのいずれも従業員数の増加傾向が強い企業の経営者ほど高めになっている。とくに、応用リテラシーについて増加企業と減少企業との間で差異が大きいことから、企業金融の動向についてしっかりと情報を学んでいる経営者のいる企業の方が成長していると判断できる。企業成長にとって経営者の

図表 7-11　従業員の増減状況別の経営者金融リテラシー

	金融基礎リテラシー		金融応用リテラシー		経営者金融リテラシー		人数
	平均値	中央値	平均値	中央値	平均値	中央値	
減少	1.15	1	1.28	0	2.44	1	243
やや減少	1.19	1	1.63	1	2.82	2	134
ほぼ横ばい	1.39	1	1.35	0	2.75	2	1109
やや増加	1.57	2	1.90	2	3.47	4	70
増加	1.79	2	2.29	3	4.09	5	34

出所：家森・海野（2017）に基づき、著者が再集計して作成。

図表 7-12　当期純利益の状況別の経営者金融リテラシー

	金融基礎リテラシー		金融応用リテラシー		経営者金融リテラシー		人数
	平均値	中央値	平均値	中央値	平均値	中央値	
2期連続黒字	1.53	1	1.48	1	3.02	3	722
赤字から黒字に転換	1.69	2	2.16	2	3.85	4	100
黒字から赤字に転落	1.21	1	1.39	1	2.60	3	132
2期連続赤字	1.23	1	1.32	0	2.55	2	513
まだ、2度目の決算期を迎えていない	0.72	0	0.80	0	1.51	0	123

出所：家森・海野（2017）に基づき、著者が再集計して作成。

金融知識は十分条件ではないが、必要条件なのであろう。

　直近の決算期、およびその前の決算期における回答者の企業の当期純利益の状況を尋ねているので、その状況別に経営者金融リテラシーを整理したのが図表 7-12 である。「赤字から黒字に転換」した企業の経営者の点数が高いのが特徴的である。この人たちは、金融応用リテラシーの点数が高いことから、経営を改善するために積極的に各種の金融支援策の情報を集めた結果であることが予想される。逆に「2 期連続赤字」の企業の経営者のリテラシーが低く、業績低迷企業の支援策において、経営者の能力や意欲の向上という課題があることがうかがえる。また、「まだ、2 度目の決算期を迎えていない」という回答者の点数が極めて低かった。これらの回答者は創業者であると考えられることから、創業者の金融リテラシーが特に乏しいことが読み取れる。創業支援においては特に「わかりやすい」支援策の構築が不可欠である。

第 4 節　経営者金融リテラシーと経営姿勢

1.　経営者金融リテラシーとイノベーション活動

　本調査では、2012 年から現在までの間に行ったプロダクトイノベーション（新たに開発・改良した製品・サービスの提供）の状況や、2012 年から現在までの間に行ったプロセスイノベーション（既存の製品・サービスの製造・販売手法の改善）の状況をそれぞれ尋ねている。近年のように変化が急速で競争の激しい時代には、常に新しい取り組みを行わないと高い付加価値を維持することはできなくなってしまう。そこで、こうした活動の有無を経営改革の意欲・実績の代理変数と捉えて、経営者金融リテラシーとの関係を調べてみたのが図表 7-13 である。

　まず、上段はプロダクトイノベーションの状況を示している。プロダクトイノベーションに取り組んだ人（「新たな製品・サービスを提供した」か「開発・改良を進めたが提供に至らなかった」のいずれかを選択）は、「何も行わなかっ

図表7-13　経営者金融リテラシーとイノベーション

		金融基礎リテラシー		金融応用リテラシー		経営者金融リテラシー		人数
		平均値	中央値	平均値	中央値	平均値	中央値	
プロダクトイノベーション	新たな製品・サービスを提供した	1.84	2	2.17	2	4.01	4	183
	開発・改良を進めたが提供に至らなかった	1.92	2	2.47	2	4.39	5	62
	何も行わなかった	1.41	1	1.41	1	2.83	2	1,140
	わからない	0.43	0	0.42	0	0.85	0	205
プロセスイノベーション	手法の改善を実現した	1.91	2	2.23	2	4.14	4	209
	取り組みを進めたが実現に至らなかった	1.62	1.5	2.37	2	3.99	5	86
	何も行わなかった	1.39	1	1.36	0	2.75	2	1,101
	わからない	0.43	0	0.39	0	0.81	0	194

出所：家森・海野（2017）に基づき、著者が再集計して作成。

た」人と比べると、金融基礎リテラシーと金融応用リテラシーのいずれにおいても高い点数を得ている。特に、金融応用リテラシーにおいて差異が大きいことから、様々な支援施策について情報を得る努力をしているものと予想される。図表7-13の下段に示したプロセスイノベーションについてもほぼ同じ傾向が見られる。

　経営者金融リテラシーが高い人は、積極的にイノベーション活動を行っているし、各種のイノベーションを支援する支援施策を効果的に活用していると考えられる[6]。ここでも金融リテラシーが高いことがイノベーション活動の十分条

2. 財務データの作成および活用状況

本調査では、各種の財務諸表を作成しているかを尋ねている。前述した支店長アンケート（家森〔2018〕）によると、企業経営者の財務把握面での能力に課題があるとの認識が一般的であったことから、財務諸表の作成や活用状況と経営者の経営リテラシーの関係を調べてみることにした。

経営者金融リテラシーは10点満点（10問の正誤問題の正答数）であったので、ある程度のサンプル数になるように、経営者金融リテラシーを、LV1（ゼロ点）、LV2（1～3点）、LV3（4～7点）、LV4（8～10点）の四つに分けてみた。それぞれの該当者数は、633人、334人、514人、109人である。[7]

作成している財務諸表の種類について尋ねた質問への回答結果を経営者金融リテラシーの水準グループごとに整理したのが図表7-14である。まず、全体の結果を見ると、「財務諸表は作成していない」が49.7%と多かった。これを経営者金融リテラシーの水準別に見ると、最も水準の低いLV1の633人では「財務諸表は作成していない」が67.8%と大変高く、対照的にLV3やLV4の人たちではその値は30%程度であった。つまり、経営者金融リテラシーの高い人ほど財務諸表を作成する傾向が見られる。これらの財務諸表を自力で作成できないとしても、財務諸表が企業経営にとって有用であるとの認識があれば、外部に作成を依頼することが可能である。従って、経営者金融リテラシーの低い人ほどこうした財務諸表の有用性についての認識が乏しいのであろう。経営者に対する啓蒙の重要性が示唆される。

本調査では、何らかの財務諸表を作成していると回答した人に限って、その活用状況を尋ねている。そこで、図表7-14と同様に、経営者金融リテラシーの水準別に、その活用状況を調べてみたのが図表7-15である。

全体の数値を見ると、「自社の経営状態の把握」に活用しているというのが52.8%と最も多く、「月次レベルでのキャッシュフローの把握」が24.9%で続いている。ただ、「財務諸表は活用していない」との回答が23.7%もあった。

図表 7-14　財務諸表の作成状況　　(%)

	LV1 (633名)	LV2 (334名)	LV3 (514名)	LV4 (109名)	全体 (1,590名)
貸借対照表・損益計算書	28.4	41.6	59.5	60.6	43.5
勘定科目内訳表	17.5	27.2	44.6	45.9	30.3
月次試算表	10.3	16.5	27.8	29.4	18.6
資金繰り表	4.3	5.7	12.1	12.8	7.7
キャッシュフロー計算書	3.8	4.5	12.5	17.4	7.7
事業計画書	4.3	6.9	14.6	16.5	9.0
その他	0.0	0.6	0.0	0.0	0.1
財務諸表は作成していない	67.8	52.1	30.0	31.2	49.7

出所：家森・海野（2017）に基づき、著者が再集計して作成。

図表 7-15　経営者のリテラシー別の作成している財務諸表の活用方法　　(%)

	LV1 (204名)	LV2 (160名)	LV3 (360名)	LV4 (75名)	全体 (799名)
月次レベルでのキャッシュフローの把握	21.1	20.0	28.3	29.3	24.9
製品・サービスの原価把握	8.8	9.4	14.7	17.3	12.4
事業部門の部門損益の把握	9.8	8.8	14.2	14.7	12.0
自社の経営状態の把握	41.2	46.3	58.6	70.7	52.8
経営計画の立案	10.3	11.3	20.8	32.0	17.3
金融機関とのコミュニケーション	4.9	4.4	13.3	24.0	10.4
上記以外の方法	3.4	8.1	4.2	1.3	4.5
財務諸表は活用していない	28.9	27.5	20.6	16.0	23.7
わからない	14.2	5.0	1.1	0.0	5.1

出所：家森・海野（2017）に基づき、著者が再集計して作成。

図表7-16　財務諸表の作成・利用状況と企業の雇用増加　　　　（％）

	雇用増加の状況				
	減少 (243名)	やや減少 (134名)	ほぼ横ばい (1,109名)	やや増加 (70名)	増加 (34名)
作成して活用している	38.7	41.0	34.9	70.0	73.5
作成しているが活用していない	11.5	11.2	12.7	4.3	5.9
作成していない	49.8	47.8	52.4	25.7	20.6

出所：家森・海野（2017）に基づき、著者が再集計して作成。

　納税などのために義務的に作成しているだけで経営に活用していない経営者が4人に一人もいることになる。

　経営者金融リテラシーの水準別に見ると、金融リテラシーの水準が高い経営者ほど幅広く活用していることがわかる。「月次レベルでのキャッシュフロー」についての差異は比較的小さいが、「自社の経営状態の把握」ではLV1とLV4との間で30％ポイントほどの大きな差異がある。また、支援機関との関係で注目したいのが「金融機関とのコミュニケーション」についての回答であるが、LV1では4.9％しか選択されていないが、LV4では24.0％まで高まっている。支援機関とコミュニケーションを取ることの重要性やその方法の認識について、経営者金融リテラシーの高い経営者の方が優れていると言える。

　図表7-16は、当該企業の雇用の成長状況別に財務諸表の作成・利用状況を調べてみたものである。雇用を増やしている企業では、財務諸表を活用しているとの回答が70％を超えているのに対して、そうでない企業では30～40％である。企業経営の強化のために財務諸表の作成・利用が重要であることを踏まえると、そうしたことの重要性をいかに啓蒙していくかは大きな課題である[8]。

3. 経営計画の立案状況

　本調査では計数の入った中長期の経営計画（経営改善計画を含む）の有無に

図表 7-17　経営者金融リテラシーと経営計画の立案状況　　　（％）

	LV1 （633名）	LV2 （334名）	LV3 （514名）	LV4 （109名）	全体 （1,590名）
金融機関に提出した経営計画がある	1.9	3.3	7.4	9.2	4.5
金融機関には提出していないが経営計画はある	2.4	3.6	8.8	11.9	5.3
計数の入っていない大まかな経営計画は作成している	1.9	2.4	9.1	8.3	4.8
経営者の頭の中にはあるが、具体的な作成はしていない	12.5	20.4	24.3	24.8	18.8
経営計画はない	57.3	66.2	47.7	43.1	55.1
わからない	24.0	4.2	2.7	2.8	11.5

出所：家森・海野（2017）に基づき、著者が再集計して作成。

ついても尋ねているので、経営者金融リテラシーの水準グループ別に経営計画の立案状況を整理してみたのが図表7-17である。「金融機関に提出した経営計画がある」比率は、経営者金融リテラシーの高いグループほど高い。「金融機関には提出していないが経営計画はある」や「計数の入っていない大まかな経営計画は作成している」までを加えても、LV1では6.2％にとどまり、LV4の29.4％とは大きな差異がある。

　経営者金融リテラシーが低い経営者が自らきちんとした経営計画を立案するのは難しいであろうが、外部の専門家の支援を受けながら作成することは可能である。そうしたことすら行わないのも経営計画が重要であるという点での経営者リテラシーが不足しているからであろう。

図表7-18　メインバンクおよび準メインバンクの有無別の経営者金融リテラシー

		金融基礎リテラシー		金融応用リテラシー		経営者金融リテラシー		人数
		平均値	中央値	平均値	中央値	平均値	中央値	
メインバンク	なし	1.22	0	0.98	0	2.20	0	386
	あり	1.40	1	1.55	1	2.95	3	1,204
準メインバンク	なし	1.29	1	1.15	0	2.44	1	743
	あり	1.42	1	1.64	1	3.06	3	847

出所：家森・海野（2017）に基づき、著者が再集計して作成。

第5節　経営者金融リテラシーと支援の利用状況

　経営者金融リテラシーの程度が様々な支援の効果にどのような影響があるかを検討するために、メインバンク、税理士などの外部専門家、信用保証制度との関係性について調べてみることにした。

1．経営者金融リテラシーとメインバンク関係

　まず、メインバンクおよび準メインバンクの有無別に経営者金融リテラシーの水準を調べてみたのが図表7-18である。メインバンクを持たない経営者での経営者金融リテラシーは2.20であるのに対して、メインバンクを持つ経営者では2.95となっており、1％水準で有意な差異がある。とくに、金融応用リテラシーにおいて差異が大きいことがわかる。準メインバンクの有無についても同様の傾向がある。

　つまり、経営者金融リテラシーの高い人ほどメインバンクや準メインバンクを持っているのである。先に、経営者金融リテラシーの高い人ほど財務諸表を金融機関とのコミュニケーションの手段として活用する傾向が強いことを指摘したが、経営者金融リテラシーの高い人ほど金融機関との関係性の重要性を認

図表 7-19　メインバンク借り入れ姿勢と経営者金融リテラシー　　　（％）

	LV1 （418名）	LV2 （249名）	LV3 （442名）	LV4 （98名）
借入が必要になれば、メインバンクだけにまず相談する	15.1	21.7	31.0	26.5
借入が必要になれば、メインバンクを含めて複数の金融機関に同じように相談する	8.6	15.3	19.0	21.4
借入ができれば、どこの金融機関でも構わない	6.5	10.8	9.3	11.2
他の金融機関の金利より高くても、メインバンクからの借入を優先したい	0.5	1.2	2.5	0.0
他の金融機関の金利が少しでも安い場合は、メインバンク以外からの借入を検討したい	2.6	3.6	7.2	7.1
他の金融機関の金利よりもかなり安い場合は、メインバンク以外からの借入を検討したい	1.7	4.0	8.4	6.1

出所：家森・海野（2017）に基づき、著者が再集計して作成。

識しているのであろう[9]。

　一方、図表7-19では、メインバンクからの借入への姿勢が経営者金融リテラシーの高低によって異なるかを検討してみた。経営者金融リテラシーが高い人ほどメインバンクの関係性の価値を認めていることから、メインバンクへの忠誠心が強いと予想したが、そのような傾向は明確には見られなかった[10]。例えば、「借入が必要になれば、メインバンクだけにまず相談する」という回答については、LV4はLV1やLV2に比べると高いもののLV3よりはむしろ低くなっている。逆に、「借入ができれば、どこの金融機関でも構わない」という回答は四つのカテゴリーの中でLV4が最も大きい。また、「他の金融機関の金利より高くても、メインバンクからの借入を優先したい」という回答比率でみるとLV4が最も低い[11]。

第7章 経営者の経営力と中小企業支援の有効性

金融リテラシーが高い人ほど金利差に敏感であるためなのかもしれない。そうすると、経営者の金融リテラシーが高まるほど、金利水準の差異により敏感になる可能性がある。[12] 金融機関は、コストに敏感な経営者から、メインバンクとしての各種支援の「正当な」コストを回収する仕組みを構築することが求められる。他方で、これまでのメインバンクの提供しているサービスが他の金融機関で代替のできない価値の高いものではなかったために、メインバンクへの忠誠心が低いだけかもしれない点にも注意が必要である。

2. 外部相談者の利用状況

自らに知識が十分になくても適切な相談相手があれば、知識不足を補うことができるはずである。そこで、「様々な経営上の課題や悩みについて日常的に相談する先」についての質問の回答結果を経営者金融リテラシーの水準別に分けてみたのが、図表7-20である。

例えば、メインバンクを相談先としているとの回答は、金融リテラシーの高いLV4では24.8%あるが、金融リテラシーの低いLV1では9.6%にとどまっているように、金融リテラシーの高い人の方がメインバンクに相談している傾向がある。公認会計士・税理士についてはより顕著でありLV4が32.1%であるのに対して、LV1は9.3%にとどまっている。このように本来、不足する金融応用リテラシーを補う必要のある人の方が相談できていないのである。

著者は、中小企業の相談相手としての税理士の役割に期待している。[13] 中小企業の9割程度（法人の場合）に顧問税理士がいて、その顧問関係は長期固定的だからである。[14,15] 実際、図表7-20でみたように、メインバンクよりも公認会計士・税理士のほうが相談相手となっている。しかし、高いと言ってもその数値は17.5%に過ぎず、顧問税理士を持っていても大半の企業は、その税理士を相談相手だと見なしていないことになる。

その理由を聞いた質問への回答結果が表7-21である。最も多い回答は、「相談するということを考えたこともない」というものであった（48.1%）。とくに、経営者金融リテラシーの低い経営者では50%を超えている。例えば、LV1層

図表 7-20　経営者金融リテラシーと相談先　　　　（％）

	LV1 （633名）	LV2 （334名）	LV3 （514名）	VL4 （109名）	全体 （1,590名）
メインバンク	9.6	12.3	21.0	24.8	14.9
メインバンク以外の金融機関	1.1	2.7	4.9	5.5	3.0
公認会計士・税理士	9.3	14.7	26.5	32.1	17.5
弁護士	1.3	3.3	3.9	5.5	2.8
商工会議所・商工会	2.2	6.3	12.1	17.4	7.3
親会社・取引先・同業者仲間	2.2	5.1	9.7	9.2	5.7
他の会社の経営者	2.4	8.7	15.0	16.5	8.7
外部に相談先はない	51.0	57.8	44.6	42.2	49.7
わからない	27.3	6.6	3.9	6.4	14.0

出所：家森・海野（2017）に基づき、著者が再集計して作成。

では、「その他／わからない」との回答者が25％もいるので、この人たちを除いて比率を計算し直すと、「相談するということを考えたこともない」の選択率は70％を超えることになる。

　本調査のサンプルでは個人事業主が回答者の中に多く含まれているが、「顧問契約している公認会計士・税理士がいない」という回答は全体で見ても6.2％であり、多くの企業が顧問税理士を持っていることになる。それにもかかわらず、相談していないのである。こうした顧客層に対しては、税理士の側から、税理士の提供できる価値を説明して、積極的に相談に誘導することが必要であると考えられる。

3.　信用保証制度の利用状況

　信用保証は中小・小規模企業にとっては非常に重要な資金調達の支援施策で

第 7 章　経営者の経営力と中小企業支援の有効性

図表 7-21　公認会計士や税理士に相談しない理由　　　　（％）

	LV1 (574 名)	LV2 (285 名)	LV3 (378 名)	VL4 (74 名)	全体 (1,311 名)
税務以外の的確なアドバイスが期待できない	2.4	7.0	10.1	18.9	6.6
費用がかかる	12.7	28.4	26.7	28.4	21.1
相談にのってくれそうな親身な態度が見られない	2.3	4.9	5.8	8.1	4.2
顧問契約している公認会計士・税理士がいない	2.6	7.4	10.3	8.1	6.2
的確なアドバイスのできる会計士や税理士をどう探したら良いのかわからない	1.6	3.2	5.0	6.8	3.2
相談内容が漏れる心配がある	0.3	1.1	2.9	2.7	1.4
相談すべき課題が具体化できていない	2.8	3.9	3.7	5.4	3.4
相談すべき課題や悩みがない	11.0	22.5	20.1	25.7	16.9
相談するということを考えたこともない	52.3	53.0	40.7	33.8	48.1
その他／わからない	25.4	5.3	7.7	9.5	15.0

出所：家森・海野（2017）に基づき、著者が再集計して作成。

ある。経営者金融リテラシーの違いによってその効果の評価に違いがあるのかを調べてみることにした。その結果が表 7-22 である。我々のサンプルでは信用保証の利用企業は 290 社であり、LV4 のサンプル数はわずか 21 社となっているために、主に LV3 と LV1 の比較を議論しておこう。いずれの観点でも LV3 の経営者の方が信用保証の利用の効果を積極的に評価していることが読み取れる。

図表 7-22　経営者金融リテラシーの違いによる信用保証の効果の評価　　（％）

	LV1 (89名)	LV2 (48名)	LV3 (132名)	VL4 (21名)	全体 (290名)
希望する資金量が調達できた	27.0	47.9	61.4	42.9	47.2
タイミングよく借入ができた	28.1	45.8	56.8	57.1	46.2
金利が安かった	22.5	45.8	47.0	47.6	39.3
対外的信用が広がった	9.0	31.3	25.0	23.8	21.0
金融機関との取引が緊密になった	13.5	29.2	40.9	28.6	29.7
保証協会の支援を受けることができた	18.0	37.5	44.7	28.6	34.1

出所：家森・海野（2017）に基づき、著者が再集計して作成。

　信用保証の利用をきっかけにして民間金融機関からのプロパー融資へとつながることが期待されているが、そうした観点で中小企業者は意識的に行動することが必要である（例えば、前述したような財務諸表の定期的な提出などの努力がその一つである）。しかし、経営者金融リテラシーの低い経営者ではそうした道筋をしっかりと描けていないようであり、信用保証の利用が金融機関との関係性の強化につながっていない。

第6節　むすび

　本章では、著者が2017年1月に実施した企業向けアンケート結果を利用して、中小企業の経営者の経営者としての（主に金融面の）リテラシーの観点から、中小企業の経営を強化するための課題について検討した。
　本調査で測定した経営者金融リテラシーの高い経営者ほど、イノベーションに取り組んでおり、業績も良好である。また、財務データや経営計画を経営に

第7章 経営者の経営力と中小企業支援の有効性

活用する姿勢も強い。直接的な支援策に加えて、中小企業者の経営者金融リテラシーを高めるためのセミナーや金融機関職員による日常的な情報提供が必要である。

ただ、経営者の知識が乏しくても、それを金融機関や専門家などの支援者に補ってもらえばよいとも考えられる。しかしながら、経営者金融リテラシーの乏しい人は、そうした外部のリソースを活用する傾向が弱いこともわかった。これは、そうしたことの有効性についての認識が弱いことが大きな原因であると思われる。

従って、中小企業経営者に対する情報提供においては、支援施策そのものの中身を伝えることはもちろん重要ではあるが、そうした施策について外部の支援機関に相談する気持ちをいかに醸成するかがカギとなる。また、支援機関としても、企業経営者から申し出があった場合に対応するといった受け身の姿勢では、真に支援の必要な企業との接点が作れないものと思われる。

特に、9割の中小企業には顧問税理士がいる。その税理士は日常的に企業と接点を持っている。税理士と金融機関が緊密な連携することで、企業支援策の浸透が可能になることに期待したい。

本章は、科学研究費（15H03366、16H02027、17H02533）、神戸大学社会システムイノベーションセンタープロジェクト、および、家森がファカルティフェローをつとめていた経済産業研究所における共同研究の成果の一部である。

注
1　金融庁「企業ヒアリング・アンケート調査の結果について―融資先企業の取引金融機関に対する評価」 2016年5月23日。
2　「中小企業に対する金融経営支援に関する調査」の結果は、家森・海野（2017）において公表しているので、参照して欲しい。
3　金融リテラシーに関しては、家森・上山（2018a, b）を参照して欲しい。
4　実際、各質問の正答率をクラスター分析によって分類してみると、①～③、④、

⑤〜⑩の三つのクラスターに分類できた。

5　日本の学校における金融経済教育の最近の動向については、家森（2017）を参照して欲しい。

6　例えば、日本政策金融公庫の特別貸付「新事業育成資金」は、高い成長性が見込まれる新事業に取り組む中小企業を支援する融資制度であり、企業が新たに発行する新株予約権を日本公庫が取得することにより無担保資金を供給する。成長企業の経営者ならこうした融資制度の活用を検討すべきである。

7　二択問題であるので、5点程度はとれるはずである。ゼロ点の人が非常に多いのは「わからない」を選ぶ人が多かったためである。これらの人は問題内容がまったく「わからない」のか、解答を考えるのが面倒なためなのかははっきりしない。

8　中小企業金融における会計の重要性については、坂本・加藤（2017）を参照して欲しい。

9　スペースの節約のために、表には掲げていないが、メインバンクへの財務諸表の提出頻度を見ると、経営者金融リテラシーの水準がLV1（436人）である人たちの間では「1年に一度以上」の頻度で報告しているのが10.3％、またLV2（259人）で12.4％にとどまっているのに対して、LV3（425人）が26.6％、LV4（84人）では32.2％である。経営者金融リテラシーの高い人の方が、金融機関との良好な信頼関係を築くために努力していることがわかる。

10　表にはしていないが、「メインバンクの担当者は、貴社の数字に表れない強みについても十分理解してくれている」と評価しているのは、LV4（84人）では15.5％であるのに対して、LV1（436人）で1.6％、LV2（259人）で3.9％、LV3（425人）で8.9％であった。経営者金融リテラシーが高い人ほど、メインバンクによる自社に対する定性面での理解を評価している。

11　LV4の11.2％とLV1の6.5％との差異は片側10％水準で有意である。

12　メインバンク関係のメリットが感じられるのは経営が困難になったときであり、短期的には金利が安いというメリットを評価する企業経営者が多いのであろう。

13　家森（2016、2017c）、家森・米田（2017）などを参照して欲しい。

14　財務省「平成28年事務度国税庁実績評価書」（2017年10月）によると、法人

税における税理士の関与率は 88.7％であった。なお、所得税については 20.2％であったが、これにはサラリーマンの副業の申告なども含まれており、個人事業主の状況を示す数値ではない。
15　中岡・内田・家森（2011）が 2010 年に実施した中小企業アンケート（2703 社回答）によると、「公認会計士・税理士からのサービス」を受けている企業の比率は 93.2％で、当該会計士・税理士事務所との関係の継続期間は、平均で 19.98 年であった。
16　信用保証制度については、家森（2017a, b, d）を参照して欲しい。

参考文献
坂本孝司・加藤恵一郎編著（2017）『中小企業金融における会計の役割』 中央経済社。
中岡孝剛・内田浩史・家森信善（2011）「リレーションシップ型金融の実態（2）日本の企業ファイナンスに関する実態調査の後半部分の概要」『経済科学』第 59 巻第 2 号、1-27 頁。
家森信善（2015）「中学・高等学校における金融リテラシーと金融・保険教育の現状について―教員の意識調査に基づいて」『保険学雑誌』 第 630 号（日本保険学会創立 75 周年記念号） 9 月、139-159 頁。
――（2016）「カレントインタビュー―地域金融機関と連携して税理士は専門能力の存分な発揮を」『TKC』 No.527、12 月、12-18 頁。
――（2017a）「信用保証制度改革に対する誤解を正す」『金融財政事情』 5 月 29 日、38-41 頁。（2017a）。
――（2017b）「『信用保証』は金融仲介発揮の有力手段―中小企業経営の改善・発達の実現へ」『金融ジャーナル』7 月、20-23 頁。
――（2017c）「地域金融機関の役割と税理士との協働への期待」『TKC』 536 号、9 月、28-35 頁。
――（2017d）「信用保証協会の機能強化への期待」『信用保証』 No.133、9 月 19-25 頁。

──（2017e）「学校教育における金融経済教育の現状と課題」『証券アナリストジャーナル』第 55 巻第 12 号、12 月、6-14 頁。

家森信善編（2018）『地方創生のための地域金融機関の役割―金融仲介機能の質向上を目指して―』中央経済社、3 月。

家森信善・上山仁恵（2018a）「生活者の金融リテラシーと金融トラブル―2016 年・金融リテラシーと金融トラブルに関する調査をもとに」『生活経済学研究』第 47 巻、3 月、1-18 頁。

──（2018b）「学校での金融経済教育の経験が金融リテラシーや金融行動に与える影響―2016 年・金融リテラシーと金融トラブルに関する調査をもとに」『ファイナンシャル・プランニング研究』No.17、3 月、52-71 頁。

家森信善・海野晋悟（2017）「中小企業から見た中小企業に対する各種支援の取り組みの現状と課題―「中小企業に対する金融経営支援に関する調査」の概要報告」RIEB Discussion Paper Series No.2017-J09、7 月。

家森信善・米田耕士（2017）「中小企業支援における会計・法律専門家と地域金融機関の協働の実態と課題―2016 年専門家アンケート調査に基づいて」『国民経済雑誌』第 215 巻第 2 号、2 月、21-34 頁。

第8章　家計のリスク資産保有行動の地域差と金融リテラシー[1]

森　駿介

第1節　はじめに

　少子高齢化の進展や財政収支の赤字基調の継続、政府債務の累増などにより、社会保障制度の持続可能性への懸念が高まっている。公的年金の給付水準が将来的には切り下げられる可能性も小さくないと考えられることから、現役世代が老後の生活等に備えるための自助の資産形成の重要性は一段と高まっている。
　政府も、投資信託などの保有を通じた国民の資産形成を促す取り組みを続けている。例えば、金融庁は、国民の安定的な資産形成の促進の重要性をたびたび示しつつ、各種政策を推し進めている。2015年度税制改正により、企業年金のある企業の従業員、公務員等、専業主婦等の国民年金第二号被保険者も新たに個人型確定拠出年金（iDeCo）の加入対象となり、基本的には現役世代の全員がiDeCoに加入できるようになった。さらに、2017年度税制改正により、少額からの長期・積立・分散投資を強く後押しする観点から積立方式の少額投資非課税制度（つみたてNISA）が創設されている。また、金融事業者に対して「顧客本位の業務運営」の確立と定着を金融庁は求めている。これに伴い、多くの金融事業者は投信ビジネスが顧客本位になっているかなどを客観的に評価でき

るようにするための成果指標（KPI）を公表している。

　これとは別の文脈でも、政府は家計のリスク資産保有を促してきた。例えば、2014年6月に公表された「『日本再興戦略』改訂2014」では、「豊富な個人金融資産が成長マネーに向かう循環を確立するため」に、2014年から買い付けが可能になった少額投資非課税制度（NISA）の普及を促進することや投資家の裾野拡大を図るために金融経済教育を充実することが掲げられている。それ以前にも、株式の売買委託手数料自由化、銀行による投資信託の窓口販売解禁、証券・金融税制の緩和などがなされている。家計の資産形成を促すという側面だけでなく、家計金融資産からのリスクマネー供給という政策目的からも、リスク資産の保有が促されてきたと言える。[2]

　しかし、日本の家計の株式や投資信託の保有は着実に進んでいるとは言い切れない。例えば、日本銀行「資金循環統計」によると、この5年間で家計の金融資産に占める株式等や投資信託などのリスク資産の比率は、2012年末（約11％）から2017年末（約15％）にかけて上昇してはいるものの、家計がリスク資産の保有を積極化させたというよりは、資産価格の上昇によるところが大きい。実際、株式等と投資信託のフローの合計では同期間に15兆円程度の処分超となっている。また、他国と比較した日本の家計の金融資産の保有行動の特徴として、ポートフォリオに占める現金・預金比率が高く、株式や投資信託などのリスク資産の比率が低いことが挙げられる。日本銀行「資金循環の日米欧比較」によると、2018年3月末時点での現金・預金比率は日本では50％を超える水準であり、米国（約13％）やユーロ圏（約33％）の家計と比べて高い水準となっている。また、日本の家計の金融資産に占める株式や投資信託の比率は15％程度であり、米国（約48％）、ユーロ圏（約29％）と比べても低い水準となっている。

　日本の家計がリスク資産保有に消極的な理由はいくつか考えられる。例えば、吉井（2017）は、国際比較により中古住宅の流動性と家計の金融資産に占める株式・投資信託比率には負の相関があることを示したうえで、中古住宅の低流動性や家計の住宅ローン負担が、日本の家計のリスク抑制的な資産選択行動

第8章　家計のリスク資産保有行動の地域差と金融リテラシー

の背景の一つであると指摘している。また、歴史的に見ると、マル優制度などの間接金融を優遇する税制や適用金利・流動性が高い定額貯金の存在などにより、日本の家計の預貯金保有が定着した可能性があることも示している。他にも、リスク資産保有を促すために金融リテラシーを高めるべきという提案はしばしばなされるものの、福原（2016）は、ドイツのように金融リテラシーが相対的に高い国であっても金融資産に対するリスク資産比率は日本より少し高い程度に留まっており、国単位のマクロベースで見た両変数の間には明確な関係が確認できないことを指摘している。

　ここまで、主に国単位での家計の資産選択行動について見てきたが、国内の「家計の資産選択行動」には地域差はあるのだろうか。また、地域差がある場合、その背景を説明する要因は何であろうか。

　初めに、総務省「平成26年全国消費実態調査」から、家計のリスク資産保有行動の地域差の有無を見ていく。まず、世帯当たりで見た金融資産に占める株式・株式投資信託のシェア（世帯当たり株式等シェア）を確認すると、全国平均は約10％だが、千葉、東京、京都では15％前後と比較的高い水準である（図表8-1・上図）。他方で、三大都市圏以外の地方圏の道府県では世帯当たり株式等シェアが鳥取を除いて全国平均を下回っており、福島、新潟、大分、鹿児島、北海道など同比率が4％を下回る県も存在する。世帯当たり株式等シェアには地域差があるように思われる。

　家計のリスク資産保有行動については、上記以外に、「リスク資産を保有しているか否か」という観点もある。そこで都道府県ごとで株式・株式投資信託を少しでも保有する世帯の割合（株式等保有率）を確認すると、全国平均では約20％であるが、こちらも三大都市圏では相対的に高い水準であり、奈良は29％と最も高い（図表8-1・下図）。三大都市圏以外においては、「世帯当たり株式等シェア」で全国平均を下回っていた富山、広島、香川が20％を超える高い水準となっている。他方で、北海道・東北地方や九州・沖縄地方では全国平均を大きく下回っている道県が多い。最も低い沖縄は5％であり、20世帯に1世帯しか株式等を保有していない計算になる。リスク資産の保有の有無

図表 8-1　都道府県別の世帯当たり株式等シェア（上図）・株式等保有率（下図）（2014 年）

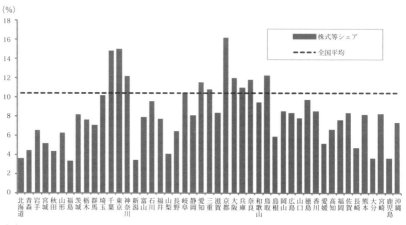

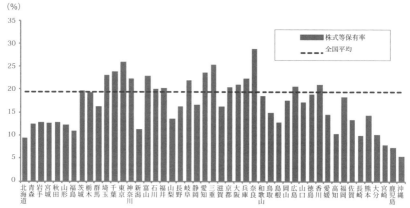

注：1　総世帯。
　　2「世帯当たり株式等シェア」は、家計の金融資産に占める株式・株式投資信託（株式等）の割合。「株式等保有率」は株式等を少しでも保有する世帯の割合。
出所：総務省「平成 26 年全国消費実態調査」より大和総研作成。

第 8 章　家計のリスク資産保有行動の地域差と金融リテラシー

についても、地域差はあると思われる。

　本章では、このような家計のリスク資産保有行動の地域差をもたらす要因分析を行うことを目的とする。また、金融リテラシーの高低がリスク資産保有行動の地域差を説明しうるかという点も同時に検討する。次節ではリスク資産保有の地域差をもたらす要因候補を列挙し、家計のリスク資産保有行動との関係を確認する。第 3 節ではそれらの要因候補をもとに、都道府県別の株式等保有率を対象にした分析とそこから得られる含意を示す。なお、本章では「リスク資産」は特に断りのない限り「株式・株式投資信託（株式等）」を指している。

第 2 節　家計のリスク資産保有の地域差を生み出す要因

1. 金融リテラシーとは何か

　家計の資産選択行動に影響を与える要因として、しばしば「金融リテラシー」が挙げられるが、そもそも金融リテラシーとは何であろうか。OECD（経済協力開発機構）の定義によると、金融リテラシーとは、「金融に関する健全な意思決定を行い、究極的には金融面での個人の幸福を達成するために必要な、金融に関する意識、知識、技術、態度および行動の総体」である(3)。つまり、金融リテラシーは単なる金融知識の多寡だけではなく、より良い金融の意思決定を行うための手段や実践的な能力を指すと考えられる。

　金融リテラシーの重要性が意識されるようになった契機の一つが、2007 年からの世界金融危機である。金融リテラシーが低い米国の中低所得者層に対して、住宅ローンの貸し込みを行った、いわゆる「サブプライム問題」が顕在化したことにより、消費者保護のための規制の導入だけでは不十分だという認識が広がった。米国では 2011 年に金融教育に関する国家戦略が全面改訂され、NPO 等も巻き込んだ金融教育の充実化が進められている。また、2012 年には OECD/INFE（経済協力開発機構／金融教育のための国際ネットワーク）が「金融教育のための国家戦略のためのハイレベル原則」を発表し、世界各国で政府

が取るべき金融教育政策の基本原則が示された。

　日本においても、金融庁により 2012 年に「金融経済教育研究会」が設置され、金融経済教育の在り方について検討がなされた。それを受けて、2014 年にはライフステージごとに「生活スキルとして最低限身に付けるべき金融リテラシー」をまとめた「金融リテラシー・マップ」が策定されている。また、2016 年には「金融リテラシー調査」が金融広報中央委員会により実施された。「金融リテラシー・マップ」の体系を踏まえ、複利や物価上昇、金利と債券価格の関係などの金融知識を問う正誤問題や、金融態度・判断などを問うアンケート調査を 18 〜 79 歳の 25,000 人に対して行なった大規模調査である。また、米国 FINRA（金融業規制機構）や OECD など海外の機関による金融リテラシー関連の調査と比較できるように、共通の設問もいくつか含まれたものとなっている。海外調査と比較すると、日本の正誤問題の正答率はドイツ、英国、米国などに比べても幾分低い水準となっている。

　また、「金融リテラシー調査」は、都道府県別の「正誤問題の正答率」も公表している。回答者全体の正答率の平均は 55.6％ だったが、奈良や香川、京都のように 60％ 付近の県もいくつかある一方で、山梨のように 50％ を下回る県もあり、都道府県別の正答率は 48 〜 61％ に分散している。

2. 金融リテラシーと家計のリスク資産保有行動

　家計が株式や投資信託等のリスク資産を保有しようとすると、資産価格に影響を与えうる情報の収集・分析やそれらに基づく投資判断を行なったり、有価証券投資に関する税制の理解が必要だと考えられる。このような情報収集を行う能力や金融知識などの「金融リテラシー」の取得は、リスク資産の保有における「参加コスト」になると考えることもでき、金融リテラシーが低い家計のリスク抑制行動に繋がっているかもしれない。

　実際に、金融庁（2016）は、「有価証券投資が必要」だと思うのに投資をしない理由を投資未経験者に聞いたアンケート調査の結果から、投資の知識が不十分であることや投資は損をしそうで怖い、有価証券の購入方法を知らないこ

第 8 章　家計のリスク資産保有行動の地域差と金融リテラシー

図表 8-2　有価証券投資が必要だと思うのに投資をしない理由（投資未経験者）

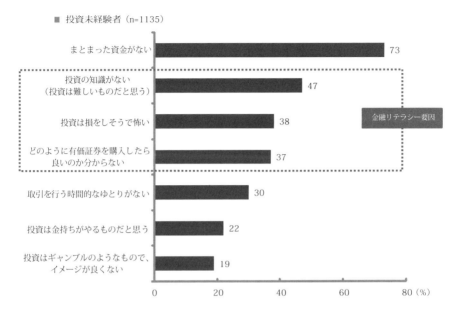

注：金融庁が 2016 年に外部委託により行ったアンケート調査。複数回答。
出所：金融庁「平成 27 事務年度　金融レポート」より大和総研作成。

となど金融リテラシーに関連するような回答が一定数存在することを指摘している（図表 8-2）。また、最も多かった「まとまった資金がない」という回答に関しても、「投資信託なら少額でも投資できる」ということを知らない人がいることも考えられ、この回答も金融リテラシーに一部関連している項目と捉えることもできる。

先に触れた「金融リテラシー調査」により測定された金融リテラシーの程度と家計のリスク資産保有行動について確認すると、「正誤問題の正答率」の最も高いグループ（100 点満点で 84–100 点）のうち、約 55％が株式の購入経験があると回答している（図表 8-3・左図）。一方で、最も低いグループ（100 点満点で 0–24 点）では、10％程度の人しか株式の購入経験がなく、金融リ

図表 8-3　正誤問題の正答率と株式投資との関係（2016 年）

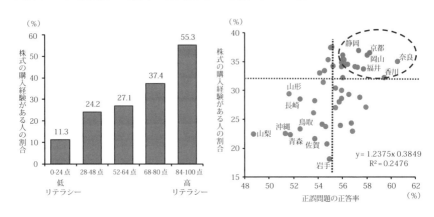

注：1 都道府県別データ。
　　2 左図は「金融リテラシー調査」の正誤問題の正答率で 5 分類したグループにおいて株式の購入経験がある人の割合を見たものである。
　　3 右図の破線は全国平均。
出所：川村（2016）、金融広報中央委員会（2016）より大和総研作成。

テラシーと株式の購入経験には一定程度の関係があるように見える。また、「正誤問題の正答率」と「株式の購入経験がある人の割合」を都道府県別に見ると、確かに京都、奈良、岡山など正答率が高い都道府県では株式の購入経験がある人の割合も高いように見える（図表 8-3・右図）。ただし、全体で見ると決定係数は高くなく、説明力が大きいとは言えない。

また、いくつかの実証研究では、金融リテラシーの代理変数として最終学歴を用いて、教育水準の高い世帯主の家計ほど、高い金融知識や情報分析能力を持つため株式を保有する確率が高い傾向があることを指摘している。実際に、都道府県別の株式等保有率と教育水準（ここでは、「大卒以上人口比率」を用いる）との間には正の相関が確認できる（図表 8-4）。世帯当たり株式等シェアと大卒以上人口比率の間にも正の相関が確認できる。

ここでは、「金融リテラシー」の代理変数として、「正誤問題の正答率」と「教育水準」を検討したが、どちらも代理変数として用いるにあたり留意点がある。

第 8 章　家計のリスク資産保有行動の地域差と金融リテラシー

図表 8-4　家計のリスク資産保有行動と大卒以上人口比率

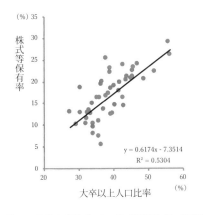
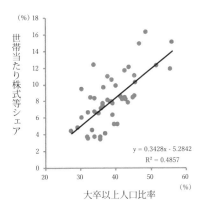

注：1　都道府県別データ。株式等保有率、世帯当たり株式等シェアは総世帯。
　　2　大卒以上人口比率は 2016 年。株式等保有率、世帯当たり株式等シェアは 2014 年。
出所：金融広報中央委員会「金融リテラシー調査」(2016)、総務省「平成 26 年全国消費実態調査」
　　　より大和総研作成。

　まず、変数としての「教育水準」は金融リテラシー以外の要素も含んでいるかもしれない。例えば、教育水準が高い人は所得額や資産保有額も相対的に大きい傾向にあり、これらがリスク資産保有行動に影響している可能性もある。さらに、教育水準が高い人がリスク資産を保有する傾向にある背景には、「金融リテラシー」が高いというよりも、交友範囲に株式投資を行う人が多いという「ピア効果」が働いているという経路も考えられる（祝迫他（2015））。

　「正誤問題の正答率」についても、リスク資産保有に影響を与えうる「金融リテラシー」の程度を正確に反映したものではない可能性がある。例えば、有価証券投資が必要だと思う投資未経験者の約 4 割が、投資をしない理由に「どのように有価証券を購入したら良いのか分からない」と回答していた（前掲図表 8-2）が、このような証券投資に関する、より実践的な知識の有無に関する設問は「金融リテラシー調査」には存在せず、「正誤問題の正答率」からは捕捉できない。また、「金融リテラシー調査」を含む国内外の金融リテラシーを

測定する調査では、ほとんどの場合、標準的質問とされる金利計算、インフレの影響、分散投資に関する質問を行っているものの、それ以外にどのような設問を含めるかはそれぞれの調査や調査目的によって異なっている。「金融リテラシー調査」の設問は、家計のリスク資産と金融リテラシーの関係の測定を第一の目的にしたものではないため、両者の関係を測定するために設問が最適化されているわけではない、ということも留意点である。

3. 家計のリスク資産保有行動の地域差を生み出すその他の要因候補

　金融リテラシー以外に家計のリスク資産保有行動の地域差を生み出しうる要因として、第一に地域ごとの就業構造の違いが挙げられる。例えば、第一次産業（農林漁業）就業者は、一般的な会社員などと比べて収入の変動が大きいことなどから、資産運用の面でのリスクテイクがより難しいと推測できる。実際、世帯主職業別の家計のリスク資産保有動向を見ると（図表8-5・左図）、世帯主が農林漁業就業者である世帯は民間企業で勤務する世帯よりも金融資産残高が大きい一方で、株式等保有率や世帯当たり株式等シェアは低いことが分かる[6]。また、都道府県別で見ると、農林漁業就業者比率が相対的に高い都道府県ほど株式等保有率が低い傾向にある（図表8-5・右図）。以上より、就業構造の違いも家計のリスク資産保有の地域差に一定程度影響を与えている可能性が示唆される。

　第二の要因候補として、年齢が挙げられる。家計の資産選択とライフサイクルには密接な関係がある。例えば、米国などでは、ポートフォリオに占める株式シェアは年齢が上がるにつれて上昇するが、40歳代後半から50歳代あたりでピークを迎え、その後は低下するという特徴があることが分かっている（祝迫〔2012〕）。高齢になると株式のポートフォリオに占めるシェアが低下する背景には、高齢になると、リスク回避度が高まることが考えられる。現役世代であれば、株式等の評価損を被っても、退職時期を遅らせる等により労働所得を増やすことでカバーできうるが、高齢者にはそれが困難であるためである。このような年齢構成の違いが家計のリスク資産保有行動の地域差をもたらして

第 8 章　家計のリスク資産保有行動の地域差と金融リテラシー

図表 8-5　就業構造と家計のリスク資産保有行動の関係

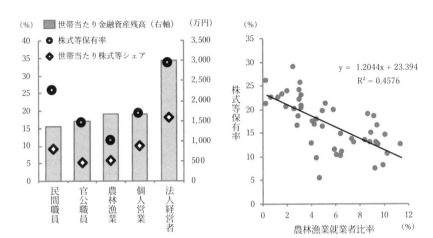

注：1　左図は二人以上世帯。右図は総世帯、都道府県別データ。
　　2　左図は 2014 年。右図は、株式等保有率が 2014 年。農林漁業就業者比率は 2012 年。
　　3　「金融資産残高」は総務省「全国消費実態調査」の「貯蓄現在高」を指す。
出所：総務省「平成 26 年全国消費実態調査」、「平成 24 年就業構造基本調査」より大和総研作成。

いる可能性がある。

　第三に、十分な資産を有するか否かという要因も考えられる。リスク回避的な家計であっても、少しでもリスク資産を保有しておくことが望ましいとされる[7]。その一方で、多くの家計が株式等のリスク資産を保有していない背景の一つとして、流動性制約に陥ることを避けるために一定程度の流動性の高い資産を保有することを家計が選好していることが考えられる。例えば、子供の教育資金や住宅取得のための一時金として一定水準の資金が必要だと家計が考えると、金融資産をリスク資産として保有するより、預貯金などで保有することを選択するかもしれない。そのため、一定水準以上の余裕資産を有する家計が多い地域の方が、リスク資産の保有も進んでいるかもしれない。保有する金融資産が 4,000 万円以上の世帯をそのような世帯とここでは定義すると、「金融資産 4,000 万円以上世帯比率」が高い東京、千葉、奈良などでは株式等保有率

図表 8-6　家計のリスク資産保有行動と金融資産 4,000 万円以上世帯比率

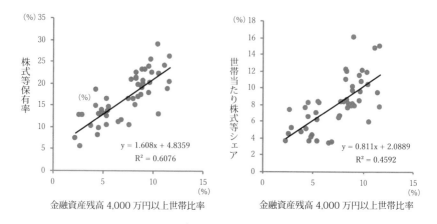

注：都道府県別データ。総世帯。2014 年。
出所：総務省「平成 26 年全国消費実態調査」より大和総研作成。

図表 8-7　証券会社等の身近さと株式等保有率の関係（2014 年）

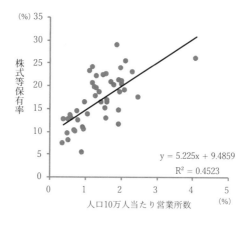

注：1　総世帯。都道府県別データ。
　　2「金融アクセス」はここでは人口 10 万人当たりでの日本証券業会員の営業所数を用いている。
出所：総務省「平成 26 年全国消費実態調査」「人口推計（平成 26 年 10 月 1 日現在）」、日本証券業
　　　協会「会員の都道府県別営業所数等一覧（2014 年 12 月末日現在）」より大和総研作成。

も高い傾向にある（図表8-6左図）。都道府県単位でみた両変数の相関係数も0.78と高い。「金融資産4,000万円以上世帯比率」と世帯あたり株式率シェアについても同様の関係が見られる（図表8-6右図）。

　第四に、金融機関の身近さや投資に関する情報の得やすさなどの「金融アクセス」の状況もリスク資産保有行動に影響を与えているかもしれない。金融アクセスの代理変数として人口当たりの日本証券業協会の会員の営業所数（人口当たり証券会社営業所数）を用いると、株式等保有率との間には正の相関が確認できる（図表8-7、相関係数は0.67）。証券会社等の金融機関が物理的に身近だと、営業員との接触頻度が高まることや投資に関する情報が得やすいことなどを通じてリスク資産保有への「参加コスト」が低下する可能性がある。

第3節　要因分析

1. 株式等保有率の地域差に関する推計

　ここまで見てきた複数の要因が、家計のリスク資産保有行動の地域差をどの程度説明しているかを検討する。ここでは最小二乗法による簡単なクロスセクション分析を行なう。家計のリスク資産保有行動を表す変数として都道府県別の株式等保有率を用いる。変数の一覧は図表8-8の通りである。第2節で取り扱った変数の他に、資産・負債に関する要因として「預貯金残高」、「年収対比で見た負債残高（負債／年収）」を用いている。収入要因として、「年収」を変数として用いている。また年齢と株式等保有率の関係が第2節で指摘したように非線形の関係である可能性も考慮し、「年齢」に加えて「年齢（2乗項）」を変数として用いている。以上をもとに分析した結果が、図表8-9である。

　金融リテラシー要因に関しては、大卒以上人口比率が正で有意だった。教育水準の高さに起因する金融リテラシーの高さが株式等を保有する際の「参加コスト」を引き下げている可能性がある。ただし、先に述べたように変数としての「教育水準」には金融リテラシー以外の要素が含まれているかもしれない。

第Ⅲ部　アベノミクスと金融リテラシー

図表 8-8　変数表

分類	変数名	調査年	出所
従属変数	株式等保有率	2014	総務省「平成 26 年全国消費実態調査」
金融リテラシー要因	大卒以上人口比率	2016	金融広報中央委員会「金融リテラシー調査」(2016)
	正誤問題の正答率	2016	
就業構造要因	農林漁業就業者比率	2012	総務省「平成 24 年就業構造基本調査」
金融アクセス要因	人口 10 万人当たり証券会社営業所数	2014	日本証券業協会「会員の都道府県別営業所数等一覧（2014 年 12 月末日現在)」
資産・負債要因	預貯金残高（対数）	2014	総務省「平成 26 年全国消費実態調査」
	金融資産 4,000 万円以上世帯比率	2014	
	負債／年収	2014	
収入要因	年収（対数）	2014	
年齢要因	年齢	2014	
	年齢（2 乗項）	2014	

出所：著者作成。

そのため、次に「正誤問題の正答率」により測定される金融リテラシー要因と株式等保有率の関係を確認すると、どの推計モデルでも係数は正の値となっているが、統計的に有意な結果が得られなかった。

　就業構造要因に関しては、農林漁業就業者比率は負で有意であり、仮説通りの結果であったと言えよう。この結果は、第一次産業就業者は収入の変動が相対的に大きいことから資産運用におけるリスクテイクが困難になっているという仮説を補強するものであろう。金融アクセス要因としての「人口 10 万人当たり証券会社営業所数」は一部の推計モデルを除き、正で有意となっている。身近に証券会社などの金融機関があることは、株式等の保有の「参加コスト」

第 8 章　家計のリスク資産保有行動の地域差と金融リテラシー

図表 8-9　都道府県別の株式等保有率を対象とした推計

	(1)			(2)			(3)			(4)		
	係数	t値		係数	t値		係数	t値		係数	t値	
(定数)	-9.28	-2.621	**	-10.12	-2.947	***	-10.37	-2.626	**	-11.02	-2.882	***
大卒以上人口比率	0.287	3.271	***	0.276	3.226	***						
正誤問題の正答率	0.015	0.070		0.001	0.006		0.263	1.156		0.222	1.003	
農林漁業就業者比率	-0.378	-2.148	**	-0.397	-2.319	**	-0.618	-3.444	***	-0.621	-3.563	***
人口 10 万人当たり証券会社営業所数	0.014	1.848	*	0.012	1.680		0.020	2.431	**	0.018	2.162	**
預貯金残高（対数）	0.073	2.030	**				0.061	1.524				
金融資産 4,000 万円以上世帯比率				0.586	2.388	**				0.556	2.032	**
負債／年収	-0.019	-0.455		-0.014	-0.337		0.014	0.306		0.018	0.407	
年収（対数）	0.045	0.718		0.079	1.670		0.072	1.044		0.094	1.778	*
年齢	0.283	2.270	**	0.320	2.633	**	0.315	2.260	**	0.347	2.555	**
年齢（2 乗項）	-0.002	-2.255	**	-0.003	-2.592	**	-0.003	-2.247	**	-0.003	-2.522	**
調整済み決定係数	0.808			0.804			0.756			0.767		
サンプルサイズ	47			47			47			47		

注：1　従属変数：株式等保有率。
　　2　*** 1% 水準で有意、** 5% 水準で有意、*10% 水準で有意。
　　3　推計モデル (1) と (2) は、金融リテラシー要因の 2 変数を用いたモデル、推計モデル (3) と (4) は、「正誤問題の正答率」のみを用いたモデルとなっている。資産・負債要因の「預貯金残高（対数）」は推計モデル (1) と (3)、「金融資産 4,000 万円以上世帯比率」は推計モデル (2) と (4) でそれぞれ用いている。
出所：著者作成。

を引き下げる要因である可能性が示唆される。

　他にも、有意な結果が得られているものとして「年齢」や「年齢（2 乗項）」などの年齢要因が挙げられる。それぞれ「年齢」は正に、「年齢（2 乗項）」は負に有意となっている。ここからは、年齢が高くなるほど株式等保有率は高く

なるものの、増加幅は加齢とともに減少し、推計モデルによって異なるが一定の年齢をピークに株式等保有率は低下することが推察される。また、資産・負債に関する要因としては、「金融資産4,000万円以上世帯比率」についても統計的に有意な結果が得られた。前掲図表8-2からも、有価証券投資が必要だと思う投資未経験者の多くが投資を行わない理由に「まとまった資金がない」と回答していることから、投資をする余裕資産を持つと考えられる世帯の割合の高低も地域差をもたらす重要な要因であると分析結果からは導かれる。

2. 金融リテラシーと家計のリスク資産保有の関係

「正誤問題の正答率」で測定された金融リテラシーの高低では家計のリスク資産保有行動の地域差を説明できなかった。以下の3点がその理由となっている可能性がある。

(1) 株式の収益率の相対的な低さ

第一に、金融リテラシーが高いからこそ、リスク資産を保有しないことを選択する家計が日本には一定程度存在する可能性が挙げられる。

なぜなら、株式投資しない方が合理的と考えられるほどに、国内株の収益率は相関的に低下したためである。例えば、日米の株価指数の推移を比べると、米国のS&P500は1995年初の株価水準対比で見た2018年8月末の株価指数は6倍超の水準となっている一方、日本のTOPIXは同期間で約10%上昇した程度にすぎない。また、日本・米国の株価指数の週次（週平均）騰落率がプラスだった週の構成比を年代ごとに比較した土屋（2018）によると、TOPIXの週次騰落率がプラスになった週の構成比は1950年代以降でおおむね50～60%である一方で、米国のS&P500の同構成比は1950年代以降でおおむね70～80%となっている。

ここからは、米国の方が、国内株の長期投資をしやすい環境にあったと捉えることができるであろう。米国ではこのような持続的な株価上昇が投資の成功体験に繋がり、確定拠出年金制度の利用や年金以外の資産運用を促進したこと

第8章　家計のリスク資産保有行動の地域差と金融リテラシー

もしばしば指摘されている。他方、日本では、一定水準以上の金融リテラシーを有していたとしても、国内の株価指数の推移を知ったうえで、株式投資を躊躇する家計が多かった可能性もある。そうなると金融リテラシーの水準と株式等保有率の間には有意な関係が見出せなくなる。上記からは、政府が推し進めているコーポレート・ガバナンス改革など、企業の持続的な成長を促す仕組みも家計の資産形成の促進には有用と考えられるかもしれない。

（2）実践的な知識や投資自体への関心の方が資産形成をより促す可能性

第二に、「金融リテラシー調査」の正誤問題で測定される「金融リテラシー」と家計のリスク資産の保有を促進しうる「金融リテラシー」には隔たりがあることである。有価証券投資が必要だと思う投資未経験者が投資をしない理由のうち、約5割が「投資の知識がない」というものであった（前掲図表8-2）。ここでの「投資の知識」として想定されているものは金融リテラシー調査の測定している複利計算やインフレ、債券価格と金利の関係などとは異なる性質のものである可能性が考えられる。例えば、経済・金融の時事問題や個別企業・産業、税制、為替と株価の関係についての知識等が挙げられよう。また、第2節で述べたように、有価証券の購入方法を知っているか否か、ということも「正誤問題の正答率」で捉えきれていない「金融リテラシー」と言えるかもしれない。

また、有価証券の購入方法を知っている等、リスク資産の保有を促進しうる「金融リテラシー」があったとしても、そもそも興味がなければ投資をしないと考えられる。前掲図表8-2と同じ調査では投資未経験者に対して「有価証券への投資は資産形成のために必要ないと思う理由」についても聞いている。その質問の回答のうち約6割は「そもそも投資に興味がない」というものだった。複利計算やインフレに関する知識を有していても、リスク資産保有には興味がないという人も多いかもしれない。「貯蓄から資産形成へ」を進めるにあたってはいかに資産形成に関心を持たせるか、その必要性を理解させるか、という点も一考の余地がある。例えば、将来、公的年金に大きな改革（給付水準の引き下げや支給開始年齢の引き上げなど）が行われる可能性があることや自助努

力による資産形成の必要性をさまざまな主体が周知することが重要かもしれない。⁽⁸⁾

(3) 金融リテラシーとリスク資産保有行動の因果関係の特定の難しさ

第三に、そもそも、「金融リテラシーの高さがリスク資産保有を促進する」ということを示すのは容易ではない。金融リテラシーに関する研究はいくつか存在するが、ロイ他（Rooij, Lusardi, and Alessie〔2007〕）は、三つ程度の質問のみで金融リテラシーを測定している調査や金融に関する基本的な知識を尋ねる問題しか設けられていない調査も少なくないと指摘している。さらに、リスク資産保有行動との関係を示すためには「リスク資産保有後の学習により金融リテラシーが高くなっている」という逆の因果性が存在する可能性を考慮した上で分析する必要がある（いわゆる「内生性の問題」）。このような問題に対して、欧米の研究では難易度の高い正誤問題に複数回答させることで金融リテラシーを多面的に測定したり、過去の金融教育の受講経験を質問したりすることで逆の因果性の問題の解決を試みている。一方で、日本の家計を対象に金融リテラシーとリスク資産保有行動を分析した研究は少なく、逆の因果性や測定方法の問題に十分対処できている分析は本稿執筆時点ではほとんどないと思われる。⁽⁹⁾

例外として、高齢者に調査対象を限定した金融リテラシー研究である家森他（2018）からは、金融経済教育の受講経験があるグループの方が受講経験がないグループよりも投資経験者の比率がやや高いものの、一部の資産階層を除いて両グループの間に統計的な有意差は見られない。今後、金融リテラシーとリスク資産保有行動の間の因果関係の理解を深める上では、高齢者以外の対象も含めて、上述の課題に対応するための質問項目の見直しなど、金融リテラシー研究のさらなる蓄積と改善が必要だと思われる。

第8章　家計のリスク資産保有行動の地域差と金融リテラシー

第4節　おわりに

　以上の分析からは、「金融リテラシー調査」の正誤問題の正答率では家計のリスク資産保有行動の地域差を説明することはできなかった。背景としては、正誤問題により測定される「金融リテラシー」とリスク資産保有のボトルネックとなっている「金融リテラシー」に乖離がある可能性や、後者の意味での「金融リテラシー」が高くても株式投資などに興味がない人や国内株のパフォーマンスの低さから株式投資を躊躇する人が一定数存在する可能性などが考えられる。

　本章の分析が正しい場合、「貯蓄から資産形成へ」を進めるためには、金融経済教育など「金融リテラシー」を高める方策だけでなく、資産形成を促すそれ以外の方法も合わせて検討すべきと思われる。例えば、英国では知識を与える金融経済教育だけでなく、金融問題に国民が直面した際にアドバイスが受けられる環境を整えることが重要だという議論があり、実際に公的機関であるマネー・アドバイス・サービス（MAS）は電話やメール・チャットで貯蓄・年金・債務管理・投資などの金融に関するアドバイス提供を行っている。日本でも、「貯蓄から資産形成へ」の実現に当たって、どのように金融アドバイスを受けやすい環境を整備するか、ということも検討の余地があるかもしれない。

　本章の留意点としては、あくまで今回の分析から言えることは、金融リテラシーの高低により、家計のリスク資産保有行動の地域差を説明することは難しい、ということである。個人レベルにおける両者の関係については、第3節で述べた統計上の問題も含めて今後の課題としたい。

　ただし、分析の結果からは、教育水準や就業構造、金融資産が一定水準以上の世帯比率、年齢などの違いが家計のリスク資産保有の地域差を生み出していることが示唆された。各地域において家計の資産形成の促進にあたっては、これらの要因の地域特性の違いを踏まえた促進策が求められるであろう。

注

1 本章は、2017年12月に地方銀行協会で行われた「金融構造研究会」での報告・議論などをもとに森(2018)を大幅に加筆修正して本書に寄稿したものである。
2 ただし、それまで用いられていた「貯蓄から投資へ」という言葉を、金融庁(2016)「平成27事業年度金融レポート」で「貯蓄から資産形成へ」という言葉に変更したことに象徴されるように、近年では家計金融資産からのリスクマネー供給を行うという側面よりも、政府は家計の資産形成を促すという側面を強調しているように思われる。
3 邦訳については、金融広報中央委員会仮訳のOECD/INFE「金融教育のための国家戦略に関するハイレベル原則」(2012年6月)を参考にした。
4 「株式の購入経験のある人の割合」は、現在株式を保有していない人も含めた割合である。
5 例えば、北村・内野(2011)。
6 本章での「金融資産残高」は総務省「全国消費実態調査」の「貯蓄現在高」を指す。
7 少しでもリスク資産を保有することが望ましいのにもかかわらず、実際には保有している世帯が少数である現象は、"Stockholding Pazzle"と呼ばれている。
8 例えば、北村(2017)は、公的年金の給付水準の低下や支給開始年齢の引き上げの可能性が高いと考える人は、NISAやiDeCoなどの制度を知っている確率が統計的に有意に高いことを指摘している。
9 日本の家計を対象とした研究として伊藤他(2017)が挙げられる。ここでは、個票データによる分析から、金融リテラシーのうち特に債券価格や分散投資に関する知識が家計のリスク資産の保有行動に影響を与えている可能性が示されている。ただし、内生性の問題には対処されていない。一方で、内生性の問題に対処した上で金融リテラシーが高い人ほど、金融資産の蓄積を行っていることを示した研究として、Sekita(2013)が挙げられる。

参考文献

Rooij, M., A. Lusardi, and R. Alessie(2007)"Financial Literacy and Stock Market

Participation", NBER Working Paper No.13565.

Sekita, Shizuka (2013) "Financial Literacy and Wealth Accumulation: Evidence from Japan", Discussion Paper Series (Graduate School of Economics, Kyoto Sangyo University), No.2013-1.

伊藤雄一郎・瀧塚寧孝・藤原茂章（2017）「家計の資産選択行動―動学的パネル分析を用いた資産選択メカニズムの検証」日本銀行ワーキングペーパーシリーズ、No.17-J-2、4月。

祝迫得夫（2012）『家計・企業の金融行動と日本経済 ―ミクロの構造変化とマクロへの波及』日本経済新聞出版社。

祝迫得夫・小野有人・齋藤周・徳田秀信（2015）「日本の家計のポートフォリオ選択―居住用不動産が株式保有に及ぼす影響」『経済研究』66巻3号。

川村憲章（2016）「金融リテラシー調査にみる『損失回避傾向の強さ』」『月刊資本市場』372号、公益財団法人資本市場研究会、8月、32-37頁。

北村智紀（2017）「公的年金改革があると考える人はNISAやiDeCoに加入するか？―自助努力を進める可能性に関する実証分析」ニッセイ基礎研究所、2017年12月。

北村行伸・内野泰助（2011）「家計の資産選択行動における学歴効果 ―逐次クロスセクションデータによる実証分析―」『金融経済研究』第33号、日本金融学会、10月、24-45頁。

金融広報中央委員会（2016）「『金融リテラシー調査』の結果」6月。

金融庁（2016）「平成27事務年度 金融レポート」9月。

土屋貴裕（2018）「長期保有を促しやすい環境が整ってきた」大和総研レポート、8月。

福原敏恭（2016）「日米家計のリスク資産保有に関する論点整理」日本銀行、2月

森駿介（2018）「家計のリスク資産保有行動の地域差と金融リテラシー」『金融構造研究』第40号、金融構造研究会、6月、42-52頁。

家森信善・上山仁恵・柳原光芳（2018）「高齢者の金融リテラシー計測の試み―「高齢者の金融リテラシーと金融行動に関する調査」の概要報告」神戸大学経済経営研究所、5月。

吉井一洋（2017）「個人のバランスシート形成に影響を与えたと思われる政策」「『資

産の形成・円滑な世代間移転と税制の関係に関する研究会』中間報告書」資産の形成・円滑な世代間移転と税制の関係に関する研究会、11月、22-25頁。

第9章　地方における金融リテラシー格差[1]
——資産運用面の取り組みからみた考察——

内田　真人

第1節　はじめに

　わが国における金融商品・サービスは、1980年以降の金融自由化、1996年金融ビッグバン、2005年ペイオフ解禁、昨今のフィンテック台頭、キャッシュレス化など、高度化・複雑化しながら目まぐるしくかつ急速に進展している。この結果、資産運用における金融商品・サービスの選択肢は従来に比べて格段に広がってきているが、わが国の家計の資産運用構成をみると、預金・保険といった安全資産へ偏重する従来からの姿に変化が見られない。しかもこうした傾向は大都市圏に比べて地方において特に強い[2]。

　金融に関して新たに自己責任が求められ、国民にはリスク認識の必要性が、金融機関には説明責任がより強く意識されるようになり、金融リテラシーを身に付ける必要性が一段と強まってきている。国民の金融への関心は各種アンケート調査結果をみると、後述のように必ずしも低いわけではない。しかし、金融リテラシー、特に資産運用に関する理解力は海外に比べて十分とは言えず、特に、適切な資産運用、計画的な資産形成に必要な知識を個人で習得するには限界がある。金融広報中央委員会が2016年に行った金融リテラシー調査によ[3]

ると、金融知識、行動特性、考え方を採点した結果、OECD 加盟国平均（比較可能な 14 か国）63 点に対し、日本は 58 点であった。また、資金に関する長期計画の策定など金融取引の際に望ましい行動を選択した回答者の割合については、日本は比較対象となるドイツや英国を 7 ～ 17% 下回っていた。金融リテラシー、特に金融資産運用面における知識の不足は、今後地方を中心に最近緩やかに拡大しつつある金融資産格差の問題を深刻化させる可能性があり、金融無関心層を中心に改善に向けた対応が望まれる。(4)

では、金融資産運用の知識について地方ではなぜ大都市圏に比べて低いのであろうか。特に、金融広報中央委員会では生活スキルとして最低限身に付けるべき金融リテラシーの内容を具体化した金融リテラシー・マップを作成するなど全国に向けて金融広報活動を強化・拡充しているが、地方では多様化する金融の資産運用について、具体的にどのような広報が行われ、地域住民はどう受け止めているのであろうか。

以上の問題意識を踏まえた上で、本章では家計の資産運用面に焦点を当てて大都市圏と地方の金融リテラシー格差を考察する。また、リスク性金融資産の保有率や金融リテラシーの高い地域として東京都、低い地域として九州地方（特に福岡県、長崎県）、その中間に位置する地域として関西（大阪府、兵庫県）を取り上げる。そして現地ヒアリング調査を踏まえて、金融広報面での官民の様々な取り組みと住民のニーズとの関係を地域別に整理した上、課題と解決策について考察することを目的とする。

第 2 節　地方における金融知識と金融リテラシーの現状

わが国の家計金融資産は、明治以降、着実な増加を示し、2018 年度末には 1,829 兆円、GDP 比率では 3 倍以上に達している。また、2 人以上世帯の 1 世帯当たり貯蓄額（家計調査 2016 年）でみても 1,812 万円となっている。しかし、これを都道府県別（全国消費実態調査 2015 年）にみると、首都圏と

第 9 章　地方における金融リテラシー格差

地方では大きな地域格差があり、最高の東京都（2,998 万円）と最低の沖縄県（728 万円）では 4 倍以上の開きがある。また、過去 10 年間の預貯金の伸び率は全国 24％であるが、東京都の 43％に対し、九州では 19％（福岡県 22％、長崎県 13％）と東京の 3 半分以下に止まっている(5)。さらに、金融資産の構成をみると、現・預金、保険といった安全資産に偏っているが、地方でこの傾向が強い。世帯当たり金融資産に占める株式・投資信託といったリスク性金融資産保有比率を全国消費実地調査でみると、全国平均では約 10％であるが、三大都市圏（東京都 15％、大阪府 12％。兵庫県 11％）では比較的高いのに対し、九州では 7％（鹿児島県及び大分県 4％）である。

次に、国民の金融知識についてみてみたい。前述の金融リテラシー調査では都道府県毎に正誤問題 25 問の正答率が分析されているが、3 大都市圏でやや高い（関東 55.9％、近畿 55.8％）一方で、地方ではやや低いなど差がみられ、九州地方でも全国をやや下回っている（図表 9-1）。そして、同じ九州地方でも、正答率の高い鹿児島・熊本県、低い沖縄・長崎・宮崎県、中間の福岡・宮崎県と県毎に差が見られる。

質問項目をテーマ別に見ると、「家計管理」、「金融取引の基本問題」の正答率では九州は全国をやや上回っている。しかし、資産運用に求められる「資産形成」や投資を判断する際に身に付けるべき「金融経済の基礎」といったテーマについては、九州は全国や都市圏を大きく下回っている。資産形成では東京都 55％、近畿 56％に対して九州は 53％（長崎県 51％）、金融経済の基礎は東京の 51％、近畿の 50％に対して九州は 47％（長崎県 45％）である。また、家計管理や生活設計に関する授業などの「金融教育」については、「行うべき」との意見は全国平均で 62％と多いが、九州ではその傾向が強い（65％）。

次に、住民の金融知識の情報源について調べるため、金融に関心が高いと思われる東京都成城地域、関心が低いと思われる大分県中津地域の 2 地域でアンケート調査を実施した(6)（図表 9-2）。まず、a)「あなたは、金融経済に関する知識・情報を主にどこから得ていますか」の問いでは、どちらの地域も「マスメディア（テレビ、ラジオ、新聞、雑誌等）」との回答が約 3 割と最も多かっ

第Ⅲ部　アベノミクスと金融リテラシー

図表 9-1　金融リテラシーの地域格差（正誤問題正答率の比較）

金融リテラシーの分野		設問数	全国	東京	近畿	九州
家計管理		2	51	50.9	50	52.1
生活設計		2	50.4	49.9	50.5	50.4
金融知識	金融取引の基本	3	72.9	72.4	72.2	74.1
	金融経済の基礎	6	48.8	50.9	49.9	46.6
	保険	3	52.5	51.4	51.3	52.9
ローン・クレジット		3	53.3	52.9	53.8	52.9
資産形成		3	54.3	54.8	55.6	53
外部の知見活用		3	65.3	65.7	64.9	65.9
合計		25	55.6	55.9	55.8	55.2

注：回答の数字は 1,590 人に対する占率（％）を示す。
出所：金融リテラシー調査（2016 年）。

た。次に多かったのは、成城では「講演会・セミナーへの参加」の 23％であるが、同項目への大分県中津での回答はわずか数％に止まり、地方では講演会・セミナーが少ないことがわかった。一方、大分県中津では「ウェブサイト」に加えて、「家族・友人との会話（口コミ）」が 15％と高く、同項目は成城（6％）の約 2.5 倍になっていた。また、b）「まとまったお金を得とき誰に相談しますか」との問いに対しては、両地域とも「金融機関窓口での相談」、「家族・友人との会話」、「ウェブサイト」との回答が多かったが、そのほかの回答では、成城では「講演会セミナー」（9％）、「マスメディア」（9％）がみられたのに対し、中津でのこれらの項目への回答はわずか（数％）に止まった。以上の結果から、地方では、①金融取引に際して金融機関に相談する傾向が強い、②講演会・セミナーが少なく、家族・友人に頼る傾向がある点が確かめられた。

第 9 章　地方における金融リテラシー格差

図表 9-2　金融知識の情報源

①金融機関での相談　⑥家族・友人との会話
②講演会・セミナー　⑦学校の授業
③専門家への相談　　⑧どこで取得するかわからない
④マスメディア　　　⑨無関心
⑤ウエブサイト　　　⑩その他

（a）あなたは、金融経済に関する知識・情報を主にどこから得ていますか。
（三つまで複数回答可）

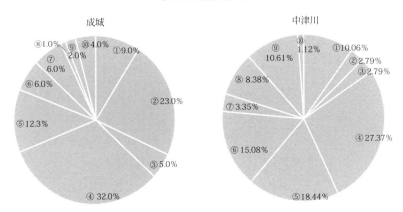

（b）まとまったお金を得たとき（退職金、遺産相続等）誰に相談しますか？

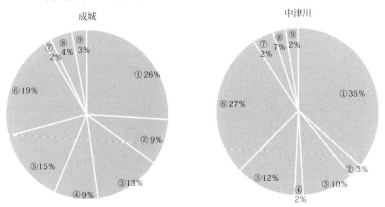

出所：著者作成（内田研究室で 2014 年実施、成城 41 名、中津川 96 名）。

第3節 金融広報の取り組み

1．金融広報取り組みの歴史[7]

まず、地方における貯蓄増強・金融広報の取り組みを歴史的に振り返りたい（図表9-3）。明治維新以降第二次大戦直後までの貯蓄推進期は、政府が強力に貯蓄運動を推進してきた。貯蓄運動は全国的に組織が整備され、地方では地方長官を中心とした貯蓄推奨地方委員会が設置された。そして、名望家や郵便局を拠点にしつつ、貯蓄奨励の組織化は当時強固に残存した村落共同体的な規制が活用された。多くの貯蓄組合は村ぐるみあるいは旧村落（大字）ごとに設立され、この組合によって、貯蓄だけでなく社会生活全般に対する相互監視もなされた。また、第二次大戦後からバブル期にかけての貯蓄増強期では、貯蓄推進委員会が中核となって活発に活動した。1947年に地方自治法第二条第三項に地方公共団体の責務事務として貯蓄の奨励が明記されたことに伴い、大蔵・自治両省の共同通達「地方公共団体における貯蓄奨励事務の推進について」が出され、地方公共団体と財務局及び財務部の協力関係がより緊密となった。各県には貯蓄推進委員が約30名配置され、貯蓄実践地区を全国で132地区設置、積極的に活動をしている地区には表彰される制度があった。また、全国過半となる2万校の中学校でこども銀行が設置され、子どもの頃から貯蓄を身に付けさせる教育が行われていた。一方、バブル後の貯蓄が高水準で緩やかに増加する時期では、金融広報中央委員会が貯蓄増強から金融広報に重点が変化し、民間がこれを補う形で活動の取り組みがみられている。ただ、以下にみるように、広報活動が分散化し、活動が拡充している三大都市圏と地方では地域格差が生じている。また、こども銀行が2007年に廃止され、金融を子供時代から身近に感じる機会が失われた。

2．現在の金融広報の取り組み

現在、わが国では地域における金融広報活動は、各地の金融広報委員会（以

第9章　地方における金融リテラシー格差

図表9-3　地方における金融教育・広報の推移

期間名	母体名	特　徴
貯蓄推進期〈明治維新〜第二次大戦直後〉	貯蓄奨励地方委員会	・貯蓄組合は旧村落毎設立、残存した村共同体規制を活用、貯蓄のみならず社会生活全般に相互監視 ・名望家・郵便局を軸に「国民に貯蓄させる」 ・郵便局は勤倹貯蓄演説会、貯蓄組合結成に貢献
貯蓄増強期〈第二次大戦直後〜バブル期〉	地方貯蓄推進委員会	・1947年の地方自治法改正第二条第三項第十七号（貯蓄推奨事務は地方公共団体の責務） ・各県貯蓄推進委員約30名、貯蓄実践地区132地区 ・こども銀行が全国小中学校2万校（過半占める）
金融広報期〈バブル後〉	金融広報委員会	・委員会は主に府県知事が会長、府県庁、日本銀行支店、財務局、県内金融機関から構成（活動内容は後述） ・金融広報中央委員会から地方に情報発信 ・こども銀行閉局・廃止（2007年）

出所：著者作成。

下、「各地委員会」）、地域の民間金融機関が中心になって取り組まれている。

　前者についてみていくと、まず全国的な組織として金融広報中央委員会があり、その構成は金融経済団体、報道機関、消費者団体等の各代表者、学識経験者、日本銀行副総裁等を委員として、関係省庁局長、日本銀行理事が参与、金融庁長官、日本銀行総裁が顧問となって日本銀行情報サービス局内で運営されている。また、各都道府県にはそれぞれの県に各地委員会があり、都道府県庁や市、財務省財務局・財務事務所、日本銀行本支店・事務所、金融経済団体、消費者団体等により構成されている。そして、①金融教育プログラムの提供など金融教育の支援、②金融知識の普及に向けた金融情報の提供に取り組んでいる。各地委員会は日本銀行支店または県庁に設置されている。どちらが主導しても活動目的・内容は同じであるが、県庁側に拠点が置かれる場合、組織が消費行動部署と一体化しており、消費者教育やトラブル対応といった側面にも重点が置かれる傾向があるのに対し、日本銀行に拠点がある場合はより金融そのものに重心が置かれている。(8)

具体的な活動としては、①の金融教育については、金融広報中央委員会が作成した資料・情報を活用するもの、県独自に取り組んでいるものに分けられる。前者については、2014年に最低限身に付けるべき金融リテラシーについて年齢層別に体系的かつ具体的に示した「金融リテラシー・マップ」が公表されており、これに沿った学校の授業で使える教材や関連するデータ・情報が数多く提供されている。また、金融教育関係の作文、コンクールも数々と行われている。後者については、金融教育に取組む学校に「金融・金銭教育研究校」を委嘱し、教育研究費の助成や講師派遣等で支援したり、金融教育の基本的な手引書『金融教育プログラム』など、学校段階に応じた教材とその指導書を無償で提供している。併せて学校への出前授業や金融教育の指導者向けセミナーを無料で提供している。

②の金融情報の提供については、金融広報中央委員会がインターネットを通じて有益な情報を中立・公正な立場から数多く提供している。テーマは金融教育指導者向け、金融知識を習得したい学生や社会人向けに細かく分けられており、国民は教育資金、住宅資金、老後資金など、ライフイベントに応じて知りたい金融情報を入手でき、テレビ・新聞・雑誌などで気になった言葉も検索で知識を身に付けることができる。また、広報誌として「くらし塾きんゆう塾」を年4回発行、著名人のインタビューや家計管理・生活設計のポイント解説、学校での金融教育の実践事例などが掲載されている。さらに、大学生、新成人、社会人、ファミリー向けなど年齢・ニーズに応じてパンフレットも無償で提供されている。一方、各地委員会では独自にホームページを開設し、金融関係の情報や資料・ビデオの紹介、イベント等の案内、生活設計診断を掲載している。また、ファイナンシャルプランナー、社労士、税理士、校長経験者等の金融広報アドバイザー（任期3年、再任可）を選出し、金融学習グループで講演・勉強会等に講師を派遣している。広報誌についても、地域の事情に配慮して写真・イラストを多数織り込むなど工夫した広報誌を発刊している。イベント等については、支店見学を随時受け入れて、日本銀行紹介DVD上映、銀行券の偽造防止技術の紹介、一億円模擬紙幣の重さ体験などを行っているほか、

第9章　地方における金融リテラシー格差

図表9-4　地域における金融広報の取り組み（福岡県の事例）

	県独自の主な取り組み	金融広報中央委員会の利用
金融教育活動	・金融教育・金銭教育研究校（講師派遣・授業・協議会）	・「金融リテラシー・マップ」の活用
	・教員セミナー、学生向け講座	・金融教育プログラムでの教材等活用（無償）
	・他団体との連携	・金融教育の作文・小論文コンクール
金融知識普及活動	・独自ホームページ（講演会・セミナー案内、講師派遣案内、資料提供）	・HPで金融教育指導者、社会人別に情報提供、関連サイトへリンク
	・金融広報アドバイザー派遣、講演・勉強会	・広報誌・パンフレットの発刊
	・刊行物での金融情報提供	
	・支店見学、関係団体行事の支援	

出所：ヒアリングを基に著者作成。

関係団体との協力体制を構築しながら、金融広報活動を地道に行っている（図表9-4）。

　次に、民間金融機関でも、銀行・証券・保険で活動内容は異なるが、様々な取り組みが行われている。まず、金融教育面では、金融機関が専門会社との連携または独自に作成した金融教材の活用により、小中高校へ講師を派遣する事例が多くみられる。また、地元以外の金融業界団体（東京所在）等も要請があれば講師を派遣している。大学生に対しては、寄付講座の開設やインターン生の受け入れ、職場見学・体験が行われている。

　金融広報面では、学生向けには夏・冬休みを利用した各種イベント、ロボットの活用によるクイズ形式の金融プログラム、エコノミクス甲子園などのイベントが行われている。加えて、一般向けにも、セミナー個別相談会のほか、地域の実情に応じて企業、商工会、警察学校等への研修等、独自プログラムが行

われている。

　こうした活動を実施する理由としては、①主として学生に対して正しい金融教育を習得してもらうこと、②地域との関係を深めること、③長期・継続的に行うことによる銀行業務・役割への理解を高める効果やイメージアップ効果による将来の取引の可能性を期待していること、との指摘があった。

　以上、官民の金融広報活動の取り組みを別々にみてきたが、全体を通じたテキスト・資料類についてまとめておきたい。各地委員会では金融広報中央委員会（知るポルト）の資料をホームページでリンクすることにより活用しており、これを補う形で必要に応じて都道府県独自の資料を作成している。一方、民間金融機関が作成するテキストは、主に小学生を想定しつつ初心者でも金融を身近に感じてもらうようなイラストを入れ、現場ならではの体験を随所に織り込んでおり、金融広報委員会資料の補完というよりは、地元県民ニーズを意識した構成や内容となっている。

3. 大都市圏と地方における金融広報の取り組みの差

　前節でみたように、わが国では各地方で官民がそれぞれの地域のニーズを勘案し、工夫を凝らしながら様々な金融教育・広報活動を行っている。しかし、大都市圏と地方ではその内容に差がみられる。本節ではヒアリング調査結果[11]を基に、大都市圏と地方における金融広報活動の違いを考察したい。なお、本節では大都市として東京都、地方の中核県として福岡県、地方の例として長崎県を選択した。大都市と地方の違いは主に講演・セミナーと金融広報担い手の2点が挙げられる。

　第一に、講演・セミナーについては、金融広報委員会や民間金融機関で開催しているが、地方では量質ともにかなり不足している。図表9-5は東京都、福岡県、長崎県における民間金融機関の開催している講演テーマを比較したものである。セミナー開催時期は2018年1月、開催先は三つの各地域で預金量の最も多い銀行、各地域で証券取引の最も多い証券会社の2先を選び、HP検索により整理した。その結果、以下の二つの特徴点が確認された。一つ目は地

図表9-5　金融広報の取り組み地域比較（東京・福岡・長崎のセミナー事例2018年1月）

	東京都23区	福岡県	長崎県
セミナー数	A証券 187回 B銀行 14回	A証券 2回 B銀行 7回	A証券 6回 B銀行 0回
株式	・株式の仕組み、NISAの活用法 ・低コストで効率的な運用を考えている人へ	・株式とマーケットの見方〜2018新春 ・ロボット・テクノロジー関連株ファンド	・知って得する積立投資の魅力 ・株式セミナー
海外	・2018年グローバルマーケットの見通し ・為替セミナー	（該当無し）	（該当無し）
その他	・社会の変化×問われる真価 ・世界を変革しうる新たな成長テーマのご紹介	・住宅ローン控除と家計の見直し ・どうなる？わたしの年金	・ホームトレードを使いこなそう！

注：A証券は3地域共通。
　　B銀行は地域で預金のもっとも多い金融機関。
出所：各金融機関HPを基に著者作成。

方では参加機会が制約されていた。すなわち、セミナー回数は東京が圧倒的に多く（東京23区201回、福岡県9回、長崎県6回）、東京都民は都合に応じていつでも参加できるのに対し、九州地方では回数が極めて限られた上、地域によっては開催日が週末のみになっていた。また、場所も東京では開催場所が多く選択できるのに対し、九州地方では開催場所の殆どが県庁所在地であった。二つ目に、テーマについては、東京では初歩的な内容から株式・海外動向、仮想通貨を含めた最新情報まで幅広い分野にわたって専門家から情報を得ることができる。これに対し、九州では年金制度など金融の入門的な内容、金融トラブル防止など身近な話題が多く、資産運用面で投資に参考となる専門的な知識を得る機会は限定的であった。その理由について、九州では県民ニーズが少ない（受講者が集まらない）ため企画が難しいとの意見があった。

　第二の違いは金融広報の担い手の差である。各地委員会はフィナンシャルプ

ランナー、社会保険労務士、消費生活アドバイザーなどの金融広報アドバイザーを擁しているが、資産運用面でアドバイスできるファイナンシャルプランナー保有者の人数は東京など大都市で多いのに対し地方では少ない。またファイナンシャルプランナー認定者数自体、全国で17万人（2017年7月）であるが、半数以上の9万人が関東圏となっている。また、東京では金融経済、学校教育等の分野の専門家が大学教授(12)も含めて多数おり、国民の多様なニーズにマッチした広報対応が可能となっている。

さらに、人材育成面でも、東京では教育関係者協議会が年10回程度開催され、専門家による豊富な体験に基づく意見・情報交換が行われている。また指導者層への働きかけなどの活動も活発で、時代の変化に対応した情報提供が行われている。しかし、地方ではこうした活動はほとんどみられていない。

このように、地方では県民は身近な家族・友人に相談したり、インターネットを通じて金融広報中央委員会（知るポルト）や金融機関等が作成する情報を収集している。一方でファイナンシャルプランナーなどのコンサルティングの利用、講演会・セミナーでの知識吸収、全国銀行協会など金融経済団体のインターネット情報の活用はきわめて限定的である。

第4節　金融リテラシー格差の課題と解決策

本節ではこれまでみた各地における金融広報の現状の考察から、地方における金融広報という視点から問題点を整理した後、課題解決に向けた方策を考察することとしたい。

第一の課題は、政府は貯蓄から投資へのスローガンを掲げ、2014年には少額投資非課税制度NISAを導入しているが、家計の金融資産の多様化をどのように達成するかについてのプロセスの検討が欠けている点である。特に人材の不足する地方では深刻である。

明治期以降の金融の普及は貯蓄を増やすことに重点が置かれていたため、専

図表 9-6　地方における金融知識習得の限界（概念図）

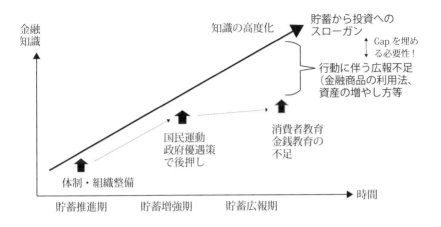

出所：著者作成。

門的な知識はさほど必要としなかった。しかし、バブル崩壊以降は金融自由化・高度化で金融商品が多様化・複雑化しており、金融取引に当たっては一定の知識が必要になっている（図表 9-6）。金融広報中央委員会では金融広報の在り方について幅広い視点で検討が重ねられ、豊富な資料・テキストを揃え、積極的に情報発信しているが、前節でみたとおり、九州地方では金融経済の基礎、資産形成に関する金融知識が不足しているとの結果が得られている。金融中央広報委員会の情報・資料を独学で理解して正しい知識を身に付けるにはかなりの困難を伴うことが現地調査で確かめられた。

　また、金融取引を相談する手段についても、明治期には身近に地方の名望家、郵便局といったキーパーソンや拠点の役割を果たす存在があった。しかし、現在、地方には大学教授、ファイナンシャルプランナーが極めて少なく、金融に関する情報源は取引先の金融機関か知り合いに頼らざるを得ない。その金融機関も地方では数が限られ、セミナー開催も身近なテーマが時々開催されているだけで、資産運用の投資に必要な情報収集という面では量・質共に不足している。身近な家族・親戚も地方では金融関係従事者が少なく、しかも知識は従来

型の金融知識で新しい動きを含む金融リテラシーを持つ人材は少ない。

　第二の課題は、地方において地域全体のコーディネーションが不足している点である。金融広報委員会や民間金融機関の個別の金融広報活動の取り組みは積極化してきているが、活動は金融機関毎にばらばらであり、広報の対象先が金融に関心を持つ知識層、金融資産を持つ富裕層など一部層に限られ、地域全体に広がりがみられていない。金融機関は地元の顧客ニーズに合わせて工夫を凝らしつつ独自にセミナーや教材を作成したり、積立預金など商品の説明をしているが、金融リテラシー・マップとの関連性が意識されていない。このため、例えばクイズ等を織り込んだ金融の入門的な内容、あるいは消費生活・トラブル対応など従来からの金融の諸課題へは対応されている一方、貯蓄の具体的な増やし方や新しい商品選択の説明、世界の経済情勢など余り触れられていないテーマもある。また、金融の基礎知識と金融商品の関係についての説明も不十分になっている。

　こうした問題を解決するには、地域における金融広報活動強化の検討と活動での官民連携が考えられる。各地委員会の構成メンバーをみると、前述のとおり県・市レベルの地方公共団体地方銀行、信用金庫など地域の主要民間金融機関、税務署さらに地域によってはマスコミ関係者が加わっている。しかし、現状は年1回の総会に参加し、定例の活動内容の実績報告、翌年度の計画などの情報交換に止まっている。金融広報を巡る環境が大きく変化する中で、金融知識の普及改善・拡充に向けた地域独自の課題や対応策といった議論は深まっていない。

　次に、連携については、地域における共催事業は地方公共団体と各地委員会イベントが僅かにみられる程度で、官民金融機関共催のイベント実績は殆どない。言い換えれば、投資を行う際に必要な金融商品の利用法、資産の増やし方など資産運用の行動面に関する広報が不足している。官民連携については、中立・公正な立場にある公的活動と営利目的を伴う民間活動との連携の在り方についてのコンプライアンス問題が指摘されるが、現状は厳格すぎるように見受けられる。

第9章　地方における金融リテラシー格差

　第三の課題は、地方における金融広報の発信拠点の少なさ、国民の認知度の低さである。拠点については、官民金融機関のほか専門家としてのファイナンシャルプランナー、金融学者も候補となるが、地方では限られている。その意味で、各地委員会自体の認知度の向上が必要であろう。

　金融広報中央委員会はウェブサイトで有益な情報発信しているほか、全国で様々な活動を行っている。しかし、家計の金融行動に関する世論調査によると、金融広報中央委員会の認知度は「活動内容まで知っていた」が約1％、「これまで見聞きしたことはあった」を含めても1割未満に止まっている。しかも、こうした傾向は2005年のアンケート調査開始以来、改善がみられていない。金融リテラシー調査によれば家計管理や生活設計についての授業などの「金融教育」については、「行うべき」との意見が6割以上となっているが、その手段の認知が低めに止まっている点が問題である。

　このように地方では三つの課題を抱えているが、2016年頃より金融関係者の間で金融リテラシーの取り組み強化に向けた新たな動きもみられた。きっかけは金融広報中央委員会が2016年に公表した金融リテラシー調査である。同調査は日本で初めて都道府県毎の分析も緻密に行われ、地域比較も可能となった。そしてこれをきっかけに、各県で金融広報の取り組み積極化に向けた変化が確認できた。第一に、各地委員会では、金融リテラシーの低い県中心に金融広報アドバイザー拡充の動きがある。複数の県でアドバイザー数を増やしており、専門分野も従来は消費生活アドバイザー、税理士などが中心であったが、新たなアドバイザーはファイナンシャルプランナーなど資産運用の専門家が多く含まれ、従来に比べて幅広い金融テーマに対応できる体制が整えられていた。この結果、セミナーのテーマも従来の金融トラブルなど消費生活だけでなく、最近は資産運用関連も増えている。第二に、民間銀行でも業者委託、独自のテキスト作成、金融知識が少ない若者向けセミナーの開催など金融リテラシー活動を開始・拡充させる動きが広がり、地方銀行のディスクロージャー誌等をみても経営陣の金融リテラシーへの認識が強まっている。

　以上の課題を踏まえた上で、最後に地方における金融リテラシーの広がりを

進める具体策として、以下の四点を提案したい。
　第一は、地方における金融広報取り組み体制の一体化である。具体的には、各地委員会を中核として、地方銀行などの民間金融機関、県庁などの地方公共団体がより緊密に連携を取り、金融広報の効果を高める戦略の策定が望まれる。例えば、現在各金融機関が作成している教材・セミナーは金融リテラシー・マップと明確に関連付けるとより効果が上がる。また、金融広報委員会が地方でも広く利用できる研修教材を作成したり、民間銀行の作成する資料の事例として金融広報中央委員会の資料を引用するとか、さらに詳しくは金融広報中央委員会資料の該当箇所を紹介するといった工夫である。また、民間金融機関で行うセミナー、イベントなどの諸情報は県の金融広報委員会からリンクでつながるようにすると、ワンストップで地域での諸活動が一目瞭然にわかり便利になるであろう。さらに、各地委員会は県庁、日本銀行の職員が兼職で行っているが人事異動が多く、専任職員を各県に置くとより強化される。
　なお、宮崎県では2017年より県金融広報委員会の全面的な協力の下、宮崎大学で金融に関する知識や判断力を高める4日間の集中講義形式で金融リテラシー講座を開講している。[13]講師は県教育長、銀行協会、経済同友会代表幹事、ファイナンシャルプランナー支部長、消費生活アドバイザーといった関係者に止まらず、九州財務局長、東京からの証券業協会専門家ゲスト講師も招いている。様々な側面から各分野の著名人から基本的な金融・経済の知識だけではなく、県の施策やライフデザイン、ライフプランの策定等も学べるようになっている。また、参加も学生、金融関係者だけでなく、一般参加者も無料で受講できる。このような取り組みの効果にも期待したい。[14]
　第二は、地方の金融リテラシーの低い人と最低限必要な求められる金融リテラシーとの間のギャップを埋めるため、新たなプログラムを追加的に導入することである。金融リテラシー・マップは前述のとおり金融に関心のある層には有効であるが、金融リテラシーが十分でない大多数の国民が独学で学ぶには厳しい内容である。そこで、地方から金融広報中央委員会に地方でのセミナー受講生の現状を伝える、各金融機関が作成して効果のあった資料を紹介するなど

第9章　地方における金融リテラシー格差

して、新たな大人向けの初心者プログラムを作成することが有効である。

　第三に、金融関係者以外に金融を理解できる人材を育成する必要がある。明治期は郵便局が役割を果たした。英国ではデジタルリテラシーの向上を目的にして、ロイズ・バンク（Lloyds Banking）の行員2万人が英国においてボランティアで毎年2人の顧客にデジタルスキルを教え込む取り組みを行っている。[15] 日本でも地方金融機関など金融関係者が毎年数名の顧客の金融リテラシー向上にコミットすることが考えられる。例えば、福岡県の場合、総人口507万人、世帯数211万世帯（いずれも厚生労働省人口動態統計2010年による）であるが、金融・保険従事者は5万6,706人である。地方金融機関の金融従事者が英国と同じように毎年数名ずつ県民に金融教育を行う取り組みを行えば、5年程度で普及に必要とされる2～3割の世帯で金融リテラシーの高いキーパーソンが育つ計算となる。[16]

　最後に、金融広報中央委員会の認知度向上に向けて官民協力してキャンペーンを行うべきである。これを実現するために、例えば金融庁、日本銀行ではインターネットを通じた発信強化、大臣・総裁等幹部による記者会見や重要施策についてのメディア向け広報、Twitterの活用などさらなる工夫が考えられる。民間金融機関でもホームページのリンクに金融広報委員会をつなぐことが効果的であろう。また各地委員会メンバーに参加しているマスコミ各社の協力も望まれる。

　金融リテラシーの向上は、運用益の恩恵を通じた消費喚起効果など、地方経済にも良い影響を与える。金融リテラシーは、単に知識を提供するだけではなく、特定の状況に適切なツールを選択し、学習成果を向上させて創造的な問題解決に取り組むスキルを育成することも含まれる。国民にとって必要な内容が明確化され、金融教育面でも様々なプログラムが用意されている。国民の金融に対する関心度も低くない。金融リテラシーの必要性は国民からも理解が得られている。このため、金融に関する既存知識や国民のニーズに応じて既存のプログラムが活用されれば、わが国の金融リテラシーの習得や資産運用の多様化の面で大きく改善するであろう。最近緩やかではあるが地方における金融リテ

ラシー活動は拡充されている地域がみられる。今後、資産運用を中心にこうした動きが定着・広範化するとともに、日本全体で成果が上がることを期待したい。

注
1 本稿作成に当たっては九州各県や東京都・大阪府・兵庫県の金融広報委員会、地方銀行の方々より多くの有益な情報を頂いた。また、アンケート調査は成城大学大学院（当時）奈良明佳の協力を得た。記して感謝申し上げたい。また、成城大学ブランディング事業からの研究補助を得た。
2 例えば森駿介・菅谷幸一（2016）参照。
3 日本の人口構成割合に合わせ、18～79歳の2万5,000人の個人を対象としたインターネットによるアンケート調査。設問は家計管理や生活設計、金融取引や保険などの金融知識を問う問題で構成されている。
4 この点はピケティが警告している。わが国でも金融資産格差は本書第2章で述べられているように東京都23区とその他地域の間で2000年以降徐々に拡大傾向にある。
5 2007年3月末から2017年3月末の10年間の伸び率。データは金融ジャーナル社金融マップ2018による。
6 調査回答は2地域それぞれの市民講座（成城は学びの森の受講生＜講座名「内田経済塾」＞41名、中津地域は中津公民館市民講座参加者96名）の会場で、講座の前後に文書に記入してもらう方法で実施した。
7 貯蓄運動・金融広報の歴史について詳しくは、内田真人（2018）参照。
8 九州では日本銀行が福岡など4県、県庁が熊本県など4県となっている。例えば熊本県では2015年度より4年間の消費者教育推進計画を策定し、ライフステージに応じた体系的な消費者教育の推進、効率的な消費者教育のための取り組みの推進を基本方針に挙げ、その中で金融教育を織り込んでいる。また、金融広報アドバイザーの派遣では悪質商法の注意喚起、トラブルの対処方法などのテーマが全体の8割程度を占めている。
9 金融広報については、全国銀行協会、生命保険文化センター、日本損害保険協会、

第 9 章　地方における金融リテラシー格差

日本証券業協会、不動産証券化協会、金融知力普及協会等が行なっている。また、地方への出前授業としては例えば 2016 年度に全国銀行協会が福岡市内の中学校へ出前授業を実施している。

10　2006 年より開始された全国高校生向けの金融経済クイズ選手権。2016 年は 46 地方大会 447 校が参加、事前にテキストを勉強し、金融経済知識を身に付ける機会となっている。

11　2015 年 2 月、2017 年 11 月、2018 年 2 月及び 11 月に佐賀県を除く九州 8 県と大阪府・兵庫県の実地調査を行った。

12　平成 29 年度学校基本調査（文部科学省）によると、全国 780 大学を都道府県別にみると、東京都 168 大学に対し、福岡県 34 大学、長崎県 10 大学である。

13　4 日間の集中講義形式で全 15 回コマにより構成されている。2017 年より開始され、2018 年は 2/13（火）〜 2/16（金）開講となっている。

14　岩手大学でも同様の講座が開講された。

15　Lloyds Banking Group の 2015 年 4 月 2 日付プレスリリースによる。

16　Everett M. Rogers が提唱したイノベーション普及に関する理論では、商品購入の態度を新商品購入の早い順に五つに分類し、市場全体の 2 割弱が採用した商品は追随者が増えると主張している。

参考文献

内田真人（2018）「金融リテラシーの考察（1）―貯蓄増強・金融広報活動の歴史と研究サーベイー」社会イノベーション研究第 13 巻第 1 号。

金融広報中央委員会（2016）「金融リテラシー調査」。

金融ジャーナル（2017）「全融マップ 2018 年」。

貯蓄増強中央委員会（1983）『貯蓄運動史』。

森駿介・菅谷幸一（2016）「地域視点で見た家計のリスク資産保有の状況―逐次クロスセッションデータによる実証分析」大和総研レポート。

Thomas Piketty（2013）"Le capital au XXIe siècle" Seuil（ピケティ・トマ著、山形浩生、守岡桜、森本正史訳『21 世紀の資本』みすず書房）。

第IV部　アベノミクスと地方の現状

第10章　アベノミクスと青森県経済 *

今　喜典 **

第1節　はじめに──マクロ経済政策と地方創生

　青森県は関東圏、中京圏などの産業集積地域から地理的に遠隔な地方圏に属し、その産業・経済の構造と変動パターンは地方圏の各県と共通する多くの特徴を持つ。
　産業構造は第三次産業の生産額の比率が最も高く、青森市、八戸市、弘前市の三市を中心に県内に広く分布している。第二次産業の割合は他の東北各県と比較しても低く、八戸地域に素材系・ものづくり系製造業、水産加工などの食料品製造業が、また津軽地域には電子、電気関係の業種が集積している。農業の生産額は全国で第7位と大きく、また水産業も盛んであるが、第一次産業の県内生産に占める比率は約5％（2015年）である。
　経済の変動に目を移すと、青森県経済は「失われた20年」といわれる長期低迷が続いたわが国経済とおおむね同じ変動パターンをとっている。ITバブルの崩壊、リーマンショック、そして東日本大震災とたびかさなる大きなショックを受け、そのつど急激な収縮とそこからの緩やかな回復という波をくりかえしてきた。ただいずれの波に対しても青森県経済の回復の動きは全国より弱く、

このためさらに厳しい経済状況が持続した。実際、県内実質経済成長率の水準は、2000年以降、2006年を例外としてすべての年でマイナス、あるいはゼロに近い水準であった。この中でアベノミクスは青森県経済に対してマクロ経済政策としての効果と、「地方創生」という地域政策の効果という二つの面で影響を与えていると考えられる。

　まず、2013年からはじまった大胆な金融緩和は、国内全般に景気回復の基調的な傾向を作り出す大きな要因となった。その後も金融緩和政策が継続し、また財政政策が拡張的スタンスを維持し、さらに海外要因も好調であったことが後押しとなり、景気回復は2018年に至っても続いている。全国的な景気回復を受けて、青森県も景気回復に転じたが、その動きは全国の景気判断（内閣府など）よりタイミングが遅く、ようやく2015年以降になって、多くの県内金融機関などの景気判断は「緩やかに持ち直している」となり、その後さらに「緩やかな回復基調」へと移り、2018年もその傾向は持続している。

　アベノミクスのもう一つの面は、2014年に制定された「まち・ひと・しごと創生法」に具体化した「地方創生」であり、2016年にはローカルアベノミクスとして重点化されている。地域の人口減少の加速という現状に焦点を当て、人口減少対策を地域政策の最優先課題にあらためて設定しなおした。また地域振興の政策手法において、地域からの発案を重んじ、県や市町村に対して総合戦略と、それにマッチする人口の長期ビジョンの作成を求めた点も特色である。

　これを受けて青森県は2015年に「まち・ひと・しごと創生青森県総合戦略」と「長期人口ビジョン」を策定した。その中で、人口の社会減少対策として、「しごとづくり」と「住みやすさ」を重点とする政策パッケージを発表している。具体的内容は、「しごとづくり」として、農林水産業の成長産業化、医療・健康・福祉分野の成長産業化、環境・エネルギー関連産業の推進、ツーリズムの推進などを掲げている。

　地方創生のもっとも注目すべき点は、目標設定の次元にあると考えられる。それは、「まち・ひと・しごと創生法」第一条に明確に、地域の「人口の減少に歯止めをかけるとともに、東京圏への過度の人口集中を是正」することを掲

げて、人口減少問題を地域政策の目標の最優先に位置づけたことにあらわれている。

　その一方、政策手段については、地方からの発案を重視するというプロセスは特徴的であるが、具体的内容の多くは従来から国や県が実施している地域産業振興策と類似性が強い。当時、青森県はすでに2014年に作成した「青森県基本計画　未来を変える挑戦」を実施中であった。このような背景から、青森県は地方創生のため新たに作成した「まち・ひと・しごと創生青森県総合戦略」は既定の「青森県基本計画」の大枠の中にあるととらえ、これを「人口減少対策に係る施策について、数値目標や方向性等を記載した実施計画（アクションプラン）として位置づけ」ている。従って地方創生の具体的な政策は、既定の施策と重なり合って作用していることから、青森県について地方創生の政策効果を既定の各種施策の効果と分離して抽出することは現時点（2018年）ではむずかしい。

　本章では、青森県において2013年以降のアベノミクスによる拡張的マクロ経済政策の影響が「緩やかな景気回復」として顕現していることから、この景気回復効果の青森県への影響に焦点を当てる。さらにこの効果が青森県の人口流出にどのように作用しているかという視点から、この時期の産業、雇用及び人口流出の動きを俯瞰的に観察することにより、青森県におけるアベノミクスの効果を考える事例分析としたい。

　特に産業を移出需要タイプと域内需要タイプに分けて、国内景気が県内産業へ波及する様子を各種の統計データを用いて検討する。最後に青森県経済の緩やかな景気回復にもかかわらず、若年層を中心とする人口流出という課題は依然として深刻であることを示す。

第2節　青森県産業の変動チャネル――移出需要と域内需要

　アベノミクスによる景気回復が、青森県の産業活動を通じて青森県経済全体

に影響する主要なチャネルは、青森県からの移出・輸出にある。それはアベノミクスの主要なマクロ政策手段が、経済活動全般に幅広く作用を及ぼす金融政策であることによる。金利の低下と為替レートの円安は、国内の消費と投資、輸出の増加をもたらし、これらが全体として国内生産活動を活発にし、このことを通じて青森県産業が生産する財・サービスへの需要増加、すなわち移出・輸出の増加となったと考えられる。これに対して域内需要は人口減少や低い県内経済成長のため、景気回復の影響は弱い可能性がある。以下ではこのような対比に注意して検討する。

　本章では、移輸出のうちもっぱら移出に焦点を当てる[4]。青森県から移出される財は、農林水産物、食料品、各種の製造業製品の部品、原材料などで、生産過程からとらえると、最終消費財とその加工原料、工業品の中間財などである。移出入の規模は拡大の傾向にある。東北地方の各県と首都圏を結ぶ高速道路や東北新幹線など高速交通網の発達、情報通信技術の発展を背景として、年を追うごとに県境をまたぐ取引関係が年々密接になり、青森県と他の都道府県との経済活動の相互依存が高まってきたことを反映している。

　直近の青森県産業連関表（2011年）によると、中間財・最終財あわせた需要合計に対する移輸出割合は29.1％であり、また移輸入割合も36.3％に達し、およそ県内生産の3分の1は県外との取引になっているといえる。

　注目すべきは、2005年と比較すると、県外取引が6年間で大きく増加している点である。この間、移輸出は12.3％、移輸入は15.1％と高い水準の成長を示している。いずれも県内需要合計の伸び（3.3％）や県内生産額の伸び（1.5％）に比べて4倍から10倍の大きさである。経済活動の一体的な動きが強まっていることを示すといえよう[5]。

　主な産業部門について移輸出比率（最終需要に占める比率）と生産額を部門別に示したのが、「図表10-1　主な部門の生産額と移輸出比率（2011年）」である。産業部門は移輸出比率（折れ線グラフで表示）の高い順に並べている。この図からわかるように、各産業部門は移輸出比率の高い部門、移輸出と県内需要向け生産がともに相当程度高い部門及び生産される財・サービスのほとん

第 10 章　アベノミクスと青森県経済

図表 10-1　主な部門の生産額と移輸出比率（2011 年）

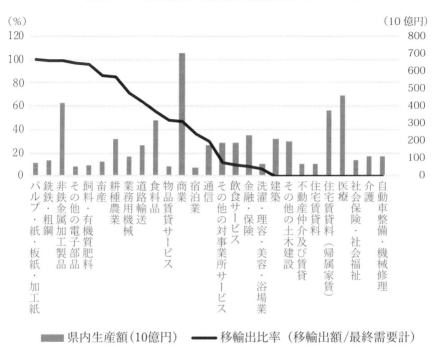

注：生産額 500 億円以上の部門を掲載している。
出所：青森県企画政策部『青森の経済構造――平成 23 年青森県産業連関表』より著者作成。

どが県内需要に向けられる部門の三つのグループに分けることができる。

　移輸出比率の高い部門グループは、パルプ、非鉄金属など素材系製造業、電子部品、業務用機械などのものづくり系製造業および畜産、耕種農業などの農産物であり、これらの移輸出比率は 70 ～ 100％に達する。つぎに域外と域内のいずれの需要者にも相当程度の財・サービスを提供する部門グループは道路輸送、食料品製造などであり、これらのほか商業、宿泊業も 4 割前後が外需である。このグループは、域内向けの食料品製造業とサービス産業が多い。移輸出比率が高いこれら二つのグループの生産額はそれぞれ生産額合計の約 20％と 30％をしめ、2 グループを合計すると、全体のおよそ半分をしめている。

一方、サービス産業の中でも、飲食サービス、生活関連サービスはほとんどが域内需要向けであり、医療、介護、自動車整備などはすべて域内需要である。これら域内需要を主体とする第三の部門グループ（外需比率30％未満の部門）の生産額の県内生産額に占める割合は約2分の1であり、第一、第二グループと比べて最も多く、青森県産業は域内需要に依存する程度が高いことがわかる。

以下では、移輸出比率の高いグループと低いグループのそれぞれの代表的産業の生産と雇用に着目して、アベノミクスによる景気回復の効果が移出産業と域内需要産業へ波及する様子を観察する。

第3節　主な移出産業の生産拡大

主な移出産業は、素材系・ものづくり系製造業、農林水産物とその加工を行う食料品製造業の一部である。また観光も大きな移出需要の構成要素であり、これは飲食、宿泊、交通などの県内需要を喚起する。

1.　ものづくり系製造業

青森県において素材系・ものづくり系製造業の発展は始動が遅く、1962年に八戸地域が新産都市の指定を受け、製紙、鉄鋼など素材系製造業の県外大手企業が進出したことから始まる。その後、繊維産業、加工組立主体の電子部品・電気機器産業など労働集約的な業種の工場が誘致され、県内全域に進出してきた。

しかし、1980年代からグローバル競争の激化による工場の海外移転や日本経済の低迷により、これらのうち繊維産業は激減し、またものづくり系産業も縮小を余儀なくされた。しかし、その重要性は変わらず、2014年現在ではものづくり系産業の従業者数は青森県の伝統的製造業である食料品製造業を超え、ウエイトは製造業の従業者約35％を占めるに至っている（『工業統計調査』[6]）。

第10章　アベノミクスと青森県経済

　ものづくり系産業のほとんどは誘致企業であり、事務用機器、医療用機器、電子部品、電気機械器具などが主な製造品である。大手企業と県外からの協力企業・工場、県内の協力企業・工場などが密接な取引関係を維持し、県内・県外を含む広域的な工業製品の取引圏の一部となっている。また青森県のものづくり企業は、県内での企業間の横のつながりが少なく、むしろ県外企業と一体化して、県外企業との取引に大きく依存している部分が大きい。[7]

　県外大企業はグローバル競争のもとで生産水準の変動が大きく、それが直接に県内企業の生産動向に支配的な影響を与えている。変動の大きい典型的な業種として、情報通信機械器具製造業があり、ITバブル崩壊からリーマンショックまでの時期にほぼ消滅している。これは八戸地域の大手系列のパソコン部品企業が撤退したことにより、県内協力企業も影響を受けたことによる。

　リーマンショック以降は、スマートフォン関連部品などの受注増加を反映して電子部品・デバイス・電子回路製造業が急速に成長している。また業務用機械器具製造業も、事務用機器（プリンタのカートリッジなど）や医療用機器（内視鏡手術処置具など）への高い需要を反映して伸び率を維持している。それぞれの最終製品市場の変動は業種によって大きく異なることから、県内企業の生産水準も景気動向のみならず業種に特有の大きな変動を見せている。[8]

　これらをまとめた県内製造業ものづくり系業種の生産額合計を示すのが、「図表10-2　製造品出荷額と現金給与の変化（ものづくり系と食料品製造業）」の左側のグラフである。アベノミクスによる2014年からの景気回復以降、国内生産活動の上昇に歩調を合わせて、ものづくり産業で製造品出荷額が3.9％から16.6％へと急上昇している。景気回復の効果が早い段階からものづくり系業種に及んでいることがわかる。しかし、同時に現金給与総額は逆に減少しており、景気回復の効果が賃金所得に反映されていないことは注目される。

2.　地域資源系の産業：農林水産業と食料品製造業

　移出比率の高いもう一つの業種群は地域資源系産業としてまとめることができ、それらの代表的な業種は、農林水産業と農林水産物を加工する食料品製造

第Ⅳ部　アベノミクスと地方の現状

図表 10-2　製造品出荷額と現金給与の変化（ものづくり系と食料品製造業）

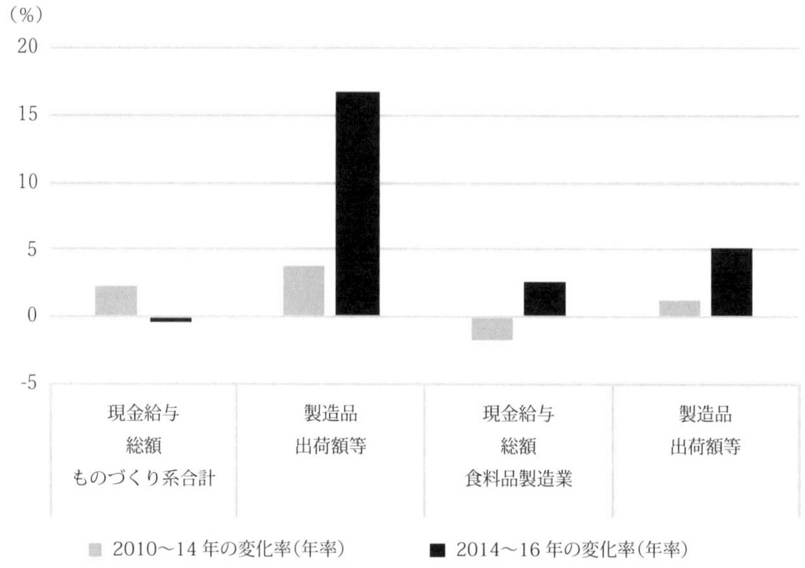

出所：経済産業省『工業統計調査（各年）』より著者作成。

業の一部である。これらは直接に生鮮食料品として県外・国外の消費者向けに出荷されるほか、加工食品の原材料として移輸出されている。

　農産物の産出額構成比は、米、野菜、果樹そして畜産がそれぞれ約4分の1のウエイトを占め（2016年度）、米への依存が低いのが特徴である。野菜、果樹の種類は多様で、その加工による新製品の開発も盛んに行なわれている。代表的事例としては、野菜ではニンニクの加工（黒ニンニク）、果樹ではリンゴの多様な加工（ジュース、ジャムなど）があり、いずれも県外への移出が多い。

　農林水産業産出額は2013年から次第に増加しつつあり、景気回復による国内の消費需要の下支えが影響していると推測できる。もっとも、農水産物の生産額は自然条件の変化に起因する供給サイドの要因によっても大きく変動する

（イカ、サバ、ホタテなど水産物の不漁、天候不順によるリンゴの収穫減少など）。最近では2015年から続くイカ・サバ不漁による加工原料不足と原料価格高のため、八戸市を中心とする水産加工業は大きな打撃を受けた。

　地域資源系産業のもう一つの代表である食料品製造業は、景気回復による生産の増加が顕著である。前出の「図表10-2」の右側のグラフに示すように、2014年から2016年にかけて製造品出荷額は、伸び率が1.3％から5.2％へと急伸している。また現金給与額はそれまでの減少から増加へと反転している。

　食料品製造業の製造品出荷額の増加について、その内訳に注目すると、部分肉・冷凍肉は8％、その他畜産食料品は14％の伸びで畜産関連製品の成長が著しい。また冷凍水産物、冷凍水産食品および冷凍調理食品も高い成長率である。これらはすべて、主に移出用に製造されている製品であり、2014年からの景気回復の影響を直接に受けていると考えられる。

　一方、主に域内需要タイプの食料品製造業の出荷額はこれと対照的で、不況期に減少していたが、景気回復期になっても増加に転じてはいない。代表的な業種はめん類製造業であり、不況期には急激に減少していた（－15％）のが、2014年からの期間では減少率が緩和した（－3％）ものの減少傾向には変わりない。同じパターンの動きは豆腐・油揚げ製造業、パン製造業にもみられる。これらの変動には、域内所得伸び悩みの影響のほか、し好の変化などを反映する需要シフトも含まれていると考えられる[9]。

　このほか景気の影響以外の事業形態の変化や消費生活スタイルの変化という要因をおもに反映しているとみられる食料品製造業種として、惣菜製造業や、すし・弁当・調理パン製造業があり、これらは時期によって増減いずれの方向にも大きく変動している。

　このように食料品製造業は、2014年からの景気回復により、畜産加工食品、冷凍水産物を中心とする移出向けの生産が急速に伸び、その成長率はものづくり系製造業に次ぐほどの高い水準である。一方、域内向けの食品製造は、域内での所得の伸びがみられないことや需要シフトを反映して、景気回復期にも生産を減少している業種が多い。

3. 観光

もう一つの重要な移出項目は観光サービス需要である。観光旅行需要は典型的な所得弾力的な消費項目であり、景気回復の効果が予想される。また2014年には北海道新幹線が新青森－新函館・北斗間で営業を開始するなど青森県の観光需要を高める出来事があり、これを観光需要拡大の契機とするため青森県などによる積極的な観光キャンペーンも行なわれた。

この時期の観光データから、おおむね予想通り、観光需要は増加していることが観察される。まず、青森県への入込客数（日帰り、宿泊）は東日本大震災で一時的に大きく減少したが、その後の2012年以降はおおむね持続的に増加している。このうち宿泊者（観光目的）は2013年ごろから伸び始め、その後はほぼ一定の水準を維持している。[10]

これを受けて、青森県における観光消費額も、2011年の東日本大震災後は横ばい状態であったが、2015年以降大きく増加し、2012年から2016年までの4年間で22％も増加している。この結果、2016年には、買物・土産品、宿泊費、飲食費がそれぞれ500億円前後、域内交通費が約270億円で、合計1,814億円となった（『（平成29年度版）青森県社会経済白書』）。

さらにこの時期になって顕著に表れた特徴として、海外からの外国人観光客（インバウンド客）の増加がある。円安によって、交通費、宿泊費が低下したほか、青森県発着の航空便の増加を図る青森県の施策など、海外からの観光客誘致活動が大きな効果をもった。外国人延べ宿泊客数は2014年には約7万人に過ぎなかったが、それ以降急増し、2017年には約24万人と3倍以上になっている。国別の観光客は航空便の利便性に強く影響され、これまで台湾、米国、韓国からの観光客が多かったのが、2017年に青森空港と中国・天津との間の定期便が就航したことから中国の観光客が急増している（「青森県観光入込客統計調査」）。

青森県の観光は、春季や夏季の大きなお祭り、イベントの時期に入込客が高い水準である一方、冬季には観光客数が大きく低下するという季節性を示していた。近年は、スキーのバックカントリー人気などから、冬季の入込数も

第 10 章　アベノミクスと青森県経済

2014 年頃から増加傾向を見せている。

　このようにアベノミクスは、景気回復による国内客の持続的な増加と、円安を一因とする海外観光客の増加をもたらしている。

第 4 節　主な域内需要産業——サービス産業

　域内需要向け産業に対する景気回復の効果は、域内所得の上昇によって生産が拡大するというチャネルが主要である。域内需要業種がほとんどを占めるサービス産業についても、アベノミクスの政策効果は所得への効果が発揮されたのち、時間的な遅れをともなって発揮されるであろう。県民可処分所得の変化をみると、リーマンショックによって 2008 年に大きく減少（－5.6％）した後、少しずつ回復するが、2012 年から 2014 年まで連続して低下を続け、ようやく 2015 年に小幅増加（2.0％）するという低迷状態が続いている。このため、サービス産業において景気回復効果は短期間には強くあらわれない可能性がある。

　しかし、サービス産業は情報関連、運輸、金融、流通、飲食・宿泊、医療福祉、その他の生活関連サービスなど、多様な業種から構成される。これらの業種では、所得増加による需要増加というルート以外のさまざまのルートによって影響を受ける。

　一つは人口要因である。2000 年以降、青森県人口は毎年 1％程度の率で減少し続けている。域内消費者と域内事業者が主要な顧客層を構成するサービス産業は、人口減少により直接的な打撃を受ける。実際、青森県においてサービス産業需要の中で大きな割合を占める消費需要は、民間最終消費支出でみると、人口減少のスピードと歩調を合わせるように、近年は停滞または縮小傾向が持続している[11]。

　そのほかの要因としては、情報通信技術の発展、生活スタイルの変化がもたらす新サービスの出現や地域人口の少子化・高齢化という年齢構成の変化など

事業環境変化があり、それぞれの業種に固有の変動要因として作用している。景気回復は事業の見込みの好転、資金制約の緩和などをもたらし、事業環境変化への企業の反応を促進する作用が予想される。よって、県内人口減少による下押し圧力にさらされているサービス産業に対しても、アベノミクスによる景気回復はサービスへの需要シフトを刺激し、サービス産業内部の構成変化を促進する可能性がある。

　これら諸要因の影響を受けているサービス産業の主な業種について、業種別（大分類、一部は集約した中分類）の売上の最近の変化を示すのが「図表10-3　サービス産業の売上変化率」である。これによると主な業種では、2014年の前後で売上の変動パターンに違いがみられ、2014年以降はおおむね増加傾向にあることがわかる。

　主なサービス産業の合計では、2014年以前は年率3.5％の伸び率であったのが、2014年以降は10.1％へ急上昇している。この上昇の中には高齢化という構造的要因による医療、福祉業種の急増が含まれている。そこで医療、福祉を除いた主な業種の合計を示したのが最右欄である。これによると2012～2014年以前は2.8％の上昇であったのが、2014～2016年では5.6％へと上昇率を高めている。この水準は製造業のものづくり系に比べると低いものの、食料品製造業の販売額の上昇率とほぼ同水準である。

　さらにこの中で売上回復の程度に注意すると、業種は二つのタイプに分けることができる。一つは2014年以降の増加が明確に大きいグループである。情報サービス・インターネット付随サービス業は減少（－13.2％）から急激な増加（17.0％）に転じたほか、医療・福祉も増加を加速している。新技術による新サービスの出現と人口高齢化の要因が顕著に表れていると解釈できる。そのほか、観光需要の増加を背景に宿泊業・飲食店も2.8％から2014年以降は7.9％へと2倍以上の伸び率で増加している。

　一方、景気の回復によっても低い伸び率にとどまっているグループがある。卸売・小売業は3.5％から5.3％へと小幅の上昇であり、また生活関連サービス・娯楽業は2.1％から2.0％へと変わらず、停滞している。これらには理容・美容・

第 10 章　アベノミクスと青森県経済

図表 10-3　サービス産業の売上変化率

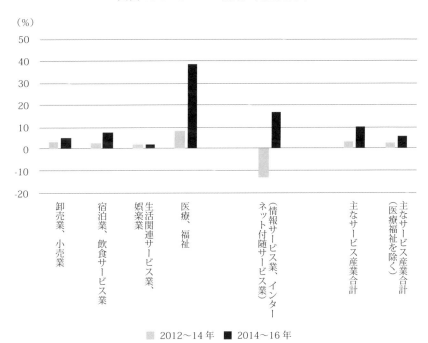

注：変化率は年率表示。主なサービス産業は数値入手分の業種（情報通信業、卸売業、小売業、宿泊業、飲食サービス業・生活関連サービス業、娯楽業・教育、学習支援業・医療、福祉、サービス業（他に分類されないもの）である。
出所：『経済センサス活動調査』『経済センサス基礎調査』をもとに著者作成。

洗濯業など伝統的業種が多く含まれ、人口減少の影響をもっとも強く受け、また新たに出現したサービスによって代替されている業種が多いと考えられる。
　以上のように、サービス産業は高齢化の影響を受けて急成長する医療、福祉を除いても、景気回復により販売額合計が着実に増加している。ただしその内部をみると、インターネットなど新サービスの上昇は堅調であるが、他方、伝統的サービス産業の回復は小さいか、あるいはまったく回復していない業種もみられる。
(12)

第5節　産業別の従業者の変化

これまでの各節で検討した景気回復に対応する産業別の生産と販売の変動は、それぞれの業種で従業者数の変化をもたらす。景気回復の始まりを含む時期（2012〜2016年）について、産業別（大分類）に従業者数の変動を示すのが、「図表10-4（1）　産業別従業者数の変動（大分類、2012〜16年）」である。

まず、この期間で非農林漁業の全業種合計をみると従業者数は減少している。ただし、この減少は生産量の変動による需要側要因のみでなく、労働供給側の要因も影響している。青森県においては少子化傾向が続き、若年層を中心に労働供給が減少してきたことが大きな要素として無視できない。

青森県人口を年齢区分別でみると、2000年には15歳〜64歳人口は約96万人であったが、2015年には約75万人と21％も減少した。この時期には女性と高齢者の労働力化率が上昇し、労働力減少のインパクトは緩和されたものの、労働力人口は2000年に約77万人であったのが、2015年には66万人へと14％減少している（『平成27年国勢調査』）。

次に業種別にみると、従業者数が大きく増加しているのは医療、福祉であり、介護サービスの需要の多さを反映している。一方、製造業、運輸業、卸売業、小売業、宿泊業、飲食サービス業や生活関連サービス業の従業者数は減少している。

従業者数の変化を移出需要と域内需要のタイプの違いに注意して整理しよう。まず代表的な移出産業である製造業について中分類で従業者数の変動を示したのが、「図表10-4（2）　製造業従業者数の変動（主な業種、中分類、2012〜2016年）」である。業務用機械器具製造業、電子部品・デバイス・電子回路製造業などは生産額の増加に見合って従業者数を増加させている。

一方、情報通信機器製造業は誘致企業の撤退によりほとんどの雇用が失われた。パルプ・紙製造業はIT化による紙需要の減少を反映して従業者は減少している。すなわち、景気回復により移出業種の雇用が増加する要素は一部に認

第 10 章　アベノミクスと青森県経済

図表 10-4（１）　産業別従業者数の変動（大分類、2012 ～ 2016 年）

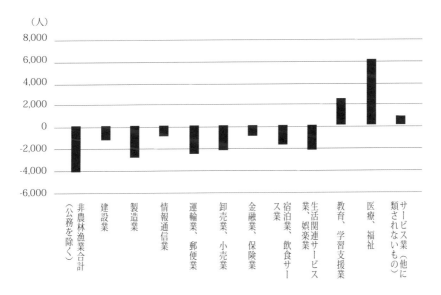

図表 10-4（２）　製造業従業者数の変動（主な業種、中分類、2012 ～ 2016 年）

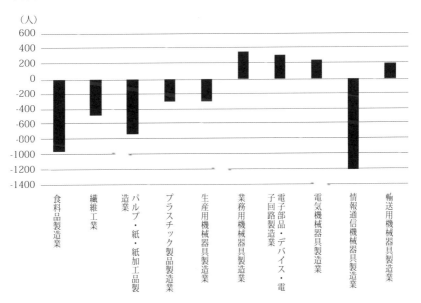

図表 10-4（3） サービス産業従業者数変動（主な業種、中分類、2012～2016 年）

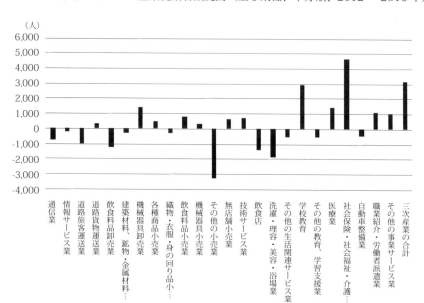

出所：図表 10-4 の（1）、（2）（3）はいずれも『経済センサス活動調査』『経済センサス基礎調査』をもとに著者作成。

められるが、同時に個別の業種の市場特性や企業競争力に大きく左右され、景気回復による需要増加効果を打ち消している業種も観察される。

　移出需要と域内需要が混在する食料品製造業は従業者数を大きく減少している。これを詳細に検討すると、出荷額が増加している冷凍食料品製造業では従業者が大きく増加しているが、同じく出荷額が増加している畜産食料品製造業では従業者数はほとんど増加していない。また域内需要依存タイプで、出荷額も減少または伸び悩んでいたパン・菓子製造業や豆腐・油揚げ製造業では急速に従業者を減らしている。

　次に域内需要型産業の典型であるサービス産業についてみると、「図表 10-4（1）」に示すように大分類ベースでは、医療、福祉と教育、学習支援以外は、

すべて従業者数は減少傾向であった(なお教育、学習支援の従業者の増加は、幼保連携型認定こども園にかかわる制度変更の影響が強い一時的変化とみられる)。

注目されるのは、大分類からさらに詳細に業種を分割した「図表 10-4（3）サービス産業従業者数の変動（主な業種、中分類、2012〜2016 年）」によると、従業者が増加している業種も見られることである。地域でのサービス需要に影響する人口減少の下押し圧力は、すべての業種に一様に作用するのではない。サービス産業の提供するサービスへの需要シフトや、サービス生産における技術革新、新しいビジネススタイルの拡散などを反映して従業者の増減が観察される。

代表例の一つが卸売小売業である。大分類として従業者は縮小しているが、図からわかるように、事務用機器、自動車販売などを含む機械器具卸売業やコンビニエンスストアを含む飲食料品小売業、無店舗販売業などでは、景気回復によってこの時期に従業者数が増加している。一方、その他小売業は書籍・文房具小売、新聞小売、ガソリンスタンドなど、規制緩和や技術革新などにより大きな業態変化のあった業種を含み、そこでは従業者の減少が急激である。

同じパターンは、従業者数が減少している宿泊業・飲食業でも見られ、多くの中分類の業種は減少しているが、その中で例えば専門料理店では従業者数は増加している。また大分類の生活関連サービス業、娯楽業は年率で約 9 ％近い率で急速に従業者数を減らしているが、その中でも冠婚葬祭業は従業者数を伸ばしている。

第 6 節　景気回復と人口流出

青森県からの人口流出は、若年者の高校、大学等の卒業時の県外への進学と就職による流出と、それより年齢の高い層の就職・転職による流出という二つの異なるタイプの流出に分かれる。このライフステージの違いに注目するため、

図表 10-5 年齢別転入超過の推移

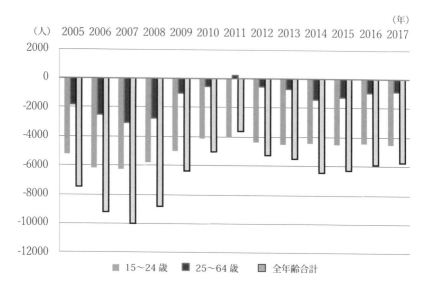

注：各年の数値は前年 10 月 1 日〜当年 9 月 30 日の期間である。
出所：青森県統計分析課『青森県の人口』、『住民基本台帳住民移動報告』、『平成 29 年度青森県社会経済白書』をもとに著者作成。

　年齢階層別に注目して近年の人口動向を描いたのが「図表 10-5　年齢別転入超過の推移」である。

　転出超過は 2007 年に約 1 万人と最大になり、その後リーマンショック、東日本大震災と続き、2011 年の最も少ない約 4,000 人に低下した。再び転出は増加し、2014 年の景気回復以降人口流出ペースは鈍化したが、依然として年あたり約 6,000 人の転出超過が続いている。

1．転出入と有効求人倍率

　転入・転出の全体の動きは青森県と首都圏を中心とする関東地方との相対的な景気動向の格差に依存している。景気を反映する労働市場の状況を、有効求人倍率の格差でとらえたのが「図表 10-6　青森県と東京都の有効求人倍率」

第 10 章　アベノミクスと青森県経済

図表 10-6　青森県と東京都の有効求人倍率

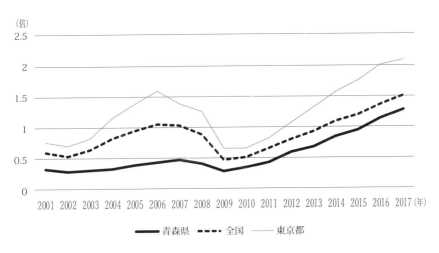

出所：厚生労働省『職業安定業務統計』をもとに著者作成。

である。2000 年代当初の青森県の経済状況の厳しさとそこからの緩やかな回復を如実にあらわしている。青森県の有効求人倍率は、IT バブル崩壊によって 2002 年には 0.29 倍まで低下した。転出超過がピークとなる 2007 年には、青森県の有効求人倍率が 0.47 倍であったのに対し、全国では 1.04 倍、東京では 1.38 倍とさらに高い水準であった。[13]

2009 年になると、リーマンショックにより青森県でも再び 0.29 倍に低下したが、それ以上に首都圏では落ち込みが大きく、低迷の激しさを反映して格差が狭まり、青森県からの人口流出は急速に縮小した。2010 年以降、有効求人倍率が再び上昇を続け、東日本大震災によって一時的に低下をみたが、復興需要などにより 2016 年には調査開始（1963 年）以来はじめて、1 倍を超える水準に達し、2018 年には 1.3 倍前後の水準になっている。このように有効求人倍率は県内、県外ともに上昇したが、相対的に県外の雇用状況の改善が強く、人口流出は加速している。

若年者の動向は、高校卒業時と大学卒業時の二つに分けて分析できる。

まず高校卒業についてみると、青森県において新規高卒者の中で就職する割合は全国の都道府県と比べて高く、最近では、2018年3月卒業者約1万2,500人のうち、26%の約3,300人が就職している。ただ、そのうち県外就職者の割合は44%、県内にとどまるのは56%となっている。県外就職者のうち東京が約50%、東京以外の関東地方が26%、青森以外の東北地方が16%であり、首都圏が圧倒的に多い。[14]

ここでまず注目される点は、近年の景気回復期にも若年層の転出超過が4,000人〜4,500人程度の水準を持続していることである。新規高卒者への県内企業の求人は、景気回復と人手不足の激化により急上昇し、県内就職希望者数に対する求人倍率が、2016年には2.47倍になっている。同時期には県外からの求人も増加していることから、県内外選択の比率は卒業者自身の意向に強く左右されると考えられる。このような中で県外流出水準が一定にとどまっていることは、県内居住意欲の強さを示していると読み取れる。

また、逆に県外との求人格差が縮小した2010年ころにも同じ程度の流出である。県外就職での多様な職種の魅力、県外での生活への関心など景気動向と独立の要因による県外就職希望も一定程度存在していると考えられる。[15]

次に大学卒業についてみると県内大学等卒業者の就職状況にも景気の県内外格差が影響し、景気回復につれ県内企業の県内大卒者等への求人は急増している。しかし、県内大学等卒業者の県内就職率は、大学で30%台、短大、高専を合わせても40%台半ばで、むしろ景気回復とともに低下傾向にある。このことは、県内大卒者の県内居住意欲が高校卒業者に比較して低いことをうかがわせる。県内外の賃金格差など労働条件の違いのほか、地元回帰の意向の存在を考えると、県内大学卒業者の約4割が県外高校卒業者であることが影響しているであろう。[16]

2. 壮年層の移動：人手不足と賃金格差

若年者より年齢の高い層（25〜64歳）（以下壮年層）の移動パターンは、前掲「図表10-5」に見るように、2011年には転入超過となり、その後は転

出に変わるなど、壮年層の方が若年層よりも弾力的に内外景気格差に反応している。実際、2014年以降の景気回復期は流出の減少程度は若年層よりも大きい。この年齢階層の移動理由は転勤が約半数を占めるが、就職と転職による移動も併せて約2～3割を占めている。[17]

就職・転職の決定要因には県内外の求人状況のほか、景気回復による人手不足の程度の県内外の違いと、賃金の地域格差が追加要因として考えられる。

まず青森県の人手不足の状況を全国と比較すると、青森県は相対的に人員充足の度合いが高い。青森県の調査によると、産業別充足率（求人数に対する充足された求人の割合、2015年）は、製造業では全国で約30％であるのに対し、青森県では約40％である。また医療・福祉では全国で約20％しかないが、青森県では約30％である。産業合計で見ると、全国で20％弱であるのに対し、青森県では30％弱と、おおむね青森県は10％ポイント程度人手不足の度合いは低い。[18]

もう一つの大きな要因は、県内外の賃金格差である。青森県の調査結果によると、県内賃金は若干ではあるが、上昇傾向を示しつつある。青森県の「現金給与総額（年平均月額）」は、2009年に低下した後、2016年までは横ばいを続けていたが、2017年から少し上昇の兆しを見せている。2016年からは所定内給与も徐々に上昇しているが、未だリーマンショック以前の水準には達していない。人手不足が直ちに大幅な賃金上昇にはつながっていない状況は全国の傾向と共通している。[19]

さらにこのような県内での賃金上昇にもかかわらず、この大きさを全国と対比すると、景気回復によりかえって賃金格差が拡大していることがわかる。現金給与総額の青森県水準の対全国比（全国100）は、2013年に81.8であったのが、景気拡大で2015年には80.0へ格差が拡大している。すなわち、賃金面からみると、景気回復によって県外の労働力吸引力がむしろ強まっていると判断される。[20]

以上を合わせて考えると、景気回復により県内での求人は大きく増加したが、それと同時に県外でも景気回復による人手不足が強まっている。2014年以降

の県内景気拡大による県内求人の増加が壮年層流出に及ぼす抑制効果は限定されたものであり、流出のスピードこそ低下したが、依然、流出傾向は続いている。

第7節　まとめ——県内景気の回復後も続く人口流出

　これまでの俯瞰的な観察をまとめると、次のようになる。
　第一に、2014年以降、移出タイプと域内需要タイプのいずれの業種でも出荷額や売上（業種合計）の増加率が高まっていることがわかった。二つのタイプを対比すると、移出タイプの典型であるものづくり系製造業と食料品製造業の一部（移出タイプの業種）の増加率は、域内タイプの典型であるサービス産業（福祉医療を除く）よりも大きい。一方、域内需要タイプ業種の食料品製造業は、回復期にも減少傾向であった。また業種別の就業者数の変動パターンも、出荷額・売上の変動パターンと対応していた。いずれも移出タイプの産業の影響がより大きいことを確認する観察結果といえよう。
　第二に、タイプを問わず、それぞれのタイプに属する個別産業ごとの拡大・縮小に大きなばらつきがみられた。各業種を特徴づける技術変化、新商品出現にともなう需要シフト、競争力格差など個別の業種ごとの構造的要素が強く作用している。移出タイプの中にも縮小する業種があり、また域内需要タイプの業種にも高い成長率を示す業種がある。個別的な要因が景気回復や人口減少などマクロレベルの需要動向を左右する要因の効果を超える場合が観察された。
　注目されるのはサービス産業で新サービス提供業種の成長が大きいことである。地域内所得の増加を待つことなく、全国の景気回復の影響を受けている。この背景には、域内需要業種においても県境を越えて事業展開をする大手企業やそれらのフランチャイズ企業が多く、域外で開発された新サービス・新商品などを直接的・同時的に域内で供給する効果が大きいと考えられる。
　第三に、生産の拡大によって、青森県内での労働需要が高まり有効求人倍率はこれまでにない高い水準に達している。しかし県内での求人増加以上に東京

第10章　アベノミクスと青森県経済

圏を中心に人手不足が強く、また賃金格差も拡大した。壮年層の転出ペースは鈍化したものの、県外への人口流出の規模は依然大きい。雇用吸引力の強い東京圏との相対的な関係を同時に考慮しなければならないことがわかる。

　最後にこれまでの観察をもとに、青森県（地方圏）からの人口流出に対処する政策が留意すべき点を指摘したい。それは、移出タイプの産業はもちろん域内需要タイプの産業に対しても、需要要因以外にもさまざまの次元で県外の経済活動の影響がさらに強くなっていることである。情報通信技術の高度化、交通網の発達などにより、地方圏と都市圏との間で相互の人的、物的、情報的交流は一層密度が濃くなり、その意味で両者の一体性が強まっている。地方圏と都市圏の補完性が強くなり、地方圏の産業活動や人口移動は都市圏の変動に対してより敏感に、より弾力的に反応している。

　補完性の高まりは、地域政策を考える上でも不可欠な視点である。地域振興政策は地方圏と都市圏の強い関係を認識し、両者を一体的に構想しなければ有効性が低下する。地方圏からの人口流出という課題に対しては地方圏からの流出抑制のみでなく、都市圏への流入抑制も同時に検討することが必要であろう。

注
*　本稿の見解は個人のものであり、必ずしも所属組織のものではない。
**　公益財団法人21あおもり産業総合支援センター理事長

1　2006年に青森県の実質経済成長率は9.5％と突出したが、これは非鉄金属製造業の生産額急増による変化であり、有価証券報告書等の資料より、核燃料再処理事業の生産額増加が計上されたためと推測される。
2　地方創生の地域政策としての性格とその問題点については、小磯修二・村上裕・・山崎幹根（2018）が参考になる。
3　青森県（2015）、2頁。
4　青森県の輸出のウエイトは相対的に小さい。ジェトロ青森（2018）によると、2017年において輸出額は約1,670億円である。主な輸出品目は、「機械・電気製品」

約 629 億円、「車両・船舶」約 377 億円（多くは船舶）、「金属製品」約 322 億円（鉄鋼など）、「農水産物・食品」約 181 億円（ほたて、りんごなど）である。

5　青森県企画政策部（2010）及び同（2017）による。

6　本章ではものづくり系産業として、産業中分類の金属製品製造業、はん用機械器具製造業、生産用機械器具製造業、業務用機械器具製造業、電子部品・デバイス・電子回路製造業、電気機械器具製造業、情報通信機械器具製造業の 7 業種をさしている。

7　青森県におけるものづくり企業の県内・県外取引のつながりは、今喜典（2017）、24 頁及び 28 頁に図示されている。

8　ものづくり系業種の特有の変動パターンについては、同上、17 頁の「図表 2 青森県ものづくり産業従業者数」を参照されたい。

9　これら製造品出荷額変化率は『工業統計調査』（各年）にもとづき、いずれも年率である。

10　青森県観光国際戦略局（2016）によると、東日本大震災後の 2012 年から 2016 年までの 4 年間で、入込客数は延べ人数で 6.7％の増加であり、消費額の大きい宿泊客に限ると 26.7％と高い成長である。

11　青森県企画政策部統計分析課（2018）によると、青森県の民間最終消費支出の対前年度増加率は、2008 年度以降 2015 年度まで、各年度－ 3.1％、－ 0.7％、－ 0.9％、0.8％、－ 0.0％、0.6％、－ 1.9％、－ 1.5％と続き、対前年比で減少する年が圧倒的に多い。

12　2014 年以降の景気回復は青森県サービス産業の参入・退出に対しても、売上の変動に対するのと同様の効果をもたらしている。新サービス分野の業種で参入は大きく増加しているのに対し、伝統的サービス分野では参入は不活発で、退出が参入を超えている。これらについては、今喜典（2018）を参照されたい。またすべての業種についての参入と中小企業支援機関等による創業支援については、今喜典（2016）を参照されたい。

13　青森県の有効求人倍率の低さは、労働市場の需給状況を実態以上に過大に表現しているのではないかという指摘がある。これについて青森県（2018）、102-110

第 10 章　アベノミクスと青森県経済

頁は民間での職業紹介ルートのウエイトが小さく、とくに求職者のハローワーク利用率が求人企業よりも高いという非対称性の存在と、雇用保険にかかわり、冬季に常用以外の求職者数が急増する現象を指摘している。

14　青森労働局（2018）による。
15　景気回復以前の時期を対象としているが、青森県を含む北東北の若年層の転出要因について、経済的要因と同時に人間関係など非経済的要因にも注目して分析している文献として、石黒格・李永俊・杉浦裕晃・山口恵子（2012）がある。
16　ここで、大学等とは 4 年制大学、短期大学、専修学校をさす。また青森県内の大学の入学定員は東北各県では宮城県に次いで充実している。青森県（2017）、143 頁によると、2016 年において県内高校卒業者のうち進学者の 41％は県内大学へ進学し、また県内大学からみて入学者のうち県内高校卒業者は 60％と高い水準であり、これは東北地方で 1 位、全国でも 7 位である。
17　青森県（2017）、92、93 頁。
18　同上、118 頁、119 頁。また時系列でみると、いずれの業種でも 2013 年から一貫して充足率が低下し続けている。
19　青森県（2018）、52、53 頁。
20　青森県（2017）、53 頁。

参考文献

青森県（2015）「まち・ひと・しごと創生青森県総合戦略」、http://www.pref.aomori. lg.jp/soshiki/kikaku/seisaku/files/2708senryaku1-15.pdf
──（2017）『（平成 28 年度版）青森県社会経済白書』。
──（2018）『（平成 29 年度版）青森県社会経済白書』。
青森県観光国際戦略局（2016）「平成 28 年青森県観光入込客統計」、https://www. pref. aomori.lg.jp/soshiki/kkokusai/kanko/files/H28toukei.pdf
青森県企画政策部（2010）『青森経済の構造─平成 17 年青森県産業連関表報告書』。
──（2017）『青森経済の構造─平成 23 年青森県産業連関表報告書』。
青森県企画政策部統計分析課（2018）『平成 27 年度青森県県民経済計算』。

青森労働局（2018）「平成30年3月新規高等学校卒業者職業紹介状況」https://jsite.mhlw.go.jp/aomori-roudoukyoku/content/contents/000270186.pdf

石黒格・李永俊・杉浦裕晃・山口恵子（2012）『「東京」に出る若者たち』ミネルヴァ書房。

経済産業省『工業統計調査』各年。

小磯修二・村上裕一・山崎幹根（2018）『地方創生を超えて―これからの地域政策』岩波書店。

今喜典（2016）「地域の創業支援―青森県の事例」『金融構造研究』第38号、63-76頁。

――（2017）「長期経済低迷期における青森県ものづくり中小企業の取引動向」『中小企業季報』2017年、No, 2、15-30頁。

――（2018）「人口減少下の地方圏サービス産業―最近の青森県を中心に」『商工金融』2018年9月号、4-24頁。

ジェトロ青森（2018）『青森県の貿易2018年版』。

第 11 章　アベノミクスと千葉県経済

水野　創

第 1 節　総括——アベノミクス下で起こっていること

　アベノミクス下の千葉県は、それ以前に抱えていた課題の多くについて克服または解決に向けた糸口を見出している。
　すなわち、アベノミクスまでの千葉県は、リーマンショック・その後の超円高によるグローバル企業の苦境、東日本大震災被害と人口減少、羽田空港の再国際化による成田空港の日本の空の表玄関としての地位低下リスク、都市部と地方の格差拡大などの課題に直面していた。
　しかし、アベノミクス開始後は、外国為替市場における円安基調定着によるグローバル企業の収益回復、高速道路網の整備、東日本大震災からの復興や2020 東京オリンピック・パラリンピック（以下、オリパラ）招致決定後の首都圏一極集中の強まりなどによる人口増加基調の回復、外国人客の大幅増加・格安航空会社（Low Cost Carrier: LCC）増加による成田空港の活況と将来に向けた機能拡張の決定、さらに地方創生事業の地方での成功事例の創出・閉塞感打破への手応え等地域には確実な変化がみられている（図表 11-1。本図表の具体的な説明は該当する各節を参照）。

第Ⅳ部　アベノミクスと地方の現状

図表 11-1　主な

	アベノミクスの諸政策	千葉県内	
		道　路	鉄道、空港
2010			羽田空港再国際化
			成田スカイアクセス
			成田空港年間発着枠 30 万回へ拡大合意
2011			
2012		北千葉道路（谷田地先―印西牧の原駅付近）	成田国内線 LCC 就航
2013	【三本の矢】	圏央道（東金―木更津東）	
	大胆な金融緩和	東関道酒々井 IC	成田空港活用協議会設立
	機動的な財政政策		
	民間投資を引き出す成長戦略		
2014	【追加対策】	東京湾アクアライン社会実験延長	
	消滅可能性自治体（地方創生）	圏央道（稲敷―神崎）	
2015	一億総活躍社会	圏央道（神崎―大栄）	上野東京ライン開業
	（新三本の矢）		成田空港 LCC 専用ターミナル開業
2016	働き方改革		成田空港機能強化案
2017	人づくり革命	北千葉道路（印西市若萩―成田市北須賀）	
	生産性革命	圏央道（境古河―つくば中央）	
		【北千葉道路：西側区間は有料道路として整備する方針】	
		【圏央道：大栄―松尾横芝 24 年度開通予定】	
2018		外環道（三郷南―高谷）	成田空港機能強化合意
2020 以降		2024 年度圏央道（大栄―松尾横芝）開通	2020 年まで　成田空港 A 滑走路制限緩和
			―　　　成田空港 C 滑走路着工

出所：著者作成。

第11章 アベノミクスと千葉県経済

出来事

の動き	産業	スポーツ、社会
		ゆめ半島千葉国体
		東日本大震災
	工業団地（茂原にいはる、袖ケ浦椎の森Ⅱ期）整備決定	ちばアクアラインマラソン
	三井アウトレットパーク木更津	
	酒々井プレミアム・アウトレット	2020東京オリパラ開催決定
	イオンモール幕張新都心	
		消滅可能性自治体、地方創生
		ちばアクアラインマラソン2014
		千葉県人口が前年比プラスに
	アウトレット（酒々井、幕張）増床	千葉県人口が震災前を上回る
		東京オリパラ 幕張メッセ開催決定
	（新日鉄住金君津製鉄所第三高炉休止）	国際医療福祉大学成田キャンパス開学
	（そごう柏店閉店）	ちばアクアラインマラソン2016
	（千葉パルコ閉店）	東京オリンピック 一宮開催決定
		「北総の町並み（佐倉,成田,香取,銚子）」日本遺産認定
		「山・鉾・屋台行事」（佐原の大祭）ユネスコ無形文化遺産
	（三越千葉店閉店）	国際医療福祉大学医学部開学
	プロロジスパーク千葉ニュータウンなど	加曽利貝塚 国の特別史跡
	千葉駅エキナカ、ペリエ千葉開業	「チバニアン（千葉時代）」
	（西武船橋店閉店）	銚子スポーツタウン
	（伊勢丹松戸店閉店）	世界女子ソフトボール選手権大会
	ペリエ千葉全面開業	ちばアクアラインマラソン2018
	三井アウトレットパーク木更津増床	
		2020年 東京オリンピック・パラリンピック開催
		2020年 国際医療福祉大学成田病院開院

第Ⅳ部　アベノミクスと地方の現状

図表 11-2　首都圏経済の現状

項目	単位	年次(注2)	全国	12年比増減率	1都4県合計	シェア	12年比増減率	千葉県	シェア	順位	12年比増減率	
面積	k㎡	16.10.1	377,972	0.0	19,659	5.2	0.0	5,158	1.4	28	0.0	3,798
人口	千人	17.10.1	126,706	▲0.6	39,331	31.0	1.8	6,246	4.9	6	0.8	7,310
県民所得	百億円	14年度	38,851	2.5	13,549	34.9	2.5	1,840	4.7	6	4.5	2,102
農家数(注1)	千戸	15.2.1	2,155	▲14.7	250	11.6	▲14.0	63	2.9	10	▲15.0	64
農業産出額	百億円	16年	931	8.1	128	13.7	11.0	47	5.1	4	13.4	20
海面漁業漁獲量	千t	16年	3,264	▲13.2	443	13.6	▲3.4	115	3.5	7	▲27.1	-
事業所数(民営)	千か所	16年*	5,622	▲2.5	1,574	28.0	▲1.5	198	3.5	9	▲1.2	252
住宅着工	千戸	17年	965	9.3	361	37.4	7.2	53	5.4	6	14.2	60
商店数	千店	14.7.1	1,407	0.2	364	25.9	1.7	48	3.4	9	0.7	59
年間商品販売額	百億円	14年	47,883	▲0.3	21,600	45.1	1.8	1,063	2.2	9	▲2.3	1,433
工業・製造品出荷額等	百億円	16年*	29,992	3.9	5,907	19.7	▲3.6	1,139	3.8	7	▲8.1	1,260
延べ宿泊者	万人	17年*	49,819	13.4	11,017	22.1	16.5	2,299	4.6	4	19.0	434
うち観光目的	万人	17年*	25,372	16.1	4,644	18.3	39.2	1,545	6.1	4	17.4	70
うち外国人	万人	17年*	7,800	196.5	2,523	32.3	125.7	353	4.5	6	97.2	22
地価公示(住宅地平均価格)	円/㎡	18.1.1	114,100	3.1	.	.	.	98,500	.	8	▲2.2	124,800
有効求人倍率(注1)	倍	17年	1.50	0.70	.	.	.	1.24	.	39	0.59	1.23

注：1 12年比増減率：農家数は2010年比、有効求人倍率は12年との差。
　　2 年次欄「＊」は速報値。
出所：各種統計資料よりちばぎん総合研究所作成。

　もとよりアベノミクス下のこうした現象全てがアベノミクスの3本の矢と紐づけられるものではなく、また、現状で、課題のすべてが克服されたわけではない。インターネット・スマホの普及、「こと消費」など消費行動の変化による百貨店の相次ぐ撤退、更新期を迎えた京葉工業地域の今後の方向性の共有など新たな課題や今後さらなる取り組みが必要な課題もある。

　以下、本章では、こうした千葉県の状況について取りまとめた。

第 11 章　アベノミクスと千葉県経済

埼玉県			東京都				茨城県				神奈川県			
シェア	順位	12年比増減率		シェア	順位	12年比増減率		シェア	順位	12年比増減率		シェア	順位	12年比増減率
1.0	39	▲0.0	2,191	0.6	45	0.1	6,097	1.6	24	0.0	2,416	0.6	43	▲0.0
5.8	5	1.4	13,724	10.8	1	3.7	2,892	2.3	11	▲1.7	9,159	7.2	2	1.0
5.4	5	3.9	6,042	15.6	1	3.3	901	2.3	11	▲2.4	2,664	6.9	2	0.4
3.0	8	▲12.0	11	0.5	47	▲14.3	88	4.1	2	▲15.1	25	1.1	40	▲12.3
2.2	18	1.7	3	0.3	47	5.5	49	5.3	2	14.5	8	0.9	36	5.1
.	.	.	49	1.5	19	▲50.9	244	7.5	3	57.5	35	1.1	23	▲25.0
4.5	5	▲2.3	695	12.4	1	▲1.0	118	2.1	13	▲3.6	311	5.5	4	▲1.0
6.2	5	0.0	150	15.6	1	6.7	21	2.2	12	▲4.7	77	8.0	2	13.4
4.2	6	1.3	158	11.2	1	2.2	30	2.2	12	0.4	69	4.9	4	2.0
3.0	7	▲3.2	16,786	35.1	1	3.5	625	1.3	13	4.9	1,693	3.5	5	▲7.8
4.2	6	3.8	775	2.6	14	▲5.5	1,111	3.7	8	0.1	1,623	5.4	2	▲7.0
0.9	36	16.0	5,811	11.7	1	18.1	561	1.1	28	10.0	1,912	3.8	7	10.9
0.3	47	▲6.7	1,948	7.7	2	105.3	158	0.6	38	17.0	923	3.6	9	7.2
0.3	35	144.4	1,903	24.4	1	129.6	19	0.2	37	111.1	226	2.9	9	145.7
.	6	▲1.0	398,700		1	19.2	30,900	.	42	▲16.7	187,400	.	2	2.5
.	40	0.66	2.08		1	1.00	1.45	.	26	0.66	1.15	.	45	0.58

第2節　千葉県の特徴とアベノミクスまでの状況

1.　千葉県の特徴

　千葉県は首都圏の一角に位置し、成田空港、千葉港、高速道路網等高度な都市基盤、全国4位の農業から県内産出額の6割を占める京葉工業地域、東京ディズニーリゾートなど多くの3次産業まで幅広く、バランスの取れた産業構造を持つとともに、東京都と神奈川県の合計に匹敵する広い県土、温暖な気

253

候、豊かな自然にも恵まれている（図表11-2）。

　全国では2010年国勢調査で人口減少に転じる中、千葉県人口は2015年国勢調査を越え現在も増加を続け、ピークを更新している。

　一方で、千葉県は県土の過半を房総半島が占め、これまで「半島」の「行き止まり」イメージから立地を生かしきれない面があった。また、地域には、人口減少・過疎化地域と高齢者急増地域が併存しており、この点、全国の縮図でもある。

　さらに、アベノミクス開始前には次に見るような課題に直面していた。

2．アベノミクスまでの千葉県

（1）　リーマンショック

　2008年に発生したリーマンショック後の超円高等いわゆる6重苦により県内のグローバル企業は大きな影響を受けた。京葉工業地域の鉄鋼、石油化学のほか、茂原市の電子部品に対する影響は特に大きく、パナソニック液晶ディスプレイがジャパンディスプレイに工場を譲渡し、東芝コンポーネンツも工場閉鎖を決定した。また、中堅・中小企業を含む海外進出の動きは超円高局面終了後も継続し、これらに東日本大震災の影響等も加わって、千葉県の製造品出荷額等（従業員4人以上）は現在も2008年の水準を回復していない。

（2）　東日本大震災

　2011年の東日本大震災では、千葉県は津波、液状化、コンビナート工場火災、放射能のホットスポット等多くの被害・風評被害を受け、増加を続けていた人口は減少に転じた。人口は2年後の2013年4月には前年比プラスを回復したが、震災前の水準に復するのは2015年10月の国勢調査を待たなくてはならなかった。一部国等による千葉県農作物に対する輸入規制は現在も続いている。

（3） 羽田空港の再国際化

　民主党政権下の 2010 年、羽田空港の再国際化が実施された。都心から「遠い」、厳しいセキュリティチェックで「不便」なイメージの強かった成田空港に対し、「近く」、「便利」な羽田空港へ、特にビジネス客のシフトが発生した。同年、成田スカイアクセスが開通し、成田空港年間発着枠 30 万回への拡大も合意されたが、リーマンショックの影響なども加わって、空港及び千葉県、特に空港周辺地域の先行きに対し不安が広がっていた。

（4） 県内には特徴ある五つの地域

　千葉県は県全体で見れば人口が増加しているが、おおむね圏央道を境に、都市部と地方で状況は全く異なっている（図表 11-3）。人口全体の増減、自然増減（出生一死亡）、社会増減（転入一転出）に分け、地域ごとの特徴を見ると、いずれも増加の東京湾岸（千葉市、船橋市等。主に東京都に近接した総武線沿線）、自然増減はゼロ近傍、社会増減が増加の常磐・つくばエクスプレス沿線（柏市、松戸市等）、自然減を社会増で補う成田空港周辺・印旛（成田市、印西市等）、社会増が自然減に達しないアクアライン・圏央道地域（木更津市、茂原市等）、いずれも減少の銚子・九十九里・南房総地域に分かれる。人口減少地域の地方創生とともに人口増加地域の高齢者人口急増への対応が地域の重要な課題である。

第 3 節　アベノミクス下の千葉県

1. 人口の増勢回復

　前節で見たとおり、千葉県の人口は、東日本大震災の影響を克服し現在ピークを更新しつつ増加を続けている。増加の内訳を見ると、自然増減は 2011 年から減少に転じているが、社会増減はこのところ東日本大震災前を上回る増加を示している。

第Ⅳ部　アベノミクスと地方の現状

図表 11-3　5 地域別と千葉県人口増減の推移

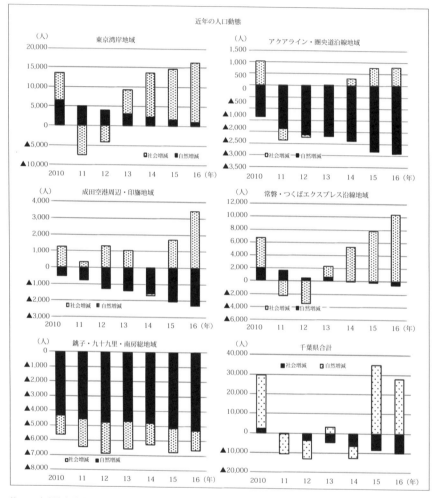

注：1　東京湾岸地域（7 市）――千葉市、市川市、船橋市、習志野市、八千代市、浦安市、鎌ケ谷市。
　　2　アクアライン・圏央道沿線地域（8 市 2 町）――木更津市、茂原市、東金市、市原市、君津市、富津市、袖ケ浦市、大網白里市、長柄町、長南町。
　　3　成田空港周辺・印旛地域（8 市 6 町）――成田市、佐倉市、四街道市、八街市、印西市、白井市、富里市、山武市、酒々井町、栄町、神崎町、多古町、芝山町、横芝光町。
　　4　常磐・つくばエクスプレス沿線地域（5 市）――松戸市、野田市、柏市、流山市、我孫子市。
　　5　銚子・九十九里・南房総地域（9 市 9 町村）――銚子市、館山市、旭市、勝浦市、鴨川市、南房総市、匝瑳市、香取市、いすみ市、東庄町、九十九里町、一宮町、睦沢町、長生村、白子町、大多喜町、御宿町、鋸南町。
出所：千葉銀行「千葉県の将来人口と変化を踏まえた今後の地方創生のあり方」。

第 11 章　アベノミクスと千葉県経済

図表 11-4　千葉県将来人口推計

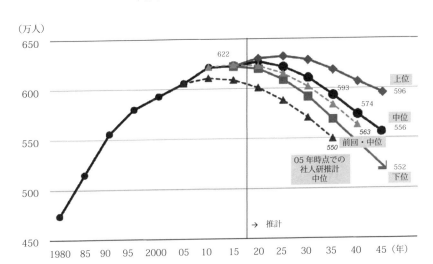

出所：千葉銀行「千葉県の将来人口と変化を踏まえた今後の地方創生のあり方」。

　その背景として考えられるのは、①2020東京オリパラ招致決定後の首都圏一極集中、②首都圏の中での相対的な地価、家賃の安さ、③交通インフラの整備、成田空港利用の増加による企業進出と雇用増加、④「母になるなら流山市」で一躍有名になった流山市をはじめとする各自治体の子育て支援策、転入支援策の充実などである。

　先行きを見ると、2015年国勢調査結果をもとに弊社が行った将来人口推計では、千葉県人口のピーク（5年単位）は、中位推計では2020年、都市部で若年層・子育て世代を中心とした高い転入超過傾向が継続するとともに、地方創生の成果で地方からの若年層の転出超過幅の縮小やアクティブシニアの転入増が実現する上位推計では2025年となっている（図表11-4）。

　今回の将来人口推計結果は、2010年国勢調査結果をもとにした前回推計から上方修正されており、この間の地域の競争力の強まりを示している。

第Ⅳ部　アベノミクスと地方の現状

図表 11-5　高速道路の整備状況

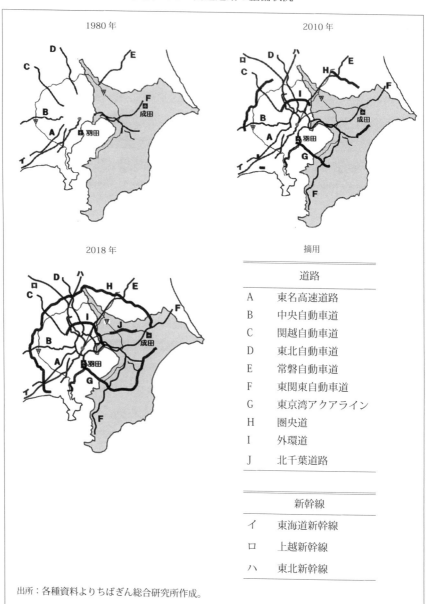

出所：各種資料よりちばぎん総合研究所作成。

第 11 章　アベノミクスと千葉県経済

2.　交通インフラの整備
(1)　高速道路網の整備

　千葉県の高速道路網は、アベノミクス下で大きく改善した。東京湾アクアライン料金引き下げの社会実験が延長されたほか、圏央道、北千葉道路の相次ぐ延伸、そして2018年の外環道（三郷南—高谷）の50年越しの開通などにより、千葉県は「半島、行き止まり」イメージを払拭し、首都圏の中で二つの国際空港へのアクセスが最も便利な地域となっている。千葉県の日本人観光客はこれまで首都圏中心だったが、最近では中部、上越方面からも増加しており、これら地域からの観光客は宿泊を伴うことが多いため経済効果も大きい。また2018年の外環道開通は、これまで分断されていた県内の総武線沿線と常磐線沿線を一体化する画期的な効果を今後発揮すると考えられる（図表11-5）。

　先行きについても、圏央道県内未開通区間（大栄—松尾横芝）の2024年開通、北千葉道路の外環道接続部分の有料道路による整備促進が打ち出されており、圏央道全線開通効果を県内に波及させるためのアクセス道路等の整備を含め、今後一層の充実が期待されている。

　また、こうした最近の変化は、まだ広く周知されておらず、認知度の高まりとともに千葉県のブランド力は一段と高まると考えられる

(2)　成田空港の機能強化

　成田空港の航空旅客数、発着回数は東日本大震災の2011年の2,800万人、18万回を底に2012年から回復に転じ、2017年には4,100万人、25万回に達した。回復に転じた2012年は成田に国内線LCCが就航した年である。

　内訳を見ても、上記期間に、国際線日本人旅客数が1,510万人から1,360万人に、国際線通過旅客数が530万人から400万人にそれぞれ減少しているが、一方で、国際線外国人旅客数は600万人から1,550万人に、国内線旅客数は170万人から750万人に著増している。

　LCCの就航と内外旅行者の増加により羽田再国際化後の成田、羽田両空港の住み分けに対する懸念は払しょくされた。LCC利用客の増加に対処するた

め2015年に開業したLCC専用の第3ターミナルは2017年度には想定客数750万人を上回る764万人の利用客で混雑し、短期的な能力増強(2019年度末完成予定)と中期的な増築(同2021年度末)が早くも必要になっている。

　成田空港の年間発着枠は、2010年に国土交通省、千葉県、空港周辺9市町、成田国際空港株式会社で構成される「成田空港に関する四者協議会」で合意された30万回に2020年代に到達すると予想され、それに備え、2016年には夜間運航制限の緩和とB滑走路の2500mから3500mへの延長、3500mのC滑走路新設等年間発着枠50万回に向けた機能強化案が提案され2018年に合意した。滑走路延長、新設は2020年オリパラ以降になるが、夜間運航制限の緩和はそれ以前の実現が合意されており、LCC拠点空港、国際貨物空港としての競争力強化が展望される。

　また、合意に合わせ、これまで成田市に偏っていた空港の経済波及効果を周辺に波及させるための一連の計画(成田空港周辺の地域づくりに関する「基本プラン」等)も策定中であり、今後長期にわたる地域全体の経済発展につながることが期待されている。

（3）　鉄道網の充実

　道路、空港に比べれば目立たないが、千葉県内の鉄道は、つくばエクスプレスの開業効果が継続しているほか、2015年の上野東京ライン開業により常磐線方面から東京、品川駅にそれまでの上野乗り換えなしで行けることになったことにより沿線の利便性は向上している。このほか、京葉線では海浜幕張・新習志野間の新駅設置が決定している。

3.　内外旅行者の増加

　千葉県を訪れる旅行者は、宿泊統計、空港管理統計、出入国管理統計などいずれの統計を見ても顕著に増加している。

　まず、宿泊統計の延べ宿泊者は、2017年2,299万人で全国4位、成田空港、東京ディズニーリゾート、幕張メッセ等の拠点を有し1都4県中で5,811万

第 11 章　アベノミクスと千葉県経済

人の東京都に次いで多く、2012 年比の伸び率は 19.0％で 1 都 4 県中最も高い。上記期間に外国人が 179 万人から 353 万人に増加しただけでなく、高速道路網整備や成田空港の国内線 LCC の拡充を映じ日本人客が 1,753 万人から 1946 万人に増加しているのも目立つ。もっとも外国人については、アベノミクス後全国で増えていることから、2012 年の全国 5 位から 2017 年には沖縄県に抜かれ全国 6 位に順位を落とし、全国シェアも同じ期間に 4.6％へと 2.2％ポイント低下している。この間、東京都は外国人も 829 万人から 1,903 万人と千葉県を上回る伸びで着実に増加しており、成田空港到着後東京に直行し、東京を拠点に（宿泊・夜の観光を楽しむ場所として）千葉県を含む首都圏の観光地を日帰りで楽しむ観光スタイルも定着している。県内、特に地方での宿泊につながる魅力創出が課題である。

　次に、空港管理統計でみると、2017 年度の成田空港の旅客数は 3,896 万人と 8,568 万人の羽田空港に次ぎ全国 2 位で、2012 年度比でも＋ 27.3％と全国の＋ 31.1％をやや下回る伸びは確保している。国際線で羽田空港の再国際化の影響はみられたが、これを LCC 就航による国内線の著増でカバーした結果である。この間、成田、羽田両空港を合計した首都圏空港としてみると、2017 年度の旅客数は 1 億 2,464 万人、全国シェアは 39.7％（2012 年度比 0.9％ポイントの低下）に達している。

　国際線の状況を 2017 年の出入国管理統計でみると、成田空港が引き続き全国 1 位を維持してはいるが、2012 年比では、日本人について全国でも減少しているうえ羽田空港の再国際化の影響を受け 17.9％と 2 桁の減少（全国シェアは 45.0％から 38.1％に低下した。なお、羽田空港は同じ期間で＋ 61.8％、全国シェアは 15.3％から 25.6％に上昇している）、増加している外国人についてはアジアに近い関西、福岡、那覇空港がそれぞれ 4 倍、3.9 倍、7.1 倍の高い伸びとなっている影響で全体の伸び（3 倍）を下回る 2 倍の伸びにとどまり、全国シェアは 38.8％から 27.9％に低下した（羽田空港は同 3.4 倍、12.2％から 13.7％に上昇）。今後も増加が予想される需要に対し、機能強化による受け入れ態勢の整備が急務である。

この間、「山・鉾・屋台行事」（佐原の大祭）のユネスコ無形文化遺産指定、加曽利貝塚の国特別史跡指定、市原市の養老川沿いにある地層のチバニアン（千葉時代）命名濃厚など県内には新たな観光資源が登場しており、今後の活用も期待されている。

4. 2020東京オリパラ招致決定後の首都圏一極集中の強まり、地価上昇の波及

2013年の2020東京オリパラ招致決定後、経済の首都圏一極集中は強まり（前掲図表11-2の人口、県民所得、延べ宿泊者等の12年比増減率を参照）、その影響は人口増加、県内プロジェクトの増加、地価上昇などを通じ千葉県にも及んでいる。

都心で始まった地価上昇は当初千葉県まで波及しなかったが、2013年ころからはアクアライン着岸地の木更津や東京都に近い住宅地から徐々に上昇に転じてきた。地価上昇は交通インフラ整備に伴って工業地でも加速している。

この間、オリパラについては、千葉県は当初の開催競技なしから、2015年以降千葉市でのオリ3競技（フェンシング、テコンドー、レスリング）、パラ4競技（ゴールボール、シッティングバレーボール、テコンドー、車いすフェンシング）、一宮町でのサーフィンと合計8競技の開催が決まった。競技開催地のオリパラ成功の条件はチケット完売、満席での選手応援・おもてなし、地域の経済効果享受等難しさを増す。大会まで2年を切った現時点で、バリアフリー対応など各種準備は進みつつあるが、地元開催競技に対する関心の高さ、経済効果享受の枠組みつくりはまだ途上であり、成功に向けさらなる対応が必要だと考えている。

5. 進行するプロジェクト（工業団地の整備と物流、ホテル、工場進出等）

交通インフラの整備やオリパラ開催等を契機に、アベノミクス下、県内では多くのプロジェクトが進んでいる。

高速道路網を通じて首都圏・全国の需要さらに二つの国際空港を通じて世界の需要にも対応できる、人口増加地域で雇用を確保しやすい、神奈川県、埼玉

県と比較して地価が相対的に安いといった利点が評価され、高速道路の出入り口周辺を中心に、大型商業施設（酒々井プレミアム・アウトレット、イオンモール幕張新都心等）、大型物流施設（プロロジスパーク千葉ニュータウン等）や食品関連工場の建設が相次いでいる。また、空港や主要駅前、東京ディズニーリゾート周辺ではホテル建設も相次いでおり、増加する需要の獲得を目指している。さらに成田市は国家戦略特区の認定を受け、2016年に看護学部、保健医療学部、2017年に医学部を開設し、2020年には大学病院を開院する予定である。

この動きは、適地の用地不足、地価上昇につながっている。

千葉県は、圏央道沿いに「袖ケ浦椎の森」、「茂原にいはる」の二つの工業団地の整備を2012年度に決定していたが、2017年3月の売り出し後は早期にほぼ完売した。新たに募集を開始した千葉市の「ネクストコア千葉誉田」も早期の完売を狙っている。

この間、千葉駅前、柏駅前、船橋駅前などでは再開発が進み、つくばエクスプレス沿線各駅や幕張新都心では大型住宅建設も続いている。

6. 地方創生——5地域内でも自治体間の差が拡大

2014年5月に日本創成会議は「消滅可能性都市」を公表し、全国で896の市区町村が消滅可能性都市としてリスト化された。千葉県では54自治体のうち約半数の26自治体が対象となり、政府の「地方創生」戦略の下で自治体毎に「人口ビジョン」や「地方版総合戦略」を策定し、その後具体的施策に取り組んでいる。

取り組み開始後数年を経て、県内でもいくつかの成功事例が登場している。

これまでの各項目で触れていない事例を見ると、例えば、銚子市では、人口減少が続き明るい話題が少なかったが、2018年の4月に、廃校になった高校の校舎、グランドを活用したスポーツ合宿施設「銚子スポーツタウン」が地元経営者の手でオープンし、高校野球で活躍したブランド力も活かし、初年度から好調なスタートを切っている。大多喜町などでは、民間事業者により古民

家を旅館、研修施設等に活用する事例もある。

　南房総市、長南町など地方の空き公共施設について、県と各自治体が連携して県外企業による活用を図る取り組みも行われ、東京に近い地の利と豊かな自然環境を活かして短期間で複数の誘致に成功している。

　成果が上がっている自治体の特徴を見ると以下のとおりである。

　第一にトップのリーダーシップのもと、産官学金等関係者の連携（銚子スポーツタウン）あるいは自治体の壁を越えた連携（県・自治体による空き公共施設の活用）を実現している。

　第二に地域の特性を生かした施策を立案している（鴨川市の亀田総合病院、旭市の旭中央病院等地域の拠点病院を中心とした日本版 Continuing Care Retirement Community: CCRC の構築）。

　第三に従来から継続して対策を講じている（自治体による丁寧な転入者サポート）。継続という点に関しては、民間事業者が地方創生開始以前から取り組んでいた事業がここに来て実現し、成果をあげている事例もある（小湊鉄道が「里山トロッコ列車」を新たに導入し、利用者の増加につなげるなど）。

　一方、施策の実現の壁となっているのは、農地の転用の難しさ、人的資源の不足などである。

　このように、アベノミクスの多くの施策の中で、地域の活性化に具体的に結びついている施策であることは特筆しておきたいが、他方、これまでの成果は自治体により差があり、5地域内でも人口増減や社会増減の動きの自治体間の差が拡大する結果になっているのも事実である。

　また、実績をあげている自治体でも、自治体全体が活性化するというより、自治体内でコンパクトシティとして集約された地域が生き残り、他の地域には無人化、インフラの更新見送り等が選択される地域も発生する方向性が展望される。

　なお、地方創生開始後、弊社は千葉銀行グループの一員として、「千葉県創生戦略プラン—千葉県の持続可能な地域づくりに向けて」（2015年9月）等のレポートを毎年公表している。また、千葉銀行では、行内に地方創生部会、

地方創生部等を組織するとともに、広域ちば地域活性化ファンド、ちばぎん地方創生融資制度等の資金調達支援制度を設けている。本項でとりあげた個別の事例について、弊社が計画作成を自治体から受注したり、千葉銀行が支援、融資等を行った案件も数多く存在していることを敷衍しておきたい。

7. アベノミクス下の企業経営—円安、株高の効果、消費税率引き上げの影響、百貨店業界苦境

これまでの各項目では最近の千葉県の前向きの側面を取り上げたが、この間の企業経営をみると、円安、株高の効果を広く享受する一方で、県内では厳しい状況が続くあるいは厳しさを増している地域、業種もある。

まず、千葉県内企業の景況感のアベノミクス以降の推移を、千葉経済センターの企業BSI調査（季節的な振れを除くため、毎年12月の結果）でみると、全体として改善する中で、もっとも改善した2017年でも個人消費関連の企業が多く含まれる非製造業中小企業だけは前年並みのマイナスにとどまっている（図表11-6）。業種別（大企業、中小企業を含む）でも、小売、ホテル・旅館はマイナスとなっている。アベノミクス以降の円安、株高が製造業を改善させ、富裕層の高額消費を支えたが、その効果が雇用・所得を通じて個人消費には十分及んでいないことをうかがわせる。

次に、インターネット通販や「こと消費」の普及の影響を大きく受けた百貨店業界を見ると、全国的な店舗配置の見直しの中で、千葉県内店舗についても複数ある主要駅前店舗が1店を残して撤退するケースが相次いだ。すなわち県内百貨店の状況も見ると、千葉駅前の三越、柏駅前のそごう、船橋駅前の西武、松戸駅前の伊勢丹が相次いで閉店し、駅前の百貨店はせいぜい一つ（千葉駅そごう、柏駅高島屋、船橋駅東武、松戸駅なし）となった。このほか千葉駅では駅から徒歩10分弱のパルコも閉店し、千葉駅の建て替え、新駅ビルオープンの影響もあって駅前に比べ特に休日の通行量の減少が目立っている。千葉駅周辺、柏駅周辺については、それぞれ関係者が将来を展望したグランドデザインを作成している。いずれも街中居住の推進、回遊性の強化などを打ち出し

図表 11-6　県内の景況感推移（BSI 調査）
企業経営動向調査「業況判断実績推移」

	2012年 10~12月	2013年 10~12月	2014年 10~12月	2015年 10~12月	2016年 10~12月	2017年 10~12月
全産業	▲3.1	6.6	4.6	2.7	4.2	7.8
製造業	▲5.7	4.0	8.0	6.0	7.5	10.7
大企業	▲5.1	5.0	8.8	5.8	14.6	12.5
中小企業	▲6.0	3.7	7.8	6.2	5.4	10.1
非製造業	▲0.4	9.3	0.8	0.8	1.0	4.3
大企業	0.8	10.4	1.6	3.3	8.4	18.6
中小企業	▲1.5	8.3	0.0	1.7	▲2.8	▲2.8

出所：千葉経済センター。

ており、今後の具体化が期待される。

　この間、東京湾岸の京葉工業地域の鉄鋼、石油化学等は稼働 50 年を経過し、更新期を迎えている。リーマンショック後の超円高、東日本大震災を乗り切っているが、国内外の大規模・新鋭工場に対し、今後どのような将来像を描いていくかが課題となる。研究開発、マザー工場、水素関連、最新鋭高効率の石炭火力発電など様々なアイデアが打ち出されているが方向は定まっていない。グローバル企業の集合体に対し、地域からどのような働きかけができるか、地域の課題と考えている。

8. 働き方改革について

　アベノミクスの施策の中で働き方改革は比較的新しい項目であり、内容が多岐にわたる。企業規模別、業種別の関心もさまざまである。

　県内企業のアンケート結果による県内の取り組み状況は以下のとおりであ

第 11 章　アベノミクスと千葉県経済

図表 11-7（1）働き方改革への取り組み状況　　　　　　　　　　（%）

	取り組んでいる及び取り組みを予定・検討中			取り組む必要があるが余裕がないため取り組んでいない	既に働きやすい環境なので取り組んでいない
		取り組んでいる	取り組みを予定・検討中		
全　体	60.6	30.3	30.3	28.4	11.0
大企業	76.9	55.4	21.5	16.9	6.2
中小企業	53.6	19.6	34.0	33.3	13.1

出所：千葉経済センター「企業経営動向調査2017年4-6月期」より、ちばぎん総研作成。

図表 11-7（2）項目別取り組み状況　　　　　　　　　　　　　　（%）

	大企業			中小企業		
		済	予定		済	予定
グループ①						
時間外労働の削減	92	80	13	100	58	42
有給休暇取得率の向上	72	59	13	78	40	38
仕事の進め方の見直し	77	52	25	78	40	38
グループ②						
人事・賃金制度の見直し	69	27	42	58	27	31
シニア層の活用	48	27	21	60	44	16
従業員の自己啓発の支援	46	21	25	46	29	16
女性の活躍推進	37	21	17	33	16	16
柔軟な勤務時間	39	18	21	27	13	15
グループ③						
業務のアウトソーシング	24	7	17	22	11	11
非正規雇用者の処遇改善	24	11	13	15	9	6
外国人労働者の活用	9	5	4	15	15	0
介護離職の防止	16	11	4	5	4	2
育児支援	30	30	0	15	13	2
在宅勤務・テレワークの普及	11	2	8	4	0	4

注：済：取り組み済、予定：取り組みを予定・検討中。
出所：千葉経済センター「企業経営動向調査2017年4-6月期」より、ちばぎん総研作成。

る（図表 11-7）。

　企業規模別に見ると、第一に、大企業が先行しているが、中小企業の関心も高い。また、中小企業では3分の1が「必要性は認識しているが取り組む余裕がない」としている。第二に、関心のある項目についてみると、規模を問わず関心のきわめて高い項目（グループ1）、それに次ぐ項目（グループ2）、現時点ではさほど関心が高くない項目（グループ3）に大別される。第三に項目別取り組み状況では、グループ1は大企業が先行しているが、中小企業も頑張っている。グループ2では規模別の差はグループ1ほどではなく、一部は中小企業が先行している。グループ3は育児支援、介護離職防止は大企業先行、外国人労働者活用、業務のアウトソーシングは中小企業先行、在宅勤務・テレワークの普及は今後の課題とさまざまである。

　労働力確保関連項目では総じて中小企業が頑張り、人手不足感の強さがうかがえる。一方、育児支援や介護離職防止等の余裕を確保するのは大企業でも大変なのだろう。

　業種別に見ると、関心の高さは、人手不足感が強く、生産性向上の必要性が叫ばれている非製造業が製造業を上回っている。しかし、項目別の取り組み状況を見ると、総じて製造業が先行しており、非製造業が先行しているのは「非正規雇用者の処遇改善」程度である。

　現状、改革推進に向けたセミナー等では、ダイバーシティ推進、IOT, ロボット等の活用等の先行事例を紹介し、今後の取り組みの参考にすることが多いが、関連法成立を受け、今後は「人材確保」、「働き過ぎ防止」の理念を法律の定めに即しどのように実現していくか、新たな視点を加えてイノベーションを進めることとなろう。

第4節　今後の展望

　以上見てきたとおり、千葉県経済は、アベノミクスの3本の矢の効果、すなわち金融緩和と為替円安・株高効果、機動的な財政政策によるインフラ投資、各種成長戦略の効果と海外経済回復、アジア諸国の成長の恩恵を受け、首都圏の中でも恵まれた状況にあり、2020オリパラ、交通インフラの一層の機能強化等により今後しばらくこうした状況を続けると予想される。

　本章の最後に、こうした環境を活かすための課題について触れておく。

1.　一体化する首都圏、広域連携に向けて

　本章では、千葉県に焦点を当てて記述したが、道路交通網の整備と共に、首都圏経済の一体化は、おそらく我々自身が意識している速度を越えて急速に進んでいる。今後インフラ整備の効果を活かすには、これまで以上に自治体の境界線を超えた広域な発想と連携が必要になると思われる。こうした動きは観光、物流、生産拠点等既に様々な形で始まっているが、今後より多様な形で連携が進むよう期待したい。

2.　地域ごとの特徴に関する考え方の変化―より肌目細かい対応が求められる時代

　広域化の進行と各地域内での選択と集中の進行、これらにより、それぞれの地域の持つ特徴も変化しているはずである。これを把握したうえで、各地域はこれまで以上に肌目細かい対応をしていくことが求められる。例えば、当面の人口増加基調維持の陰に隠れているが、都市部の高齢者人口の増加が地域にとって引き続き大きな課題となることに変わりない。こうした都市部の人たちの受け皿として、成田市での医学部新設とともに期待されるのが、地方創生で触れた「地域の拠点病院を中心とした日本版CCRCの構築」であり、案件が具体化してきているだけにプロジェクト成功に向けた関係者の一層の努力に期待したい。

3. 必要な人材確保

そして、地域の発展のためには、それを担う人材が不可欠である。変化に対応して新しい付加価値を生み出すことを最も得意としているのは企業経営者であり、特に地域で長く経営するオーナー経営者への期待は大きい。それ以外でもベンチャーを志す人、農業就業者なども重要だ。弊社でも次世代経営者育成を目指したビジネススクールやアグリビジネススクール等を継続的に実施しているが、地域として人材を確保・育成する努力を続けることが必要である。

あとがき

　本書は全国地方銀行協会のご尽力によって設置・運営されている金融構造研究会の成果のうち、2013年度から4年間、内田が代表を務めた期間に行われた地方経済における金融の役割に関する研究成果を纏めたものである。本研究会は1957年（昭和32）年6月に誕生、全国地方銀行協会の全面的なサポートを得て年に3回研究会で活動している。約70名の学者から構成される会員（2019年現在）と地方銀行の東京事務所長が集り、少人数ではあるが、地域金融等の話題について時に理論と現場の立場からフランクな意見交換を行い、意思疎通を図っている。協会のご理解・ご協力を得て歴史を重ね、年報的な位置付けのジャーナルも40号を越えている。

　地域経済については、政治的には繰り返し地域振興策が主張されるが、学界ではこのところ残念ながら地域金融・経済をテーマにした学会報告が少ない。また、全国各地で行われている本分野での研究活動もその地域に限られ、全国には情報が伝わっていないように見受けられる。その意味で、本研究会は地域金融経済、中小企業金融研究を討議する貴重な場である。しかも学者と金融機関が直接交流する場となっており、意義深い。

　ここで、本書の著者とその略歴を紹介したい。名研究者とも本分野の専門家であり、現在、学会活動や政府関係の審議会、地域でのアドバイスなど実践的に活躍されている方々が少なくない。

村本　孜（成城大学名誉教授、第1章）
　一橋大学大学院博士課程修了後、1973年から2016年まで成城大学勤務。2004年から2010年まで（独）中小企業基盤整備機構副理事長兼務。現在は

金融庁参与、中小企業庁中小企業政策審議会臨時委員などを務める。著書に、『中小企業支援・政策システム』（蒼天社出版、2015年）、『リレーションシップバンキングと金融システム』（東洋経済新報社、2005年）など。

　内田　真人（成城大学社会イノベーション学部教授、第2章、第9章）
　東京大学教養学科卒、日本銀行（那覇支店長、調査統計局審議役等）を経て2007年より現職。日本銀行地域経済報告（さくらレポート）創設の責任者。著書に『現代沖縄経済論』（沖縄タイムス、2002年）、共著 The Dynamics of Regional Innovation（World Scient.fic Publishing, 2010年）など。

　岡田　豊（みずほ総合研究所 主任研究員、第3章）
　慶應義塾大学経済学部卒、富士総合研究所入社、三行合併に伴い現職。現在、総務省「国勢調査有識者会議」委員等を務める。著書に共著『キーワードで読み解く地方創生』（岩波書店、2018年）、編著『地域活性化ビジネス〜街おこしに企業の視点を活かそう〜』（東洋経済新報社、2013年）など。

　中野　瑞彦（桃山学院大学経済学部教授、第4章）
　東京大学経済学部卒、London Business School 卒。さくら総合研究所上席主任研究員、三井住友銀行上席審査役等を経て現職。著書に Financial Crisis and Bank Management in Japan (PalgraveMacmillan, 2016)、「不良債権処理と金融システムの将来像」一ノ瀬篤編著『現代金融経済危機の解明』第4章所収（ミネルヴァ書房、2005年）など。

　近廣　昌志（愛媛大学法文学部准教授、第5章）
　中央大学大学院商学研究科博士後期課程修了、博士（金融学）。著書に『管理通貨制と中央銀行」上川孝夫・川波洋一編著『新版 現代金融論』第5章所収（有斐閣、2016年）、「日本型危機の深層と金融政策」牧野裕・紺井博則・上川孝夫編著『複合危機—ゆれるグローバル経済』第6章所収（日本経済評論

社、2017年）など。

峯岸　信哉（名古屋経済大学経済学部教授、第6章）
　ロンドン・メトロポリタン大学大学院博士課程修了（PhD）。（独）中小企業基盤整備機構リサーチャー、桐蔭横浜大学非常勤講師等を経て現職。著書に「英国クレジットユニオンの活動事例と地域性」（『季刊　個人金融』2015年）、「イギリス住宅金融業界における近年の動向」（『住宅・金融フォーラム』2016年）など。

家森　信善（神戸大学経済経営研究所教授、第7章）
　神戸大学大学院博士前期課程修了。名古屋大学教授などを経て、2014年より現職。中小企業研究奨励賞・本賞などを受賞。現在、金融庁参与、金融審議会委員、中小企業庁中小企業政策審議会臨時委員などを務める。編著書に『地方創生のための地域金融機関の役割』（中央経済社、2018年）など。

海野　晋悟（高知大学人文社会科学部講師、第7章）
　神戸大学大学院経済学研究科博士後期課程修了、博士（経済学）。2013年より現職。著書に「地方創生に対する地域金融機関の営業現場の取り組みの現状と課題」（共著、RIETI Discussion Paper Series, 2017）など。

森　駿介（大和総研金融調査部、第8章）
　京都大学大学院公共政策教育部修了（公共政策修士）。2016年6月より現職。著書に「家計のリスク資産保有行動の地域差」（ゆうちょ財団、2017年）、「高齢社会における金融とその対応」（大和総研、2018年）など。

今　喜典（21あおもり産業総合支援センター理事長、第10章）
　大阪大学大学院博士課程中途退学。小樽商科大学教授、青森公立大学教授等を経て2014年より現職。著書に『銀行行動の経済分析』（東洋経済新報社）、『縄

文パワーで飛躍する青森』(共編著)(東洋経済新報社)、『中小企業金融と地域振興』(東洋経済新報社)など。

水野　創（株式会社ちばぎん総合研究所取締役社長、第 11 章）
　東京大学法学部卒、日本銀行(業務局長、理事等)を経て 2010 年から現職。

　本書は研究会での呼びかけに応じた各報告者の熱意によって実現したものである。ご多忙の中で協力いただいた方々にお礼申し上げたい。また、本書の出版に当たっては、蒼天社出版上野教信社長に大変お世話になった。その献身的な編集作業に心からお礼申し上げたい。加えて、地方銀行協会調査部の方々からも、温かな支援を頂いたので感謝したい。今後も引続き、研究者と金融機関の交流が活発化し、研究の成果が地域経済の活性化に貢献することを期待したい。なお、出版に当たっては、成城大学社会イノベーション学部の助成を受けたことを記して謝意を表したい。

2019 年 3 月吉日

　　　　　　　　　　　　　　　　　　　　　　　筆者を代表して
　　　　　　　　　　　　　　　　　　　　　　　　内田　真人

【執筆者一欄】

村本　孜　　（成城大学名誉教授、第1章）
内田　真人　（成城大学社会イノベーション学部教授、第2章、第9章）
岡田　豊　　（みずほ総合研究所 主任研究員、第3章）
中野　瑞彦　（桃山学院大学経済学部教授、第4章）
近廣　昌志　（愛媛大学法文学部准教授、第5章）
峯岸　信哉　（名古屋経済大学経済学部教授、第6章）
家森　信善　（神戸大学経済経営研究所教授、第7章）
海野　晋悟　（高知大学人文社会科学部講師、第7章）
森　　駿介　（大和総研金融調査部、第8章）
今　　喜典　（21あおもり産業総合支援センター理事長、第10章）
水野　創　　（株式会社ちばぎん総合研究所取締役社長、第11章）

【編著者】

村本 孜（むらもと つとむ）

　成城大学名誉教授。一橋大学大学院博士課程修了後、1973年から2016年まで成城大学勤務。2004年から2010年まで（独）中小企業基盤整備機構副理事長兼務、現在は金融庁参与、中小企業政策審議会臨時委員。著書に、『中小企業支援・政策システム』（蒼天社出版、2015年）、『リレーションシップバンキングと金融システム』（東洋経済新報社、2005年）など。

内田 真人（うちだ まひと）

　成城大学社会イノベーション学部教授。東京大学教養学科卒、日本銀行那覇支店長、調査統計局審議役等を経て2007年から現職。日本銀行地域経済報告（さくらレポート）創設の責任者。著書に『現代沖縄経済論』（沖縄タイムス、2002年）、共著 The Dynamics of Regional Innovation（World Scient. fic Publishing, 2010）など。

アベノミクス下の地方経済と金融の役割
―――――――――――――――――――――――――――――――
2019年3月20日　初版第1刷発行
編著者　村本　孜・内田　真人
発行者　上野教信
発行所　蒼天社出版（株式会社　蒼天社）
　　　　　101-0051　東京都千代田区神田神保町3-25-11
　　　　　電話　03-6272-5911　FAX 03-6272-5912
　　　　　振替口座番号　00100-3-628586
印刷・製本所　シナノパブリッシング

©2019　Tsutomu Muramoto and Mahito Uchida ed.
ISBN 978-4-909560-27-8 Printed in Japan
万一落丁・乱丁などがございましたらお取り替えいたします。
Ⓡ〈日本複写権センター委託出版物〉

本書の全部または一部を無断で複写複製（コピー）することは、著作権法上での例外を除き、禁じられています。本書からの複写を希望される場合は、日本複写センター（03-3401-2382）にご連絡ください。

蒼天社出版の経済関係図書

経済学方法論の多元性　歴史的視点から　只腰親和・佐々木憲介編	定価（本体5,500円+税）
日本預金保険制度の経済学　大塚茂晃	定価（本体3,800円+税）
日本茶の近代史　粟倉大輔	定価（本体5,800円+税）
日本財政を斬る　米沢潤一	定価（本体2,400円+税）
発展途上国の通貨統合　木村秀史	定価（本体3,800円+税）
アメリカ国際資金フローの新潮流　前田淳著	定価（本体3,800円+税）
中小企業支援・政策システム　金融を中心とした体系化　村本孜著	定価（本体6,800円+税）
元気な中小企業を育てる　　　　　村本孜著	定価（本体2,700円+税）
米国経済白書2017　萩原伸次郎監修・『米国経済白書』翻訳研究会訳	定価（本体2,800円+税）
揺れ動くユーロ　吉國眞一・小川英治・春井久志編	定価（本体2,800円+税）
国立国会図書館所蔵GHQ/SCAP文書目録・全11巻 　　荒敬・内海愛子・林博史編集	定価(本体420,000円+税)
カンリフ委員会審議記録　全3巻　春井久志・森映雄訳	定価（本体89,000円+税）
システム危機の歴史的位相　ユーロとドルの危機が問いかけるもの 　　矢後和彦編	定価（本体3,400円+税）
国際通貨制度論攷　島崎久彌著	定価（本体5,200円+税）
バーゼルプロセス　金融システム安定への挑戦　渡部訓著	定価（本体3,200円+税）
現代証券取引の基礎知識　国際通貨研究所糠谷英輝編	定価（本体2,400円+税）
銀行の罪と罰　ガバナンスと規制のバランスを求めて　野﨑浩成著	定価（本体1,800円+税）
国際決済銀行の20世紀　矢後和彦著	定価（本体3,800円+税）
サウンドマネー BISとIMFを築いた男ペールヤコブソン　吉國眞一・矢後和彦監訳	定価（本体4,500円+税）
多国籍金融機関のリテール戦略　長島芳枝著	定価（本体3,800円+税）
HSBCの挑戦　　立脇和夫著	定価（本体1,800円+税）